VOYAGES
EN FRANCE,
PENDANT LES ANNÉES

1787—88—89 et 90.

TOME PREMIER.

Décret de la Convention nationale concernant les Contrefacteurs, rendu le 19 juillet 1793, l'an 2ᵉ. de la République.

LA Convention nationale, après avoir entendu le rapport de son Comité d'instruction publique, décrète ce qui suit :

ART. 1. Les Auteurs d'écrits en tout genre, les Compositeurs de Musique, les Peintres et Dessinateurs qui feront graver des Tableaux ou Dessins, jouiront durant leur vie entière du droit exclusif de vendre, faire vendre, distribuer leurs Ouvrages dans le territoire de la République, et d'en céder la propriété en tout ou en partie.

ART. 2. Leurs héritiers ou Cessionnaires jouiront du même droit durant l'espace de dix ans après la mort des auteurs.

ART. 3. Les officiers de paix seront tenus de faire confisquer, à la réquisition et au profit des Auteurs, Compositeurs, Peintres ou Dessinateurs et autres, leurs Héritiers ou Cessionnaires, tous les Exemplaires des Éditions imprimées ou gravées sans la permission formelle et par écrit des Auteurs.

ART. 4. Tout Contrefacteur sera tenu de payer au véritable propriétaire une somme équivalente au prix de trois mille exemplaires de l'Édition originale.

ART. 5. Tout Débitant d'Édition contrefaite, s'il n'est pas reconnu Contrefacteur, sera tenu de payer au véritable Propriétaire une somme équivalente au prix de cinq cents exemplaires de l'Édition originale.

ART. 6. Tout Citoyen qui mettra au jour un Ouvrage, soit de Littérature ou de Gravure dans quelque genre que ce soit, sera obligé d'en déposer deux exemplaires à la Bibliothèque nationale ou au Cabinet des estampes de la République, dont il recevra un reçu signé par le Bibliothécaire ; faute de quoi il ne pourra être admis en justice pour la poursuite des Contrefacteurs.

ART. 7. Les héritiers de l'Auteur d'un Ouvrage de Littérature ou de Gravure, ou de toute autre production de l'esprit ou du génie qui appartiennent aux beaux-arts, en auront la propriété exclusive pendant dix années.

Je place la présente Édition sous la sauve-garde des Loix et de la probité des Citoyens. Je déclare que je poursuivrai devant les Tribunaux tout Contrefacteur, Distributeur ou Débitant d'Édition contrefaite. J'assure même au Citoyen qui me fera connoître le Contrefacteur, Distributeur ou Débitant, la moitié du dédommagement que la Loi accorde. Paris, ce 1ᵉʳ. Frimaire, l'an 2ᵉ. de la République Françoise, une & indivisible.

VOYAGES EN FRANCE,

PENDANT LES ANNÉES

1787 — 88 — 89 et 90;

Entrepris plus particuliérement pour s'assurer de l'état de l'Agriculture, des Richesses, des Ressources et de la Prospérité de cette Nation ;

Par ARTHUR YOUNG, Écuyer.

TRADUIT DE L'ANGLAIS PAR F. S[OU]L[ÈS]

SECONDE ÉDITION.

Avec des corrections considérables et une nouvelle Carte.

On y a joint des Notes et Observations par M. DE CASAUX, et des Cartes géographiques de la Navigation, du Climat, et des différens Sols de la France.

TOME PREMIER.

À PARIS;

Chez BUISSON, Imprim.-Libr., rue Hautefeuille, N°. 20;

(1794 vieux style.)

L'AN II DE LA RÉPUBLIQUE.

Avis au Relieur.

Placez la feuille *étoilée* intitulée : *Réflexions d'un Patriote*, au milieu de la feuille B, du tome I, après la page 24.

AVIS
DU TRADUCTEUR.

L'Ouvrage que nous offrons actuellement au Public est peut-être le plus important et certainement le plus détaillé qui ait encore été publié sur l'Agriculture et les ressources de la France. L'Auteur, après avoir scrupuleusement examiné les différens genres de sols de ce vaste empire, démontre de la manière la plus claire que son Agriculture est fort en arrière, par la mauvaise gestion des fermiers et des propriétaires. Il fait voir que les capitaux employés sur les terres de France ne sont pas suffisans, qu'il y a par-tout un manque de moutons et de bestiaux, et que les cours des moissons y sont détestables. Il offre ensuite des moyens d'amélioration, expose les avantages du climat de la France, et prouve que son territoire est susceptible de produire le double et même le triple de ce qu'il rapporte aujourd'hui. Traitant après cela cette matière en politique, il montre que la force et la puissance des empires dépendent plus de l'Agriculture que d'aucune autre cause; il entre dans des détails sur le commerce et la police des grains, sur la population de l'empire, etc.

Comme le mérite d'un pareil Ouvrage gît principalement dans l'exactitude des calculs et des mesures, nous avons, à cet égard, pris tous les soins possibles; nous avons réduit en livres tournois toutes les livres sterlings dont l'Auteur a fait usage; nous avons suffisamment défini dans le cours de l'Ouvrage, la différence des mesures anglaises et françaises; mais afin que le lecteur ne se trouve jamais embarrassé, nous allons encore en donner une définition succincte.

1°. Toutes les fois qu'il y aura simplement *livres*, comme 20,000 livres, un million, etc. on doit toujours les entendre comme des livres tournois.

2°. La livre sterling équivaut à un louis ; elle est composée de vingt schellings valant vingt-quatre sous chacun.

3°. L'acre anglais a environ un cinquante-sixième de plus que l'arpent de Paris.

4°. Le boisseau anglais est d'environ 17 livres.

PRÉFACE
DE L'AUTEUR ANGLAIS.

JE doute que l'histoire moderne puisse offrir quelque chose de plus digne de l'attention du politique, que les progrès et la rivalité des Empires Français et Anglais, depuis le ministère de Colbert jusqu'à la révolution actuelle de France. Dans cet espace de cent trente ans ils ont étalé une magnificence qui a attiré l'admiration du monde entier.

Le genre humain s'intéresse en général aux maximes d'économie politique qui ont dirigé ces Nations en proportion de leur puissance, de leurs richesses et de leurs ressources. Ce n'est certainement pas un objet de peu d'importance que d'examiner jusqu'à quel point ce systême d'économie a influé sur l'Agriculture, les manufactures, le commerce et la félicité publique; et comme il a déjà paru tant de livres sur la *théorie* de ces dernières, on ne trouvera sûrement pas inutile un Ouvrage sur leur *pratique*.

L'examen que je fis, il y a quelques années, de l'Agriculture d'Angleterre et d'Irlande (que j'ai publié sous le titre de *Tours*) étoit un grand pas pour bien entendre l'état de notre Agriculture; il n'y a guère de Nation Européenne qui ne lise ces *Tours* dans sa propre langue ; et, malgré toutes leurs imperfections, on a souvent regretté qu'il n'y eût pas une description semblable de la France, à laquelle le cultivateur, le politique et le commerçant pussent avoir recours.

Il seroit réellement déplorable que ce vaste royaume, qui a tant figuré dans l'histoire, restât encore un siècle ignoré, par rapport aux circonstances qui sont l'objet de mes recherches. Il s'est écoulé une période de cent trente ans, y compris l'un des règnes les plus actifs et les plus brillans, pendant laquelle la puissance et les ressources des Français, quoique portées au-delà des bornes, ont été formidables à toute l'Europe. Jusqu'à quel point cette puissance et ces ressources étoient-elles fondées sur les bases permanentes d'une Agriculture éclairée ? Jusqu'à quel point étoient-elles soutenues des bases moins solides des manufactures et du commerce ? Jusqu'à quel point les richesses, la puissance et la splendeur apparente, quelle que soit la source d'où elles dérivent, ont-elles fait refluer sur le peuple la prospérité qu'elles annonçoient ? Voici des questions très-curieuses, et cependant très-imparfaitement résolues par ceux qui filent leurs rêves politiques au coin de leur feu, ou qui les attrapent en volant en chaise de poste d'un bout de l'Europe à l'autre.

Un homme qui n'est pas agriculteur-pratique, n'est pas en état de faire de pareilles recherches ; il sait à peine distinguer les circonstances susceptibles de produire la misère ou la félicité d'un peuple ; assertion qui ne paroîtra certainement pas un paradoxe à ceux qui se sont studieusement appliqués à ces sujets. D'un autre côté, le simple agriculteur qui entreprend de pareils voyages, ne voit guère de connexion entre ce qui se pratique dans les champs et les ressources de l'empire ; il ne comprend pas les combinaisons qui ont lieu entre des opérations en apparence peu importantes et l'intérêt général de l'État ; combinaisons si curieuses qu'elles changent, dans quelques cas, des champs bien cultivés en scènes de misère, et l'industrie de l'agriculture en source de foiblesse nationale. Ce sont là des sujets qui ne seront jamais bien entendus sur les spéculations du simple cultivateur, ou du simple politique ; il faut pour les traiter un homme qui soit en même tems l'un et l'autre, qui n'ait aucun préjugé, qui ne soit pas entiché des systêmes et des folles théories que l'on ne trouve que dans les cabinets des spéculateurs. A Dieu ne plaise que j'aie la vanité de me regarder comme l'homme doué de toutes ces qualités ! je suis trop certain du contraire ; et si quelque chose m'engage à entreprendre un travail si difficile, c'est que j'ai eu quelque succès en rendant compte de l'Agriculture d'Angleterre. Vingt ans d'expérience, depuis ce tems-là, me donnent lieu de croire que je n'ai pas aujourd'hui moins d'habileté pour une entreprise semblable.

Les nuages qui, depuis quelques années, indiquent un changement dans l'athmosphère politique de l'Empire Français, et qui ont depuis éclaté en un si grand orage, font encore desirer davantage de savoir ce qu'étoit la France avant qu'elle éprouvât aucun changement. Il seroit, à la vérité, fort étonnant que la monarchie eût paru et disparu dans cette région, sans que l'Agriculture du royaume eût été examinée par un homme de la profession.

Le Lecteur ne doit pas s'attendre à trouver dans le journal d'un voyageur, cette analyse minutieuse de la pratique commune qu'un homme peut donner quand il réside des mois et des années dans le même endroit ; vingt hommes employés pendant vingt ans, ne seroient pas en état de le faire ; et en supposant même qu'ils parvinssent à l'effectuer, il n'y auroit pas la millième partie de leurs travaux qui valût la peine d'être examinée. Il se trouve quelques cantons singuliérement éclairés dignes de cette attention ; mais dans tous les pays, leur nombre est peu considérable ; et les usages qui méritent une pareille étude sont peut-être encore plus rares : les seules informations qu'il soit nécessaire de donner, c'est qu'il existe de très-mauvais usages qu'il faudroit changer, et c'est plutôt pour l'homme d'État que pour le cultivateur. Tout lecteur qui connoît ma situation ne s'attendra pas à trouver dans cet Ouvrage ce que les avantages du rang et de la fortune sont susceptibles de produire. — Je n'en avois aucun de cette nature ; et pour combattre les difficultés, je n'avois d'autres armes qu'une industrie assidue et une attention continue. Si mes vues avoient été secondées par ce succès qui donne de l'énergie aux efforts et de la vigueur aux recherches, l'Ouvrage auroit été plus digne de l'inspection du Public ; mais pour obtenir du succès en Angleterre, il faut embrasser une autre carrière que celle de la charrue : le *non ullus aratro dignus honos* n'étoit pas plus applicable à une époque de désordre et d'effusion de sang à Rome, qu'à un siècle de paix et de luxe en Angleterre.

INTRODUCTION.

INTRODUCTION.

IL y a deux manières d'écrire des voyages ; *savoir :* en faisant un registre du voyage même, ou en en donnant les résultats. Dans le premier cas, c'est un Journal, et on peut mettre dans cette classe tous les livres de voyages écrits en forme de lettres. Dans le second, ce sont des espèces d'Essais sur divers sujets. Presque tous les voyages modernes nous fournissent des exemples de la première méthode ; et les admirables essais de mon ami, le Professeur Symonds, sur l'Agriculture d'Italie, sont des échantillons de la dernière.

Il est assez indifférent qu'un homme qui a vraiment du génie, adopte l'une ou l'autre méthode ; il sera dans tous les cas utile au Public, ses instructions seront toujours intéressantes; mais il est important pour des gens qui ne sont pas doués de talens éminens, d'examiner le pour et le contre de ces deux méthodes.

La forme de Journal a l'avantage d'inspirer un plus grand degré de confiance, et conséquemment est plus prépondérante. Un voyageur qui écrit ses observations de cette manière, est dévoilé dès l'instant où il parle de choses qu'il n'a pas vues. Il ne lui est pas possible de faire des remarques étudiées ou travaillées sur des fondemens peu solides. S'il ne voit que peu de choses, il ne sauroit écrire que peu : s'il rencontre quelques bonnes occasions d'être bien informé, le lecteur le voit, et n'ajoute pas plus de foi à ses relations que les autorités dont il les tire paroissent le mériter : s'il passe dans un pays avec une rapidité qui ne lui permet pas d'en former un jugement, le lecteur le sait : s'il reste

INTRODUCTION.

long-tems dans des places de peu d'importance pour des vues ou des affaires particulières, on s'en apperçoit, et ainsi le lecteur a la satisfaction d'être sûr qu'on ne lui en imposera ni involontairement, ni à dessein, au moins autant que la nature des choses peut l'admettre; au lieu que l'autre méthode n'a point ces avantages.

Mais pour les balancer il se trouve d'un autre côté de grands inconvéniens; le principal, c'est la prolixité à laquelle un Journal entraîne, cette méthode d'écrire la rendant presqu'inévitable. Elle occasionne nécessairement des répétitions du même sujet et des mêmes idées, et ce n'est pas sûrement un petit défaut d'employer une multitude de paroles pour exprimer ce qu'il seroit possible de mieux dire en peu de mots. Une autre objection capitale, c'est que les sujets d'importance, au lieu d'être traités de suite, pour l'éclaircissement et la comparaison, ne sont donnés que par morceaux, sans ordre et sans liaison ; manière qui diminue les effets d'un écrit et détruit la plus grande partie de son utilité.

Ce que l'on peut dire en faveur de la méthode de faire des essais sur les principaux objets que l'on a observés, ou de donner le résultat des voyages et non pas les voyages même, c'est que les sujets ainsi traités, sont dans un état aussi parfait de clarté et de combinaison que peut les placer l'habileté de l'auteur ; la matière se présente avec beaucoup de force et d'effet. Une autre circonstance admirable dont elle est susceptible, c'est la briéveté ; car tous les détails inutiles étant élagués, le lecteur n'a plus devant les yeux que ce qui peut tendre à l'explication du sujet. Je n'ai pas besoin de faire mention de ses désavantages ; ils sont assez marqués par la description des avantages de la forme de Journal ; car ce qui fait l'avantage de l'une est certainement un désavantage de l'autre.

Après avoir pesé le pour et le contre, je pense qu'il n'est pas impossible, dans la circonstance où je me trouve, de conserver les avantages des deux méthodes.

Ayant un objet principal en vue, l'Agriculture, j'ai cru pouvoir en mettre chaque sujet en différens chapitres, en retenant tous les avantages que j'aurois pu tirer si je n'avois écrit que le résultat de mes voyages.

Le lecteur pourra donc avoir toute la satisfaction dont est susceptible la forme d'un Journal, et trouver en même tems les observations que j'ai faites sur la surface des pays par lesquels j'ai passé, et sur les mœurs, les coutumes, les divertissemens, les villes, les grandes routes, les châteaux, etc.

C'est dans cette vue que j'ai revisé mes

remarques, et composé l'Ouvrage que j'offre aujourd'hui au Public.

Mais les voyages sur le papier ont leurs difficultés comme ceux que l'on fait à travers les rochers et les rivières. Quand j'eus tracé mon plan, et commencé à travailler, je rejettai, sans miséricorde, une infinité de petites circonstances qui n'avoient rapport qu'à moi, et de conversations avec différentes personnes, que j'avois écrites pour l'amusement de ma famille et de mes amis intimes. Un homme dont j'estime beaucoup le jugement, me fit des remontrances là-dessus, et me dit que j'avois entiérement gâté mon Journal, en en retranchant les passages qui plairoient davantage à la généralité des lecteurs; en un mot, qu'il falloit que j'abandonnasse absolument l'idée d'un Journal, ou que je le laissasse tel que je l'avois écrit. — Pour traiter le Public en ami, ajouta-t-il, laissez-lui tout voir, et rapportez-vous-en à sa candeur pour pardonner les petites imperfections. C'est ainsi qu'il raisonnoit : *Soyez sûr, Young, que les remarques que vous écrivîtes dans le moment, sont plus dans le cas de plaire que ce que vous ferez avec réflexion, dans la vue d'obtenir de la réputation : ce que vous retrancherez sera ce qu'il y a de plus intéressant ; car vous vous laisserez guider par l'importance du sujet : et croyez-moi, cette considération ne plaît pas tant qu'une méthode aisée et simple de penser et d'écrire que pratiquent principalement tous les hommes quand ils n'écrivent pas pour la presse. Vous êtes vous-même la preuve de ce que j'avance. Votre tour d'Irlande* (voulut-il bien me dire) *est une des meilleures relations d'un pays que j'aie jamais lues, cependant il n'a pas eu de succès. Pourquoi ? parce que la plus grande partie de cet Ouvrage est un journal de cultivateur qui, quelque bon qu'il puisse être à consulter, ne sera lu de personne. C'est pourquoi, si vous imprimez votre Journal,* publiez-le de manière qu'on puisse le lire, ou rejettez entiérement cette méthode, et bornez-vous à des dissertations. Souvenez-vous des Voyages du D*r*.— et de M*e*.—, dont il seroit difficile de tirer une idée importante ; ils ont cependant été bien reçus ; et même les bagatelles de Baretti parmi les muletiers espagnols, ont été lues avec avidité.

La haute opinion que j'ai du jugement de mon ami m'engage à suivre son avis ; en conséquence je me hasarde d'offrir au Public mon Itinéraire tel qu'il a été écrit sur les lieux, en priant le lecteur de vouloir bien pardonner les trivialités qui pourront s'y trouver, et de ne pas oublier que le principal objet de mes Voyages se trouve dans une autre partie de l'Ouvrage, à laquelle il peut passer tout de suite, s'il veut s'occuper d'objets d'une nature plus importante.

RÉFLEXIONS

D'UN PATRIOTE FRANÇAIS

SUR LE VOYAGE D'ARTHUR YOUNG.

Arthur Young est un grand agriculteur; son ouvrage le prouve : mais il a aussi la prétention d'être un grand politique; et son ouvrage prouve qu'il ne l'est pas. Cette prétention est commune à presque tous les Anglais : elle seroit fondée si pour la mériter il suffisoit de lire tous les jours tous les *papiers-nouvelles* qui inondent la Grande-Bretagne et d'avoir une profonde vénération pour la constitution d'Angleterre. Mais leurs journaux rédigés par des écrivains sans talent n'ont d'autre caractère que celui que leur donne *l'esprit de parti* : les uns sont aux gages du parti de l'opposition; les autres, et le plus grand nombre, aux gages du parti ministériel : sous la plume de pareils écrivains, les faits sont toujours altérés, et les réflexions ne répandent aucune lumière.

Réflexions d'un Patriote

La constitution d'Angleterre a été long-tems admirée en Europe, et sur-tout en France; mais cette admiration dont la France a donné l'exemple a cessé aussi-tôt qu'on a connu les vrais principes de l'art social.

Après plusieurs siècles de révolutions, les Anglais sont retombés dans une espèce de monarchie : après trois années seulement de révolutions, les Français se sont élevés à la république.

Voilà deux grands faits par lesquels la postérité jugera et les siècles et les peuples qui ont produit la constitution d'Angleterre et la constitution de France.

L'Angleterre montre avec orgueil les progrès de son industrie et les richesses de son commerce pour prouver que son gouvernement est le meilleur des gouvernemens possibles.

Cette preuve assez bonne pour des manufacturiers et pour des marchands ne peut pas contenter un philosophe.

D'abord il faut attendre que le commerce et l'industrie de France aient joui pendant un ou deux siècles de l'influence de notre constitution; et alors on pourra comparer produit à produit, et juger laquelle des deux constitutions est la plus propre à donner à un peuple, ce génie hardi et spéculateur qui fait servir les productions de l'univers à la fortune d'un seul empire.

D'autres considérations et d'autres rapports doivent entrer dans les données d'un pareil jugement.

Il ne suffit pas à la prospérité d'un pays qu'il soit très-riche ; il faut encore que les richesses y soient réparties avec la plus grande égalité possible : et on sait qu'en Angleterre, tandis que des banquiers et des lords possèdent des fortunes énormes, le peuple paie soixante millions pour nourrir les pauvres.

La révolution de France a anéanti ces inégalités scandaleuses, et sa constitution empêchera qu'elles ne renaissent.

La révolution les a anéanties en confisquant au profit de la nation, les propriétés de *ces hauts et puissans seigneurs* émigrés qui avoient envahi des provinces entières.

La constitution les empêchera de renaître, parce qu'elle ne souffre ni système de finance, ni privilège, ni substitutions.

Réflexions d'un Patriote

C'est l'inégalité de la condition politique des hommes qui produit celle de leurs richesses, et c'est ensuite l'inégalité de leurs richesses qui renforce et éternise celle de leur condition politique : c'est un cercle ; empêchez-le de s'ouvrir, vous l'empêcherez de se fermer.

Un peuple qui a, ou qui veut avoir des vertus réelles, attache moins de prix que les Anglais aux richesses.

Tout ce que des législateurs doivent attendre d'une constitution est-il en effet accompli lorsque l'agriculture est florissante, les arts étendus par de nouvelles créations et les mers couvertes des vaisseaux du commerce ?

Je ne crains pas de dire que sous des despotes qui auroient quelque génie et quelque sagesse, un peuple pourroit atteindre à toutes les prospérités de ce genre : elles ne sont donc pas les plus grands biens qu'un bon gouvernement doit produire.

Cultiver et perfectionner les hommes plus encore que les terres et l'agriculture ; multiplier dans leur esprit les idées saines et dans leurs cœurs les sentimens énergiques et tendres, plus encore que les objets de com modité et de jouissances dans leurs ateliers et dans leurs magasins ; ce sont là les plus heureuses influences d'une bonne constitution ; ce sont là les créations dignes de la liberté. L'homme sans lumières et sans vertus est une espèce d'animal ; l'homme avec des idées fausses et des sentimens pervers est une espèce de démon ; l'homme qui a gravé dans son entendement des notions qui sont la copie fidelle des choses et qui porte dans son cœur une source d'affections bienfaisantes toujours prête à s'épancher est une espèce d'ange, de divinité sur la terre ; et pour ceux qui réfléchissent, il n'est pas prouvé que toute l'espèce humaine ne puisse un jour s'élever à ce degré de perfection : ce qui est bien prouvé, c'est qu'un gouvernement républicain parfaitement organisé pourra seul opérer ce prodige.

Je ne connois pas dans la constitution de l'Angleterre une seule loi qui ait l'égalité et la vertu pour objets : la vertu et l'égalité sont les objets de toutes les loix de la nouvelle constitution de France. Il reste à penser lesquels atteignent mieux un *but* de ceux qui se le proposent ou de ceux qui ne se le proposent pas.

Arthur Young qui étoit à Paris en 1791 a l'air tantôt de s'égayer, tantôt de s'effrayer de tant de RÉGÉNÉRATIONS. S'il a lu, depuis qu'il est rentré dans sa ferme de Suffolk, les papiers-nouvelles de France, il aura pu s'effrayer ou s'égayer bien autrement encore; car il a dû apprendre que nous sommes allés un peu plus loin encore dans nos innovations et dans nos *régénérations* politiques.

Alors cependant, en 1791, Arthur Young ne nous conseilloit pas d'avancer, il nous conseilloit de reculer : il nous proposoit une *chambre haute*. Voilà l'empire des exemples et des préjugés que les mauvais exemples font naître : Arthur Young a vu une chambre haute en Angleterre.

Il est si vrai que ce n'est en lui qu'un préjugé, qu'en portant un pareil jugement il ne l'appuie d'aucun motif.

Tous les motifs dont on peut l'étayer ont été examinés en France, et aucun n'a paru digne de la moindre considération.

On a dit d'abord, et c'est Montesquieu qui l'a dit, que les hommes élevés en dignités et en richesses doivent avoir une part à eux seuls dans la législation ; parce qu'autrement les loix qui doivent être faites pour tout le monde seroient faites contr'eux. Mais c'est précisément ce que la France n'a pas voulu que des hommes constitués en *dignités* par leur naissance : puisqu'elle ne vouloit pas de ces hommes, elle ne devoit donc pas vouloir une *chambre haute* pour eux. Je dirois à Montesquieu : vous demandez au nom de la justice une chambre haute pour les hommes constitués en dignités : mais considérez donc que la plus grande de toutes les *dignités*, la seule et unique dignité réelle, c'est d'avoir une chambre haute. Ce n'est point parce que les pairs d'Angleterre sont *lords* qu'ils ont une part à eux seuls dans la législation, c'est parce qu'ils ont une part à eux seuls dans la législation qu'ils sont lords. Supprimez cette chambre haute, et les pairs d'Angleterre seront les pairs de tous les Anglais. Ils seront tout ce qu'on doit desirer d'être, hommes, citoyens ; ils auront comme tout le monde une part convenable dans la législation, et les loix faites pour tout le monde seront faites pour eux.

J'observe, et je dois cet égard au génie de Montesquieu, qu'il n'a pas donné ce

Arthur Young qui étoit à Paris en 1791 a l'air tantôt de s'égayer, tantôt de s'effrayer de tant de RÉGÉNÉRATIONS. S'il a lu, depuis qu'il est rentré dans sa ferme de Suffolk, les papiers-nouvelles de France, il aura pu s'effrayer ou s'égayer bien autrement encore ; car il a dû apprendre que nous sommes allés un peu plus loin encore dans nos innovations et dans nos *régénérations* politiques.

Alors cependant, en 1791, Arthur Young ne nous conseilloit pas d'avancer, il nous conseilloit de reculer : il nous proposoit une *chambre haute*. Voilà l'empire des exemples et des préjugés que les mauvais exemples font naître : Arthur Young a vu une chambre haute en Angleterre.

Il est si vrai que ce n'est en lui qu'un préjugé, qu'en portant un pareil jugement il ne l'appuie d'aucun motif.

Tous les motifs dont on peut l'étayer ont été examinés en France, et aucun n'a paru digne de la moindre considération.

On a dit d'abord, et c'est Montesquieu qui l'a dit, que les hommes élevés en dignités et en richesses doivent avoir une part à eux seuls dans la législation ; parce qu'autrement les loix qui doivent être faites pour tout le monde seroient faites contr'eux. Mais c'est précisément ce que la France n'a pas voulu que des hommes constitués en *dignités* par leur naissance : puisqu'elle ne vouloit pas de ces hommes, elle ne devoit donc pas vouloir une *chambre haute* pour eux. Je dirois à Montesquieu : vous demandez au nom de la justice une chambre haute pour les hommes constitués en dignités : mais considérez donc que la plus grande de toutes les *dignités*, la seule et unique dignité réelle, c'est d'avoir une chambre haute. Ce n'est point parce que les pairs d'Angleterre sont *lords* qu'ils ont une part à eux seuls dans la législation, c'est parce qu'ils ont une part à eux seuls dans la législation qu'ils sont lords. Supprimez cette chambre haute, et les pairs d'Angleterre seront les pairs de tous les Anglais. Ils seront tout ce qu'on doit desirer d'être, hommes, citoyens ; ils auront comme tout le monde une part convenable dans la législation, et les loix faites pour tout le monde seront faites pour eux.

J'observe, et je dois cet égard au génie de Montesquieu, qu'il n'a pas donné ce principe comme étant le sien, mais comme étant celui des Anglais.

D'autres partisans d'une chambre haute ont dit, que, lorsqu'il y a deux chambres, sur chaque question importante la délibération est double; et que plus une motion a été discutée, plus il y a à présumer et à parier pour la sagesse du décret qui en est le résultat.

J'avoue qu'une discussion lente et longue est presque toujours nécessaire pour arriver sûrement à la vérité : mais je nie que la double discussion de deux chambres séparées soit nécessairement lente ; car, par exemple, si elle avoit lieu en même tems dans toutes les deux, l'une des deux chambres ne profiteroit pas de la discussion de l'autre, et la discussion pourroit être très-courte, et la détermination très-précipitamment, très-légérement prise dans toutes deux : quand les deux chambres discuteroient à des jours différens, comme cela a lieu en Angleterre, et que l'une connût toujours tout ce qui a été dit dans l'autre, (ce qui est loin d'arriver toujours en Angleterre) je nie que ces discussions successives dans deux chambres différentes soient aussi favorables à la raison qu'un examen lent et une discussion prolongée entre les membres d'une même chambre. Il s'en faut bien que je profite de l'examen des autres comme du mien : c'est par sa propre action et non par l'action des autres esprits que mon esprit peut être bien éclairé : ce que les autres ont pensé peut me servir, mais c'est ce que j'ai pensé qui me détermine. Si on veut se procurer les avantages d'une discussion lente et longue, c'est donc dans la même chambre qu'il faut la prolonger et la ralentir.

Je me prête un instant à la supposition que deux chambres ont quelques avantages : il ne s'ensuit pas que l'une des deux doive être *haute*. Car les avantages naîtroient non pas de ce qu'il y en auroit une *haute*, mais de ce qu'il y en auroit deux. Je dis plus : si vous établissez entr'elles des inégalités, vous établissez aussi des rivalités. Si vous les rendez rivales, bientôt elles seront ennemies : elles ne chercheront plus ensemble la vérité : elles chercheront à triompher l'une de l'autre dans la guerre éternelle qui s'allumera entr'elles. Comme chaque chambre aura ses partisans, la nation sera partagée en deux partis rivaux et ennemis, comme la représentation nationale en deux chambres rivales ; un esprit querelleur et contentieux aigrira tous les citoyens ; et les loix destinées à être des traités de paix entre les hommes seront des occasions perpétuelles et comme des manifestes de guerre.

Le mal qu'un pareil état des choses fait à la raison d'un peuple est incalculable.

Quand tous les membres d'un corps social ont un seul et même intérêt, tous ont le même intérêt de chercher les mêmes vérités sociales et d'avoir les mêmes loix : leurs opinions pourront commencer par être différentes : mais ils seront disposés à les discuter toujours de bonne foi, parce que l'erreur qui triomphe est fatale à tous, et la vérité qui l'emporte utile à tous. Cette disposition si favorable aux opérations de l'entendement humain répandra donc, et parmi les législateurs et parmi les citoyens, une habitude de bonne foi et de justesse dans toutes les idées : à la suite de chaque discussion l'esprit des citoyens sera éclairé de nouvelles lumières, le code sera enrichi d'une bonne loi, la raison publique sera perfectionnée.

Supposez, au contraire, qu'une nation soit divisée, par la nature même de sa constitution, en deux classes, il y aura toujours deux intérêts. Dans chaque discussion chaque classe cherchera non pas l'intérêt des deux, mais le sien : il sera infiniment rare que l'intérêt des deux soit un, soit le même : car quand les hommes sont opposés, les choses le sont aussi ; et dans les cas même, très-rares, où l'intérêt des deux classes seroit un, on en verroit deux ; parce qu'on voit comme on a l'habitude de voir : il arrivera de-là que dans toutes les questions, chaque classe, d'une part, ne cherchera que son bien particulier, et de l'autre, voudra toujours prouver que son bien est le bien de tous ; cette fausse direction des esprits rendra les esprits médiocres faux, et les esprits qui auroient eu de la force astucieux et subtils : tout paroîtra incertain parce que tout sera contesté. Le sentiment prompt et délicat par lequel les esprits droits démêlent la vérité sera émoussé dans toute une nation : on entendra de toutes parts comme des avocats qui plaident et embrouillent des causes : toutes les clartés de la raison seront étouffées sous ces amas de paroles que les hommes passionnés répandent avec tant de profusion, et que les imaginations émues appellent éloquence.

J'ai vu l'Angleterre; et si j'en excepte un très-petit nombre d'esprits philosophiques, je puis assurer que c'est là en Angleterre l'état de tous les esprits. Les Anglais qu'on a appellé *des penseurs* pensent beaucoup en effet, mais ils pensent faux ; ils pensent faux, dis-je, aussi-tôt qu'ils sortent des mathématiques et des sciences auxquelles les mathématiques s'appliquent.

Il n'y a guère qu'une seule chose qui mette d'accord en Angleterre et les deux chambres et les citoyens : c'est la corruption exercée par les ministres aussi ouvertement que les Anglais font le commerce du Bengale.

Arthur Young peut voir par la discussion dans laquelle nous venons d'entrer, que les Français en proscrivant dès le commencement de la révolution le systême des deux chambres, ont eu des motifs, ont su pourquoi ils le proscrivoient. Aujourd'hui que la France est érigée en république, et que la plus parfaite égalité de tous les citoyens est notre première loi, cette question des deux chambres ne nous regarde plus. Ces problêmes d'un art social gothique ne doivent être agités qu'autour des trônes : les Anglais ont un trône devant lequel ces insulaires prétendus si fiers se mettent à genoux : c'est pour eux que nous avons daigné examiner un instant cette question. Arthur Young nous a donné des lumières sur notre agriculture : nous avons voulu lui en donner sur la politique d'Angleterre. C'est un échange ; et les Anglais y gagnent : car il vaut mieux avoir un bon gouvernement qu'une bonne agriculture.

Je sais que les Américains n'ont pas de trône, et qu'ils ont dans tous leurs états deux chambres, mais cela ne prouve pas qu'ils ont raison ; cela prouve qu'en se séparant de l'Angleterre ils n'ont pas pu se séparer de tous ses préjugés. Que les Américains y prennent bien garde : un trône et deux chambres ont tant d'affinité ensemble, que les peuples qui se croient libres et qui ont deux chambres, courent grand risque d'avoir tôt ou tard un trône. Il me semble déjà que le président du congrès est assis bien haut ; et que pour devenir un trône, il ne manque pas grand'chose à son fauteuil : il ne lui manque peut-être que d'être occupé par un autre que Washington.

Ce n'est pas seulement les principes de notre révolution qu'Arthur Young apprécie mal : il en apprécie tout aussi mal les principaux acteurs. Il parle, par exemple, de Target (en 1790) comme de l'un des membres le plus influent de l'assemblée nationale, et il ne dit pas un mot de Roberspierre. Ce qui est vrai pourtant, et ce que personne ne peut ignorer, c'est que Target annoncé d'une manière brillante aux états-généraux y parla beaucoup les premiers mois, y fut quelque chose, et tomba bientôt dans le silence et dans une espèce de néant.

Roberspierre, au contraire, dont on voulut d'abord étouffer la voix, parce que dès le principe sa voix proclamoit les maximes de la liberté la plus étendue et de l'égalité la plus absolue, Roberspierre a toujours vu croître sa réputation et son influence. Sans intrigue et sans prôneurs, par la seule puissance attachée aux vrais principes et au talent, Roberspierre, en 1790, combattoit toujours avec éclat et déconcertoit souvent les intrigues du triumvirat des Lameth, des Duport et des Barnave.

C'est dans les dîners de M. LE DUC DE

Liancourt qu'Arthur Young formoit ses opinions sur les membres de l'assemblée constituante : or ne sera pas surpris qu'il les ait si mal connus.

Je veux être juste jusqu'au bout envers Arthur Young. Si ses opinions politiques ne sont jamais que les préjugés d'une servitude mal déguisée, il a quelquefois les sentimens d'un homme libre.

Cet Anglais, par exemple, rend plus de justice à la ville de Paris que beaucoup de Français. Voici ce qu'on lit à la page 2 du second volume de son voyage : « Un pareil » peuple (celui des départemens) auroit-il » jamais pu faire une révolution ou devenir » libre ? Jamais, pas dans cent mille ans : » c'est le peuple éclairé de Paris, au milieu » de milliers de journaux et de pamphlets, » qui a tout fait ».

Dans un autre endroit du même volume, il s'apitoie un instant sur le sort de Louis XVI et de sa femme qu'on tenoit prisonniers au château des Tuileries : mais il ne tarde pas à réfléchir sur l'objet de cet emprisonnement, et il ajoute ces paroles : « on ne sau- » roit rien condamner dans un pareil mo- » ment que ce qui met en danger la liberté nationale ». Cette seule phrase d'un Anglais aristocrate justifie complétement les mesures les plus rigoureuses qui ont été prises en France : il n'y en a pas eu une seule qu'on n'ait dû croire nécessaire et indispensable au maintien de la liberté nationale et à l'accomplissement de la révolution.

D. J. G. F. B.

VOYAGES EN FRANCE.

JOURNAL.

Le 15 Mai 1787.

IL faut qu'un voyageur ait traversé plusieurs fois le détroit qui sépare l'Angleterre du reste du monde, avant de cesser d'être surpris du changement soudain et universel qu'il apperçoit en débarquant à Calais : la scène, le peuple, le langage, tous les objets sont nouveaux ; et dans les circonstances qui se ressemblent le plus, l'œil éclairé y découvre facilement des nuances différentes.

Le superbe établissement d'une saline, entrepris par M. Mouron, de cette ville, m'avoit autrefois fait faire connoissance avec lui, et je l'avois trouvé trop instruit sur divers objets importans pour ne pas la renouveller avec plaisir. Je passai une agréable soirée chez lui. — Cinquante - cinq lieues.

Le 17. Neuf heures de roulis dans le paquebot avoient tellement fatigué ma jument, que je crus nécessaire de la laisser reposer pendant un jour; mais le matin du 17, je quittai Calais. Le pays, pendant l'espace de quelques milles, ressemble à une partie des comtés de Norfolk et de Suffolk; on y voit de douces collines, avec quelques enclos autour des maisons dans les vallées et des rangées d'arbres dans le lointain. C'est de même jusqu'à Boulogne: je fus charmé de trouver dans les environs de cette dernière ville plusieurs maisons de plaisance, appartenant à des personnes qui y faisoient leur résidence. Que de fausses idées les livres et les relations nous font quelquefois adopter! Je m'imaginois qu'il n'y avoit en France que les fermiers et les laboureurs qui vivoient à la campagne, et les premiers pas que je fais dans ce royaume m'offrent une vingtaine de maisons de campagne. La route est excellente.

La ville de Boulogne n'est pas laide;

et du rempart de la haute ville il y a une perspective superbe, quoique la marée, qui étoit basse, ne me permît pas de la voir dans sa plus grande beauté. Personne n'ignore que cette ville est depuis long-temps le refuge de nombre d'Anglais à qui des malheurs dans le commerce, ou des dépenses excessives, ont rendu une résidence plus agréable chez l'étranger que dans leur patrie. Il est aisé de concevoir qu'ils trouvent ici une égalité de société qui les porte à rester dans le même lieu. Ce n'est sûrement pas le bon marché des denrées, car elles sont chères. Le mêlange des Anglaises et des Françaises a une assez drôle apparence dans les rues ; les premières sont habillées à leur manière, mais les Françaises ne portent pas de chapeaux ni de bonnets ronds, et sont couvertes d'un manteau qui leur descend jusqu'aux talons. La ville paroît florissante : les bâtimens sont bons et bien entretenus ; il y en a même de nouveaux, ce qui est peut-être une aussi grande preuve de prospérité qu'aucune autre ; ils bâtissent aussi une nouvelle église sur un plan fort étendu : somme totale, la ville est gaie et ses environs agréables, et le rivage est un beau sable blanc bien ferme jusqu'à la mer. Les falaises qui l'environnent valent la peine d'être examinées par ceux qui n'ont pas encore vu la pétrification de l'argile ; on les trouve dans cet état pierreux et argileux que j'ai décrit à Harwich. (*Annales d'agriculture, tome VI, page* 218.)

De Calais à Boulogne huit lieues.

Le 18. La vue de Boulogne de l'autre côté, à la distance d'un mille, offre un paysage superbe ; la rivière serpente dans la vallée et se répand dans un beau canal au-dessous de la ville, avant de tomber dans la mer, qui s'ouvre à travers deux terres élevées, dont l'une est derrière la ville. —— Il ne manque à cette perspective que des arbres, car s'il y en avoit davantage sur les collines, il seroit difficile à l'imagination de se peindre une scène plus agréable. Le pays devient plus beau à mesure que j'avance : plus d'enclos, et des endroits qui ressemblent beaucoup à l'Angleterre. De belles prairies dans les environs du Pont de brique et plusieurs châteaux. Dans ce journal, je ne traite pas particuliérement de l'agriculture, mais j'observerai en passant qu'elle est aussi mal entendue que le pays est bon : de pauvre bled jaune, avec nombre de mauvaises herbes, quoiqu'on laisse souvent les terres en jachères. Sur les collines peu éloignées de la mer, les arbres semblent vouloir s'en reculer, et sont dépouillés de leur feuillage : ce n'est donc pas seulement au sol qu'il faut attribuer cet effet. — Si les Français n'ont pas d'agriculture à offrir à nos regards, ils ont de grandes routes ; rien n'est au-dessus ou mieux entretenu que celle qui traverse une belle forêt de M. Neuvillier, et vraiment, depuis Samers, elle est supérieurement faite : une vaste chaussée et des montagnes coupées pour les rendre de niveau avec les vallées me rempliroient d'admiration, si je n'avois rien appris des abominables *corvées* qui excitent ma pitié pour les malheureux paysans, des sueurs et du sang desquels provient cette magnificence. Des femmes qui arrachent des herbes dans les bois, pour nourrir leurs vaches, sont une marque de pauvreté.

On voit des tourbes près de Montreuil comme à Newbury. La promenade du rempart est jolie, les petits jardins dans les bastions au-dessous sont singuliers. Il y a dans cette ville plusieurs Anglais, mais il n'est pas aisé de concevoir pourquoi, car elle manque de toutes les circonstances qui rendent les villes amusantes. Dans une courte conversation que j'eus avec une famille anglaise qui retournoit dans sa patrie, la dame jeune, et sans doute agréable, m'assura que je trouverois la cour de Versailles magnifique. Oh! comme elle aimoit la France! Et combien elle regretteroit d'aller en Angleterre, si elle n'espéroit pas retourner dans peu! Comme elle avoit traversé le royaume de France, je lui demandai quelle en étoit la partie qui lui plaisoit le plus? Sa réponse fut telle qu'on devoit l'attendre d'une si jolie bouche : « Oh! Paris et Versailles ». Son mari, qui n'est pas si jeune, dit : « la Touraine ». Il est probable qu'un agriculteur sera plutôt de l'opinion du mari que de celle de la dame, en dépit de ses charmes. —— Huit lieues.

Le 19. Je dînai, ou plutôt je fus presque affamé à Bernay, où pour la première fois on me servit de ce vin dont j'ai souvent entendu parler en Angleterre, et qui est pis que de la petite bière. Il n'y a pas de fermes éparses dans cette partie de la Picardie ; elles sont toutes rassemblées en villages, ce qui est aussi malheureux pour la beauté du pays qu'incommode pour sa culture. Jusqu'à Abbeville la route est presque plate et désagréable ; et quoiqu'il y ait plusieurs grandes forêts, elles sont sans intérêt. On passe devant le château de craie moderne de M. Saint-Maritan, qui, s'il avoit voyagé en Angleterre, n'auroit certainement pas bâti une bonne maison dans cet endroit, et n'auroit pas non plus avancé ses murs comme ceux d'une maison de charité.

On dit qu'Abbeville contient vingt-deux mille ames. Cette ville est vieille et mal bâtie ; plusieurs de ses maisons sont de bois et ont un plus grand air d'antiquité qu'aucunes de celles que j'aie encore vues : il y a long-tems que ces sortes de maisons sont démolies en Angleterre. J'examinai la manufacture de Van-Robais, établie par Louis XIV, dont Voltaire et d'autres écrivains ont tant parlé. Je m'informai beaucoup des draps que l'on faisoit ici, et de la laine qu'on y employoit ; et dans une conversation que j'eus avec les manufacturiers, je les trouvai grands politiques, condamnant violemment le nouveau traité de commerce avec l'Angleterre. — Dix lieues.

Le 21. Même pays plat et désagréable jusqu'à Flixecour. — Cinq lieues.

Le 22. La pauvreté et de tristes moissons se présentent jusqu'à Amiens; les femmes labourent avec deux chevaux pour semer de l'orge. La différence des coutumes des deux nations n'est en rien plus frappante que dans les travaux du sexe; en Angleterre, les femmes ne travaillent presque point dans les champs, sinon qu'elles glanent quelquefois ou font du foin : le premier est un travail de pillage, et l'autre une partie de plaisir; en France elles labourent, et charrient le fumier. Il paroît que les peupliers de la Lombardie ont été introduits ici à-peu-près dans le même tems qu'en Angleterre.

Pecquigni a été la scène d'une action très-remarquable, qui fait beaucoup d'honneur à l'esprit tolérant de la nation française. Un juif, nommé Calmer, a acheté le bien et la seigneurie du vicomté d'Amiens du duc de Chaulnes, en vertu de laquelle il nomme les chanoines de la cathédrale d'Amiens. L'évêque s'opposa à sa nomination, mais le parlement de Paris décida en faveur de M. Calmer. La seigneurie immédiate de Pecquigni, sans ses dépendances, est revendue au comte d'Artois. Voyez à Amiens la cathédrale, que l'on dit avoir été bâtie par les Anglais ; elle est fort grande, légère, et supérieurement ornée.

On travaille à tendre l'église en noir, à un dais, et à des illuminations pour l'enterrement du prince de Tingry, colonel du régiment de cavalerie en garnison dans cette ville. Le peuple avoit beaucoup d'envie de voir cette cérémonie, et il y avoit une grande foule à toutes les portes. On me refusa l'entrée ; mais quelques officiers étant admis, donnèrent ordre qu'on laissât passer un Anglais qui étoit à la porte, et l'on me rappella de fort loin en me priant très-poliment d'entrer, ignorant avant que j'étois Anglais. Ce ne sont là que des bagatelles, mais elles marquent de l'honnêteté, et il est juste de les raconter. Si un Anglais reçoit des politesses en France, *parce qu'il est Anglais*, il est inutile de dire de quelle manière on doit traiter un Français en Angleterre. Le château d'eau, ou la machine qui sert à faire venir de l'eau à Amiens, mérite d'être vu; mais on ne pourroit s'en former une idée que sur une gravure. La ville abonde en manufactures de laine : je conversai avec plusieurs manufacturiers qui sont parfaitement de l'avis de ceux d'Abbeville sur le traité de commerce. —Cinq lieues.

Le 23. A Breteuil, le pays est varié; partout des forêts en vue. — Sept lieues.

Le 24. Un pays de craie, plat, et peu intéressant, continue presque jusqu'à Clermont, où il devient meilleur, a des collines et des bois. La perspective de la ville, dès qu'on apperçoit le vallon avec les plantations du duc de Fitzjames, est fort jolie. — Huit lieues.

Le 25. Les environs de Clermont sont pittoresques, les collines près de Liancourt sont jolies et couvertes d'une sorte de culture que je n'avois jamais vue auparavant ; un mélange de vignobles (car c'est là qu'on commence à voir des vignes), de jardinage et de grain, une pièce de bled, un quarré de luzerne, une tache de trèfle ou de vesces, un morceau de vignobles, avec des cerisiers et d'autres arbres fruitiers entremêlés, et le tout est cultivé avec la bêche : cela a une belle apparence, mais ne doit être qu'un pauvre système d'agriculture.

Chantilly ! — La magnificence est son caractère dominant ; il ne l'a pas encore perdu. Il n'existe pas assez de goût ou de beauté pour en adoucir les traits ; tout est grand hors le château, qui n'a rien d'imposant, excepté la galerie des batailles du grand Condé, et le cabinet d'histoire naturelle, qui contient une multitude de superbes échantillons très-artistement arrangés : il ne s'y trouve rien particuliérement digne d'attention, et il n'y a pas une chambre qu'on appelleroit grande en Angleterre. Les écuries sont vraiment nobles, et surpassent de beaucoup tout ce que j'ai vu de semblable ; elles ont cinq cent quatre-vingts pieds de longueur et quarante de largeur, et contiennent souvent deux cent quarante chevaux anglais. J'avois si fréquemment vu dans l'eau les lignes irrégulières et tremblantes de la nature, que je vins à

Chantilly, prévenu contre l'idée d'un canal; mais la vue d'un canal y est frappante et produit l'effet que causent les scènes magnifiques ; cela vient de son étendue et des lignes droites de l'eau, qui se réunissent avec la régularité des objets visibles. C'est, je crois, Milord Kaimes qui a dit que la partie du jardin contiguë à la maison devroit partager la régularité du bâtiment : c'est presque inévitable lorsqu'il y a beaucoup de magnificence autour d'une habitation ; cependant l'effet est ici diminué par le parterre qui se trouve devant le château, dans lequel les divisions et les jets d'eau diminutifs ne sont pas de taille à correspondre avec la magnificence du canal. La ménagerie est jolie et offre une variété prodigieuse d'oiseaux domestiques de toutes les parties du monde, l'un des meilleurs objets d'une ménagerie : ces oiseaux et le cerf de Corse attirèrent toute mon attention. Le hameau est une imitation d'un jardin anglais ; ce goût ne fait que s'introduire en France, il ne faut pas le juger d'un œil trop critique. Ce que je vis de plus conforme au goût anglais fut le tapis de verdure en face des écuries ; il est vaste et bien entretenu, preuve certaine qu'on peut avoir d'aussi belle verdure dans le nord de la France qu'en Angleterre. Le labyrinthe est le seul parfait que j'aie encore vu, et je n'ai pas envie d'en voir d'autres ; c'est en fait de jardinage, ce qu'est un *rebus* en fait de poésie. Dans les bois sont plusieurs belles et rares plantes. Je voudrois que les amateurs des beaux arbres qui iront par la suite à Chantilly, n'oubliassent pas de demander le grand hêtre, c'est le plus parfait que j'aie vu ; il est droit comme une flèche, et peut avoir quatre - vingts ou quatre - vingt-dix pieds de hauteur, et douze de diamètre à cinq pieds de terre ; il y a quarante pieds de la racine à sa première branche : c'est à tous égards un des plus beaux arbres que l'on puisse rencontrer. Il y en a deux autres auprès de lui, mais ils lui sont bien inférieurs. La forêt qui environne Chantilly, appartenant au prince de Condé, est immense, s'étendant fort loin en long et en large ; la route de Paris la traverse pendant trois lieues, ce qui est sa moindre étendue. On dit que la capitainerie a plus de trente-trois lieues de circonférence, c'est-à-dire, que tous les habitans de ces cantons sont infestés de gibier sans avoir la permission de le détruire, pour le plaisir d'un seul homme. Ne devroit-on pas abolir ces capitaineries ?

A Luzarche, je trouvai que ma jument étoit malade et qu'elle ne vouloit pas aller plus loin ; les écuries de France, qui ne sont que des tas de fumier couverts, et la négligence des garçons, vermine détestable, lui avoient fait attraper du froid. Je la laissai donc là et vins en poste à Paris. Par cette expérience je fus convaincu que la poste est beaucoup plus mauvaise, et même plus chère, en France qu'en Angleterre. Étant en chaise de poste j'allai à Paris, comme font les autres voyageurs, c'est-à-dire, en ne voyant que très-peu de chose, ou plutôt rien du tout. Les trois dernières lieues je regardai avec attention pour voir cette foule de carrosses qui, près de Londres, embarrassent les voyageurs ; je regardai en vain, car la route, jusqu'aux barrières, fut un parfait désert. Il se trouve ici tant de grandes routes, que cela peut être accidentel. L'entrée de Paris n'a rien de magnifique, elle est mal bâtie et fort sale. Pour parvenir dans la rue de Varenne, fauxbourg Saint-Germain, j'eus toute la ville à traverser, et je passai par des rues étroites, vilaines et embarrassées.

Je trouvai à l'hôtel de la Rochefoucauld le duc de Liancourt et ses fils, le comte de la Rochefoucauld et le comte Alexandre, avec mon bon ami M. Lazowsky, que j'avois eu le plaisir de voir dans le comté de Suffolk. Ils m'introduisirent à la duchesse d'Estissac, mère du duc de Liancourt, et à la duchesse de Liancourt. L'accueil gracieux que me fit cette honnête famille étoit bien fait pour me laisser l'impression la plus favorable. — Quatorze lieues.

Le 26. J'avois auparavant passé si peu de tems en France que la scène me parut toute neuve. Jusqu'à ce que nous soyons accoutumés à voyager, nous sommes enclins à regarder et à admirer tout, et à chercher des nouveautés, même dans les cas où il est ridicule d'en attendre. J'ai quelquefois sottement badaudé pour trouver des objets que je n'avois pas encore vus, comme si une rue de Paris pouvoit être composée d'autre chose que de maisons, ou des maisons formées d'autres matières que de briques ou de pierres, ou que ceux qui les habitent, parce qu'ils ne sont pas Anglais, marchassent sur leurs têtes ; je tâcherai de me défaire de cette folie le plutôt possible, et tournerai mon attention vers le caractère et les mœurs de la nation : de pareilles vues nous portent souvent à saisir les petites circonstances qui peuvent nous en instruire, car ce n'est pas une tâche facile, et elle est sujette à bien des erreurs.

Je n'ai qu'un jour à passer à Paris, et je l'emploie à acheter ce dont j'ai besoin. A Calais, ma trop grande précaution produisit les inconvéniens qu'elle vouloit éviter : j'avois peur de perdre mon coffre en le laissant chez Dessein pour la diligence, et je l'envoyai chez M. Mouron. Il s'ensuit que je ne peux pas le trouver à Paris, et qu'il faut que j'achète de nouveau ce qu'il contenoit avant de quitter cette ville pour aller aux Pyrénées. Je crois qu'on peut prendre pour maxime de laisser toujours son bagage aux voitures ordinaires du pays, sans autre précaution.

Après une excursion rapide avec mon ami Lazowsky, pour examiner différentes choses, mais trop précipitamment pour en avoir une idée correcte, je passai la soirée chez son frère, où j'eus le plaisir de trouver M. Broussonnet, secrétaire de la société royale d'agriculture, et M. Desmarets, tous deux de l'académie des sciences. Comme M. Lazowsky connoît bien les manufactures de France, dans l'administration desquelles il a un poste éminent, et comme les autres ont beaucoup étudié l'agriculture, la conversation fut très-instructive, et je regrettai que mon prompt départ de Paris ne me permît pas de jouir plus long-tems d'un plaisir si analogue à mes propres sentimens, celui d'être en compagnie avec des hommes dont la conversation démontroit qu'ils s'étoient occupés sans relâche des objets importans de la nation. Lorsque la compagnie se retira, j'allai en poste à Versailles, avec le comte Alexandre de la Rochefoucauld, pour être présent à la fête du lendemain

(la Pentecôte). Je couchai à l'hôtel du duc de Liancourt.

Le 27. Je déjeûnai avec lui dans les appartemens qu'il a au château, comme grand-maître de la garde-robe, l'une des principales charges de la cour de France. Je trouvai le duc dans un cercle de seigneurs, entre lesquels étoit le duc de la Rochefoucauld, bien connu par son étude de l'histoire naturelle ; je lui fus présenté : comme il va à Bagnères de Luchon, dans les Pyrénées, j'aurai l'honneur d'être de sa partie.

La cérémonie du jour fut que le roi donna le cordon bleu au duc de Berri, fils du comte d'Artois. Les musiciens de la reine étoient dans la chapelle où se faisoit la cérémonie, mais ils ne firent pas beaucoup d'effet. Pendant le service, le roi étoit assis entre ses deux frères, et paroissoit, par sa conduite et son inattention, desirer être à la chasse ; il auroit certainement été aussi bien employé qu'à entendre après cela, de son trône, un serment féodal de chevalerie, ou quelque galimatias de cette nature de la part d'un enfant de dix ans. En voyant cette pompeuse folie, je m'imaginai que c'étoit le dauphin, et le demandai à une dame de la cour qui se trouvoit près de moi ; mais elle me rit au nez, comme si j'avois été coupable de la plus grande absurdité ; sa conduite fut d'autant plus insultante, qu'en faisant des efforts pour se retenir, elle marquoit davantage son mépris. Je m'adressai à M. de la Rochefoucauld pour savoir de quelle absurdité grossière j'avois pu être coupable, et c'étoit de ce que *tout le monde sait, en France*, que le dauphin est revêtu du cordon bleu aussi-tôt qu'il est né ; tant il étoit impardonnable à un étranger d'ignorer une partie si importante de l'histoire de France, que celle de donner à un enfant une bavette bleue au lieu d'une bavette blanche.

Quand la cérémonie fut finie, le roi et les chevaliers allèrent en procession, saluant la reine en passant, dans un petit appartement où le roi dîna. Il parut qu'il y avoit plus d'aisance et de familiarité que de formalité dans cette partie de la cérémonie. La reine, qui est la plus belle femme que je vis dans cette journée, les reçut avec une variété d'expressions ; elle sourit aux uns, parla aux autres; quelques-uns sembloient avoir l'honneur d'être plus intimes avec elle : elle en salua plusieurs avec formalité, et d'autres avec réserve; elle fut respectueuse et pleine de bonté envers le brave Suffrein. La cérémonie du dîner du roi en public est plus singulière que magnifique. La reine étoit assise à côté de lui avec un couvert devant elle; mais elle ne mangea rien, et conversa avec le duc d'Orléans et le duc de Liancourt, qui étoient debout derrière sa chaise. Ç'auroit été pour moi un repas fort désagréable, et si j'étois souverain, j'abolirois les trois quarts de ces formalités stupides. Si les rois ne dînent pas comme les autres hommes, ils perdent beaucoup des plaisirs de la vie; leur situation est bien faite pour les priver d'une infinité de ces plaisirs, et ils se soumettent encore à de folles coutumes qui tendent à les priver du reste. Le seul dîner agréable et amusant est une table de dix à douze couverts de personnes choisies : les voyageurs disent que c'étoit la coutume du roi de Prusse, qui connoissoit trop bien le prix de la vie pour la sacrifier à de vaines formalités d'un côté, ou à une réserve monastique de l'autre.

Le palais de Versailles, l'un des objets que la renommée m'avoit le plus vanté, n'est pas merveilleux. Je le vois sans émotion, il ne me fait aucune impression. Qu'est-ce qui peut compenser le manque d'unité ? De quelque côté qu'on le regarde ce n'est qu'un assemblage de bâtimens, un quartier brillant de la ville, mais non pas un bel édifice ; cette objection peut avoir lieu pour le jardin devant la façade, quoiqu'il soit cependant beaucoup plus beau. La grande galerie est la plus belle chambre que j'aie vue, les autres appartemens ne sont rien, mais on sait que les tableaux et les statues sont une collection capitale. Il paroît que tout le palais, excepté la chapelle, est ouvert à tout le monde. Nous passâmes à travers une vaste foule de peuple pour voir la procession, et il y en avoit plusieurs qui n'étoient pas trop bien habillés, d'où il s'ensuit qu'on ne fait pas de questions ; mais les officiers à la porte de la chambre où le roi dîna ne permirent pas indistinctement à tout le monde d'entrer.

Versailles.

Les voyageurs, et même les voyageurs modernes, parlent beaucoup du grand intérêt que prennent les Français à tout ce qui regarde le roi personnellement, montrant par leur attention, non-seulement leur curiosité, mais leur amour. Je ne sais où ces messieurs ont pris cela? Ou c'est une erreur, ou le peuple est singulièrement changé depuis quelques années. Je dînai à Paris; et sur le soir, la duchesse de Liancourt, qui est une des meilleures femmes du monde, me mena à l'opéra à Saint-Cloud, où nous vîmes aussi le château que la reine fait bâtir; il est grand, mais il y a beaucoup de choses sur le front qui ne me plaisent pas. — Sept lieues.

Le 28. Trouvant mon cheval en assez bon état pour continuer ma route, point important pour un voyageur aussi mal en cavalerie que moi, je quittai Paris, accompagnant le comte de la Rochefoucauld et mon bon ami Lazowsky, et commençant un voyage dans lequel je devois traverser tout le royaume jusqu'aux Pyrénées. La route d'Orléans est une des plus grandes des environs de Paris, c'est pourquoi je m'attendois à voir effacer ma première impression sur le peu de commerce qu'il y a près de cette ville; mais au contraire elle fut confirmée, c'est un désert en comparaison des environs de Londres. Dans l'espace de trois lieues, nous ne rencontrâmes ni coches ni diligences, seulement deux messageries et quelques chaises de poste; pas la dixième partie de ce que nous aurions rencontré si nous avions quitté Londres à la même heure. Sachant combien la ville de Paris est grande, riche et importante, cette circonstance m'embarrasse beaucoup; si elle se confirmoit par la suite, on pourroit en tirer une multitude de conséquences.

Pendant quelques milles, la scène offre çà et là les flèches des carrières, les pierres en étant tirées par le moyen de roues d'une immense grandeur. Le pays est varié, et ce qui lui manque principalement pour être agréable à l'œil est une rivière : par-tout des bois en vue; la portion du territoire de France couverte de ces productions, faute de charbon, doit être immense; car depuis Calais ce fut toujours la même chose. A Arpajon, le maréchal de Mouchy a une petite maison qui n'a rien d'extraordinaire. — Sept lieues.

Le 29. Nous allons à Estampes, en partie à travers un pays plat, commencement du fameux pays de Beauce. Jusqu'à Touri, pays plat et désagréable, nous ne découvrîmes que deux ou trois châteaux. — Dix lieues.

Le 30. Une continuation de pays plat sans enclos, peu intéressant et même ennuyeux, quoiqu'on apperçoive de tous côtés de petites villes et des villages ; les traits qui pourroient former un paysage ne sont pas réunis. Ce pays de Beauce a la réputation d'être la crême de l'agriculture française ; le sol en est excellent, mais il est mal cultivé. Nous passâmes à travers une partie de la forêt d'Orléans, appartenant au prince de ce nom : c'est une des plus grandes forêts de France.

Du clocher de la cathédrale d'Orléans, il y a une très-belle perspective. La ville est grande ; et ses fauxbourgs, qui sont d'une seule rue, ont près d'une lieue de longueur. La vaste étendue de pays qui se présente de tous les côtés est une plaine sans bornes, à travers laquelle la superbe Loire prend son cours majestueux, et se montre pendant quatorze lieues ; le tout est

est entrelacé de prairies, de vignobles, de jardins et de forêts. La population de ce pays-là doit être bien nombreuse ; car, outre la ville, qui contient 40,000 ames, il y a un si grand nombre de bourgs et de villages dans la plaine, que toute la scène paroît animée. La cathédrale, d'où nous eûmes cette belle perspective, est un beau bâtiment, le chœur en fut fait par Henri IV. L'église moderne est un édifice agréable ; le pont une belle structure de pierre, et la première expérience de l'arche plate en France, où elle est maintenant à la mode. Il a neuf arches, est long de quatre cent dix verges, et large de quarante-cinq pieds. A entendre parler quelques Anglais, on croiroit qu'il n'y a pas un beau pont en France ; ce n'est pas la première et j'espère que ce ne sera pas la dernière erreur que les voyages détruiront. Il y a plusieurs barques et chaloupes sur la rivière dans le Bourbonnois, etc. chargées de bois, d'eau-de-vie, de vins, et autres marchandises. En arrivant à Nantes les bâtimens sont dépecés et vendus avec leurs cargaisons : grand nombre sont de sapin. Il part un bateau pour cette ville

Tome I. D

pour six louis : les passagers couchent toutes les nuits à terre et arrivent à Nantes en quatre jours et demi. La principale rue qui conduit au pont est belle et bien vivante, car le commerce est ici considérable. J'admirai les beaux acacias plantés dans la ville.
— Sept lieues.

Le 31. En quittant cette cité, on entre dans la misérable province de Sologne, que les écrivains français appellent la triste Sologne. Il y a eu dans tout ce pays de rigoureuses gelées de printems, car les feuilles des noyers sont noires et coupées. Je ne me serois pas attendu à cette preuve non équivoque d'un mauvais climat. Après avoir passé la Loire jusqu'à la Ferté-Lowendahl, on trouve un pays plat, maigre et graveleux, avec beaucoup de bruyères. Les pauvres fermiers qui cultivent ici la terre sont des métayers, c'est-à-dire, des gens qui louent sans avoir la faculté de faire valoir : le propriétaire est obligé de fournir les semences et les bestiaux, et il partage le produit avec son fermier ; misérable système, qui perpétue la pauvreté et empêche de s'instruire. Je rencontrai un homme, employé sur la route ;

qui avoit été prisonnier pendant quatre ans à Falmouth ; il ne parut pas conserver de rancune contre les Anglais ; il n'étoit cependant pas satisfait du traitement qu'il avoit éprouvé. Il y a à la Ferté un beau château du marquis de Coix, avec plusieurs canaux et une vaste quantité d'eau dont on peut disposer. Jusqu'à Nouan-le-Fuzelier, un étrange mélange d'eau et de sable, beaucoup d'enclos, les maisons et les chaumières de bois entrelacées d'argile et de briques, et couvertes de tuiles, avec quelques granges bordées comme celles de Suffolk ; une excellente route de sable ; apparence en général d'un pays entremêlé de bois ; tout combiné pour lui donner une grande ressemblance à plusieurs cantons de l'Angleterre ; mais l'agriculture est si peu semblable, que lorsqu'on y fait la moindre attention, toute idée de ressemblance s'évanouit. — Neuf lieues.

Premier juin. Le même misérable pays jusqu'à la Loge ; les champs offrent des scènes pitoyables d'une mauvaise administration, et les maisons des tableaux de misère. Cependant tout ce pays peut bien s'améliorer s'ils en connoissoient les moyens : c'est peut-être la propriété de quelques-uns de ces êtres brillans, qui figuroient l'autre jour à la procession de Versailles. Grand Dieu ! accorde-moi de la patience quand je vois un pays ainsi négligé, — et pardonne les juremens que je fais sur l'absence et l'ignorance des propriétaires. — Nous entrons dans la généralité de Bourges, et peu après dans une forêt de chênes appartenant au comte d'Artois : les arbres meurent par le haut avant de parvenir à une bonne taille. Ici finit la triste Sologne. L'aspect de Vierzon et de son voisinage est beau. Une belle vallée se présente, à travers laquelle coule la rivière de Cher, que l'on apperçoit dans différens endroits pendant plusieurs lieues ; un soleil brillant en brunissoit les eaux, et offroit l'illusion d'une chaîne de petits lacs ombragés par un vaste pays bien boisé. On voit Bourges sur la gauche.— Six lieues.

Le 2. Je passai les rivières de Cher et de Lave ; les ponts en sont bien bâtis ; le courant, le bois, les maisons, les bateaux et les collines circonvoisines forment une scène vivante. Il se trouve à Vierzon pluleurs maisons neuves et bâtimens de bonnes pierres ; cette ville paroît faire des progrès, et elle doit sans doute beaucoup à sa navigation. Nous sommes maintenant dans le Berri, pays gouverné par une assemblée provinciale, conséquemment les routes en sont bonnes et faites sans corvées. Vatan est une petite ville dont la principale occupation est de filer. Nous y bûmes d'excellent vin de Sancerre, bien foncé en couleur, d'un grand goût, et qui avoit du corps, à vingt sols la bouteille, mais dans la campagne il ne vaut que dix sols. Il y a une vaste perspective avant d'arriver à Château-Roux, où nous examinâmes les manufactures. — Treize lieues.

Le 3. A environ une lieue d'Argenton on rencontre une belle scène, cependant avec des traits hardis ; une étroite vallée bornée de tous les côtés par des collines couvertes de bois, qui paroissent toutes en même tems, sans un arpent de terrein plat, excepté le fond de la vallée, à travers laquelle coule une rivière qui passe à côté d'un vieux château situé d'une manière pittoresque à sa droite, et à sa gauche est une tour qui sort d'un bois.

A Argenton je montai au haut d'un rocher, qui est pour ainsi dire suspendu sur la ville ; c'est une scène délicieuse. Une chaîne naturelle de roches perpendiculaires s'avance subitement sur la vallée, qui a un demi-mille de largeur, et deux ou trois de longueur : d'un côté elle est fermée par des collines, et de l'autre par la ville, avec des vignobles au-dessus : le reste du cercle est assez haut pour aller de pair : des vignobles, des rochers, ou des collines couvertes de bois. La vallée est divisée en enclos d'une belle verdure ; et une agréable rivière, dont les bords ne laissent rien à desirer, serpente dans la plaine. Les vénérables fragmens des ruines d'un château, près du point de vue, sont bien faits pour éveiller la réflexion et pour démontrer le triomphe des arts de la paix sur les ravages barbares des siècles de la féodalité, lorsque toutes les classes de la société étoient entraînées dans les insurrections, et que le peuple étoit plus esclave qu'aujourd'hui.

La face du pays, depuis Vierzon jusqu'à Argenton, est plate avec plusieurs bruyères. Il n'y a pas d'apparence de population, et les villes y sont même clair-semées, la culture est triste et le peuple misérable. Par les circonstances auxquelles je pus faire attention, les habitans paroissent honnêtes et industrieux ; ils sont propres, polis, et ont bonne mine. Il me semble qu'ils amélioreroient leur pays s'ils formoient une partie de système dont les principes tendissent à la prospérité nationale. — Six lieues.

Le 4. Je passai par un pays clos, qui auroit eu meilleure mine si les insectes n'avoient pas détruit le feuillage des chênes, et n'avoient point étendu une multitude de nids sur leurs branches ; les feuilles commencent à repousser. Nous traversâmes un ruisseau qui sépare le Berri de la Marche ; les châtaignes commencent à paroître : il y en a dans tous les champs, et c'est la nourriture des pauvres. Variété de collines et de vallons, avec de belles forêts, mais aucun signe de population ; des lézards pour la première fois : il semble qu'il y ait une connexion entre les châtaignes et ces innocens reptiles, par rapport au climat. Ils sont fort nombreux et il y en a d'un pied de long. Nous couchons à la Ville-au-Brun. — Huit lieues.

Le 5. Le pays devient plus beau ; nous passons une vallée, où une chaussée arrête l'eau d'un petit ruisseau et en fait un lac qui forme un des traits d'une scène délicieuse. Ses bords dentelés et ses vagues arrêtées par les bois font un effet superbe ; les collines sont uniformes de tous les côtés, et l'œil prophétique du goût peut s'imaginer que l'une d'entr'elles, couverte de bruyères, est un tapis de verdure. Il ne manque pour faire de cette place un jardin que d'en ôter les ordures.

La surface générale du pays, pendant un espace de cinq lieues, est la plus belle que j'aie vue en France ; elle est enclose et bien boisée ; le feuillage épars des châtaigniers donne la même verdure aux collines que les prairies inondées (vues aujourd'hui pour la première fois) aux vallées. Des côteaux éloignés forment le derrière de la scène et la rendent intéressante. Le penchant du pays, en allant à Bassies, offre une belle perspective ; et l'approche de la ville présente un paysage bizarre, avec des groupes de roches, de bois et d'eau. En allant à Limoges, nous passons un autre lac artificiel, entre des collines cultivées. Au-delà sont des hauteurs d'une plus grande étendue ; mais entremêlées de vallées agréables : encore un autre lac plus beau que les premiers, supérieurement environné d'arbres : à travers une montagne couverte de châtaigniers, qui commande une scène d'une nature différente de toutes celles que j'ai vues en France ou en Angleterre, une longue chaîne de collines et de vallées toutes couvertes de bois, et bornées par des montagnes éloignées. Pas la moindre trace d'une habitation, pas un village, pas une maison ni une hutte, pas la moindre fumée pour donner l'idée d'un pays habité ; une scène de l'Amérique assez déserte pour le *tomahac* du Sauvage. Nous nous arrêtons à une exécrable auberge, appellée Maison rouge, où nous avions dessein de coucher ; mais, après avoir examiné le local, nous le trouvâmes si incommode, et le garde-manger si mal fourni, que nous poussâmes jusqu'à Limoges. Les grandes routes, dans ce pays-là, sont vraiment belles, et supérieures à celles que j'avois déjà vues en France et dans tout autre lieu. — Quinze lieues.

Le 6. Je vais voir Limoges et ses manufactures. C'étoit une station des Romains, et il y a encore quelques traces de son antiquité. Cette ville est mal bâtie, avec des rues étroites et tortueuses ; ses maisons sont hautes et désagréables. Elles sont faites de granit, ou de bois avec des lattes couvertes de plâtre, afin d'épargner la chaux, qui y est très-chère, parce qu'il faut la faire venir de douze lieues : les toits sont de tuiles courbes, avec des gouttières avancées et presque plates ; preuve certaine que l'on n'est plus dans les climats où il tombe beaucoup de neige. Le plus beau de leurs ouvrages publics est une belle fontaine, amenée de trois quarts de lieue dans un aqueduc voûté, qui passe sous une roche de soixante pieds, et qui porte de l'eau à l'endroit le plus élevé de la ville, où il y a un bassin de quinze pieds de diamètre, taillé dans une seule pièce de granit. L'eau va de là dans des réservoirs fermés d'écluses, que l'on outre pour arroser les rues, ou en cas de feu.

La cathédrale est ancienne, et sa voûte de pierre; il s'y trouve des arabesques coupées dans la pierre avec autant de légereté que celles que l'on voit dans les maisons les plus modernes, ornées de la même manière.

L'évêque actuel a fait bâtir un superbe et vaste palais, et son jardin est ce qu'il y a de plus beau à Limoges, car il commande un paysage qui n'a pas d'égal. Il seroit inutile d'en faire une description complette, il suffit d'engager le voyageur à l'aller voir. Une rivière serpente à travers une vallée environnée de collines, qui offre l'assemblage le plus gai et le plus animé de maisons de plaisance, de fermes, de vignobles, de prairies et de châtaigniers si heureusement entremêlés que le tout forme la scène la plus riante. Cet évêque est un des amis de la famille de la Rochefoucauld; il nous invita à dîner et nous traita fort noblement. Quand milord Macartney fut prisonnier en France, après la prise de la Grenade, il passa quelque tems chez lui. Sa seigneurie éprouva un exemple de politesse qui démontre l'urbanité de la nation française. L'ordre de chanter le *Te Deum* arriva de la cour le même jour qu'on attendoit le *lord* Macartney. L'évêque, concevant que des démonstrations de joie publiques pour une victoire qui avoit rendu son convive prisonnier, ne pourroient que lui être fort désagréables, proposa à l'intendant de différer la cérémonie de quelques jours, afin de ne pas lui causer tant de peine : l'intendant acquiesça, et la cérémonie fut ensuite conduite de manière à avoir autant d'égards pour la sensibilité de milord Macartney que pour la leur. L'évêque me dit que milord Macartney parloit français mieux qu'il n'auroit jamais cru possible à un étranger de le faire, mieux que nombre de Français bien éduqués.

La place d'intendant étoit devenue célèbre dans ce pays-ci, parce qu'elle étoit remplie par cet ami de l'humanité, Turgot, que la réputation qu'il acquit dans cette province porta ensuite à la tête des finances de France, comme on peut le voir dans sa vie écrite par le marquis de Condorcet, ouvrage également recommandable par son élégance et par sa véracité. La réputation de Turgot est grande dans ces cantons. Les belles et superbes routes à travers lesquelles nous avions passé étoient l'effet de sa *bonne* administration ; épithète qui lui est due, parce qu'elles ne furent pas la production des corvées. Il y a ici une société d'agriculture qui doit son origine à ce célèbre patriote ; mais dans ce malheureux sentier des efforts de la France, il ne put rien produire : il s'y trouvoit des maux trop invétérés. Cette société fait comme toutes les autres : —— ses membres s'assemblent, conversent, offrent des prix et publient du galimatias ; cela n'est guère important, car le peuple, loin de lire leurs mémoires, ne sait même pas lire ; il a cependant la faculté de *voir*, et si on cultivoit une ferme de manière à lui servir d'exemple, cela lui offriroit un modèle à étudier. Je m'informai particuliérement si les membres de cette société possédoient des terres, d'où on pourroit juger s'ils entendent leur sujet. On m'assura qu'ils en avoient ; mais la conversation ne tarda pas à éclaircir la question : ils avoient des métayers autour de leurs maisons de campagne, et c'étoit considéré comme s'ils cultivoient leurs propres terres; de sorte qu'ils tirent une espèce de mérite de la véritable circonstance qui fait le malheur et la ruine du pays. Dans toutes les conversations d'agriculture que nous eûmes dans le voyage depuis Orléans, je ne trouvai aucune personne qui parût sentir les vices de ce système.

Le 7. Point de châtaigniers pendant une lieue, avant d'arriver à Pierre-Buffière, parce que, dit-on, le fond du terrein est un dur granit; et on assure à Limoges, que dans ce granit il n'y croît ni vignes, ni bleds, ni châtaigniers; mais que sur le granit plus doux ces plants y viennent fort bien : il est vrai que les châtaigniers et ce granit s'offrirent ensemble à nos yeux lorsque nous entrâmes dans le Limosin. La route étoit supérieurement belle, et plutôt comme les allées bien entretenues d'un jardin, que comme un grand chemin. Nous vîmes ici pour la première fois de vieilles tours qui paroissent nombreuses dans ce pays-ci. — Onze lieues.

Le 8. Nous passons devant une scène

bien extraordinaire pour un Anglais, devant plusieurs maisons, trop bonnes pour être appellées chaumières, sans aucune fenêtre. A quelques milles à droite est Pompadour, où le roi a un haras ; il s'y trouve de toutes sortes de chevaux, mais particuliérement des chevaux arabes, turcs et anglais. On importa l'année dernière quatre chevaux arabes, qui coutèrent 72,000 livres. Le prix pour faire couvrir une jument n'est que de 3 livres ; on permet au propriétaire de vendre son poulain comme bon lui semble; mais quand il est de taille, les officiers du roi ont la préférence, pourvu qu'ils en donnent le prix offert par d'autres. On ne selle ces chevaux qu'à l'âge de six ans. Ils pâturent toute la journée, mais on les enferme la nuit à cause des loups, qui sont ici fort communs et très-incommodes. On vend un cheval de six ans, d'à-peu-près quatre pieds six pouces de hauteur, 1700 livres, et j'ai vu offrir 360 livres pour un poulain d'un an. Nous passons à Uzerche, dînons à Donzenac ; entre cette ville et Brives nous rencontrons, pour la première fois, du maïs ou bled de Turquie.

« La beauté du pays, pendant onze lieues, depuis Saint-George jusqu'à Brives, est si variée, et à tous égards si frappante et si intéressante, que je n'essayerai pas d'en faire la description ; mais j'observerai en général que je doute beaucoup qu'il y ait quelque chose d'aussi charmant en Angleterre ou en Irlande : ce n'est pas une belle perspective qui s'offre de tems en tems aux yeux du voyageur pour le dédommager de la mauvaise apparence d'un long district ; mais c'est une succession continuelle de paysages dont plusieurs auroient été célèbres en Angleterre par le nombre de curieux qui seroit venu les voir. Le pays est tout composé de collines et de vallées ; les premières sont fort élevées, et s'appelleroient chez nous des montagnes, si elles ne produisoient rien et étoient couvertes de bruyères ; mais comme elles sont cultivées jusqu'au sommet, leur hauteur n'est pas si visible à l'œil. Elles ont différentes formes ; les unes se changent graduellement en superbes demi-globes ; d'autres s'avancent en masses et paroissent suspendues dans les airs ; d'autres forment des amphithéâtres de jardins bien cultivés. Dans quelques endroits l'œil est agité par des milliers de surfaces inégales, et dans d'autres il se repose tranquillement sur des scènes de la plus douce verdure : ajoutez à cela les riches ornemens dont la main bienfaisante de la nature a couvert les côteaux, les branches suspendues des châtaigniers. Soit que les vallées ouvrent leurs seins verdoyans pour recevoir les rayons du soleil qui viennent éclairer le cours tranquille des rivières, soit qu'elles se forment en ravins profonds et accordent à peine un passage à l'eau rapide qui coule sur leurs lits de roches et éblouit par le lustre des cascades, dans tous les cas la scène est intéressante et a des traits caractéristiques. Quelques endroits d'une beauté singulière nous retinrent en extase : la perspective de la ville d'Uzerche, qui couvre une colline conique, s'élevant du fond d'un amphithéâtre de forêts, et qu'environne une belle rivière, est unique. Derry, en Irlande, a quelque chose de semblable, mais il lui manque plusieurs de ses plus beaux traits. La vue des eaux de la ville même, et peu après l'avoir passée, est délicieuse. La perspective immense depuis la descente jusqu'à Donzenac, est également magnifique. Ajoutez à tout cela la plus belle route du monde, par-tout formée de la manière la plus parfaite, et aussi bien entretenue que les allées d'un jardin de plaisance, sans poussière, sans sable, sans pierres ou sans inégalités, ferme et unie, chemin ferré de granit, et tracé de manière à commander un si grand nombre de superbes vues, que si l'ingénieur n'avoit eu d'autre objet à remplir, il n'auroit pu s'en acquitter avec plus de goût.

La vue de Brives, du haut de la montagne, est si belle, qu'elle fait naître l'espoir de voir une charmante petite ville, et la gaieté de ses environs encourage cette idée; mais en y entrant le contraste est tel qu'il est absolument dégoûtant : elle est étroite, mal bâtie, a des rues tortueuses, sales et puantes, où le soleil ne vient jamais et où l'air ne peut pas circuler, excepté dans quelques maisons un peu passables et à la promenade. — Onze lieues.

Le 9. Nous entrons dans un nouveau

pays par la province de Quercy, qui fait partie de la Guienne. Il s'en faut de beaucoup qu'il soit aussi beau que le Limosin, mais en récompense il est beaucoup mieux cultivé, graces au maïs qui fait des merveilles. Nous passons à Noailles, sur le sommet d'une haute montagne, où est le château du maréchal de ce nom. —— Nous avançons dans un pays calciné et quittons les châtaigniers en même tems.

En descendant à Souillac, il y a une perspective qui doit universellement plaire, c'est une vue d'oiseau d'une petite vallée délicieuse, fort enfoncée entre plusieurs collines hardies qui l'environnent; une bordure de montagnes sauvages fait le contraste de l'extrême beauté de la surface unie d'en bas, qui est cultivée et parsemée de beaux noyers. Rien ne sauroit surpasser la fertilité surabondante de cet endroit.

Souillac est une petite ville dans un état florissant, qui contient quelques riches négocians. Ils reçoivent des barres de bois des montagnes d'Auvergne par la Dordogne, qui est navigable pendant huit mois de l'année; ils exportent ces marchandises à Bordeaux et à Livourne ; ainsi que du vin, du bled et du bétail, et importent beaucoup de sel. Il n'est pas au pouvoir d'une imagination anglaise de se figurer les animaux qui nous servirent ici, au Chapeau rouge : des êtres qui, par la courtoisie des habitans de Souillac, s'appelloient femmes, mais en réalité ce n'étoit que du fumier ambulant. — C'est en vain qu'on cherche, en France, une servante propre et décemment mise dans une auberge. — Onze lieues.

Le 10. Nous passons la Dordogne au bac ; le bac étoit bien construit pour que les voitures pussent entrer d'un côté et sortir de l'autre, sans avoir besoin de battre les chevaux, comme en Angleterre, pour les faire sauter dedans ; le prix est aussi modéré que la machine est bonne : nous payâmes pour un wiski anglais, un cabriolet français, un cheval de selle et six personnes, cinquante sols seulement. J'ai payé, en Angleterre, un écu par roue pour d'exécrables bacs que l'on passe au risque de casser les jambes des chevaux. Cette rivière coule dans une vallée profonde, entre deux rangées de hautes montagnes. Plaines étendues parsemées de villages et de maisons ; apparence d'une grande population ; des châtaigniers sur un terrein calciné, pratique contraire à celle des Limosins.

Nous passons Peyrac, et rencontrons beaucoup de mendians, ce qui ne nous étoit pas encore arrivé ; toutes les paysannes, femmes et filles, n'ont ni bas ni souliers, et les laboureurs à leur ouvrage n'ont ni sabots ni pieds à leurs bas. Cette espèce de pauvreté coupe la racine de la prospérité nationale, une grande consommation étant plus importante chez les pauvres que chez les riches ; les richesses d'une nation consistent dans la circulation et dans la consommation ; et la circonstance des pauvres gens qui s'abstiennent de l'usage des manufactures de cuir et de laine, doit être considérée comme un mal de la plus grande conséquence. Cela me rappella la misère de l'Irlande. Nous passons le Pont de Rhodez et avançons sur une hauteur d'où nous jouissons d'une immense et singulière perspective de montagnes, de vallées et de douces collines, s'élevant les unes au-dessus des autres dans toutes les directions, avec quelques bouquets de bois et plusieurs arbres épars. Nous avons une vue au moins de treize lieues sans un arpent de plat pays; le soleil, au moment de se coucher, en éclairoit une partie et découvroit un grand nombre de villages et de fermes éparses; les montagnes d'Auvergne, à la distance de trente-trois lieues, ajoutoient à la beauté de la scène. Nous passons devant plusieurs maisons extrêmement bien bâties de pierres, d'ardoises et de tuiles, cependant sans vitres. Un pays est-il dans le cas de prospérer, lorsque son grand objet est d'épargner les manufactures? Des femmes ramassent de l'herbe pour leurs vaches dans leur tablier, autre signe de pauvreté que je remarquai depuis Calais. — Dix lieues.

Le 11. Nous voyons, pour la première fois, les Pyrénées, à la distance de cinquante lieues. —— Cela fut intéressant pour moi, qui n'avois jamais vu un objet à plus de vingt ou vingt-trois lieues de distance, je veux dire les montagnes de *Wicklow*, en sortant d'*Holyhead*. Quand l'œil se tournoit pour chercher de nouveaux objets, il étoit sûr de se fixer dans cet endroit. Leur grandeur, leur sommet couvert de neige, la ligne de séparation entre deux grands royaumes, et les limites de notre voyage, sont des raisons suffisantes pour produire cet effet. Vers Cahors le pays change et a un aspect sauvage ; cependant on y voit par-tout des maisons, et un tiers de ces maisons est couvert de vignes.

Cette ville est vilaine, les rues ne sont ni droites ni larges, mais le nouveau chemin est une amélioration. Le principal objet de son commerce et de ses ressources sont les vins et les eaux-de-vie. Le vrai vin de Cahors, qui a grande réputation, est le produit d'une rangée de vignobles placés sur une chaîne de collines pierreuses, tout-à-fait au midi, et s'appelle vin de Grave, parce qu'il croît sur un terrein graveleux. Dans les années abondantes, le prix du bon vin n'excède pas celui du tonneau ; il se vendit l'année dernière douze francs la barique, ou quinze sols la douzaine de bouteilles : nous en bûmes, aux Trois-Rois, de trois et de dix ans, le dernier à trente sols la bouteille ; tous deux étoient excellens, avoient du corps et sentoient leur raisin, sans cependant être trop chauds, et il me plaisoit plus que le vin d'Oporto ; je le trouvai si bon que j'établis une correspondance avec M. Andouri, l'aubergiste (1). La chaleur de ce pays-ci est suffisante pour produire de bon vin. C'étoit le jour le plus brûlant que nous eussions encore éprouvé.

En sortant de Cahors, la montagne de rochers s'élève avec tant de rapidité, qu'il semble qu'elle aille tomber sur la ville. La gelée qu'il a fait il y a quinze jours, a noirci toutes les feuilles des noyers. Je fus informé qu'on étoit sujet à ces gelées pendant tous les mois du printemps, et quoiqu'elles fassent quelquefois mourir les seigles, les habitans ne connoissent guère d'exemples où le bled ait été gâté par la nielle, preuve suffisante que les gelées n'en sont pas la

---

(1) J'en fis depuis venir une barique ; mais soit qu'il ait envoyé de mauvais vin, ce que je ne veux pas croire, ou qu'il soit tombé en mauvaises mains, il est si mauvais que je le placerai au rang de mes folles dépenses.

cause. Il est rare qu'il tombe de la neige dans ce pays-là. Nous couchons à Ventillac. — Sept lieues.

Le 12. La forme et la couleur des maisons des paysans ajoutent ici une nouvelle beauté à la campagne ; elles sont quarrées, blanches, et avec des toits pour ainsi dire plats, mais très-peu de fenêtres. Les paysans sont, pour la plupart, propriétaires. Nous avons devant nous une immense vue des Pyrénées, qui sont d'une étendue et d'une hauteur vraiment sublime. Près de Perges, la vue d'une riche vallée qui paroît aller sans interruption jusqu'à ces montagnes, est une superbe scène ; une vaste plaine de culture, parsemée de ces maisons blanches bien bâties ; — l'œil se perdant dans l'horison qui s'étend jusqu'à cette chaîne colossale, dont le sommet couvert de neige se brise dans les airs dans diverses directions. La route, jusqu'à Caussade, est une belle avenue de six rangées d'arbres, dont deux sont de mûriers, qui sont les premiers que j'aie jusqu'ici rencontrés. Ainsi nous avons presque voyagé jusqu'aux Pyrénées sans voir un seul objet d'agriculture qui ne soit pas en Angleterre. La vallée est ici très-égale, la route excellente et faite de gravier. Montauban est vieux, mais n'est pas mal bâti; il y a plusieurs bonnes maisons qui ne forment cependant pas de belles rues. On dit que cette ville est fort peuplée, et l'expérience confirme cette assertion. La cathédrale est moderne et assez bien bâtie, mais elle est trop massive. Le collège public, le séminaire, le palais de l'évêque et la maison du premier président de la cour des aides sont de bons bâtimens; la dernière est grande et a une superbe entrée. La promenade est bien située sur la partie la plus élevée du rempart, et commande cette belle vallée, ou plutôt cette plaine, qui est une des plus riches de l'Europe, s'étendant d'un côté jusqu'à la mer, et de l'autre jusqu'aux Pyrénées, dont les masses colossales, entassées prodigieusement l'une sur l'autre, et couvertes de neige, offrent une variété d'ombres et de jours occasionnés par leur figure dentelée et l'immensité de leurs saillies. Cette perspective, qui contient un demi-cercle de trente-trois lieues de diamètre, a l'étendue d'un océan où l'œil se perd ; une scène d'agriculture pour ainsi dire sans bornes ; c'est une masse animée, mais confuse, de parties infiniment variées, qui se perdent graduellement dans le lointain obscur, d'où s'élève la forme merveilleuse des Pyrénées qui portent leurs têtes argentées beaucoup au-dessus des nues. Je trouvai à Montauban le capitaine Plampin, de la marine royale ; il étoit avec le major Crew, qui a sa famille et une maison dans l'endroit, où il eut l'honnêteté de nous conduire. Sa maison est agréablement située dans les environs de la ville, et commande une belle perspective ; il eut la complaisance de résoudre mes doutes sur quelques points dont il pouvoit être meilleur juge que moi, à cause de sa résidence dans le pays. On vit ici à bon compte : on nous cita une famille qui avoit à-peu-près 36,000 liv. de rente, et qui vivoit aussi splendidement qu'on auroit pu le faire en Angleterre avec 120,000 liv. La cherté et le bas prix comparatifs des denrées des différens pays, est un sujet de grande importance, mais fort difficile à analyser. Comme je m'imagine que les Anglais ont fait beaucoup plus de progrès dans les arts utiles et dans les manufactures que les Français, on doit vivre en Angleterre à meilleur marché et avec plus d'aisance. Ce que l'on rencontre en France, *est une méthode de vivre* à bas prix, ce qui est toute autre chose. — Dix lieues.

Le 13. Nous passons Grisolles, où il y a des chaumières bien bâties, sans vitres, et quelques-unes sans autre jour que la porte. Nous dînâmes à Pompinion, au Grand-Soleil; excellente auberge, où le capitaine Plampin, qui nous avoit accompagné jusques-là, prit congé. Nous eûmes ici un violent orage d'éclairs et de tonnerre, avec une pluie plus abondante qu'aucune de celles que j'aie vues en Angleterre; mais quand nous partîmes pour Toulouse, je fus immédiatement convaincu qu'il n'étoit jamais tombé une pareille pluie dans le royaume, car la destruction qu'elle avoit occasionnée dans cette belle scène d'agriculture qui, un moment auparavant, sourioit dans la plaine, étoit terrible à voir; ce n'étoit plus qu'une scène de détresse : les plus belles moissons de bled abattues de manière à ne pouvoir plus se relever, d'autres champs tellement inondés, que nous doutions si c'étoit la terre ou si l'eau y formoit un lac perpétuel ; les fossés avoient été rapidement remplis de limon, s'étoient débordés sur la grande route, et avoient balayé du limon et du gravier sur les moissons. Nous passâmes une des plus belles plaines de bled que l'on puisse voir dans aucun endroit ; heureusement il paroît que l'orage n'a été que partiel. Nous allons à Saint-Jorry, superbe route, mais pas plus belle que dans le Limosin ; c'est un véritable désert jusqu'aux portes de Toulouse. On ne rencontre pas plus de monde que si on étoit à cent milles d'une ville. — Dix lieues.

Le 14. Nous examinons cette ville, qui est fort ancienne et fort grande, mais qui n'est pas peuplée en proportion de sa grandeur ; les bâtimens sont un mélange de briques et de bois, et ont conséquemment une triste apparence. Cette place s'est toujours glorifiée de son goût pour la littérature et les beaux-arts ; elle a une université depuis 1215 ; et elle prétend que sa fameuse académie de Jeux floraux remonte à l'année 1323. Elle a aussi une académie royale des sciences et une de peinture, de sculpture et d'architecture. L'église des cordeliers a des caves dans lesquelles nous descendîmes, qui ont la propriété de préserver les corps de la corruption ; nous en vîmes plusieurs qu'ils nous dirent avoir cinq cents ans. Si j'avois une cave bien éclairée qui préservât le visage, la physionomie, ainsi que la chair et les os, j'aimerois à la voir remplie de mes ancêtres, et ce desir seroit, je crois, proportionné à leur mérite ou à leur célébrité ; mais la voracité d'une bière ordinaire est préférable à celle-ci, qui conserve la difformité cadavéreuse et perpétue la mort. Toulouse n'est cependant pas sans objets plus intéressans que des églises et des académies ; il faut voir le nouveau quai, les moulins et le canal de Brienne. Le quai est fort long, et c'est, à tous égards, un noble ouvrage. Les maisons que l'on veut bâtir seront régulières comme celles qui sont déjà finies, d'un mauvais genre et sans goût. Le canal de Brienne, ainsi appellé de l'archevêque de Toulouse, depuis principal ministre et cardinal, fut projetté et exécuté pour joindre, à Toulouse, la Garonne avec le canal de Languedoc, qui se réunit à cette rivière à deux milles de la ville. La nécessité d'une pareille jonction vient de ce que la navigation de la rivière, dans la ville, est absolument empêchée par les travaux faits en faveur des moulins à bled. Il passe dans une arche sous le quai, jusqu'à la rivière, et une écluse met les eaux de niveau avec le canal de Languedoc; il est assez large pour que plusieurs barques y passent de front. Le plan de cette entreprise fut très-bien fait, et son exécution est réellement magnifique. Il y a cependant plus de splendeur que de commerce, car tandis que le commerce anime le canal de Languedoc, celui de Brienne est désert.

Nous vîmes entr'autres choses, à Toulouse, la maison de M. du Barri, beau-frère de la célèbre comtesse de ce nom : par quelque négociation prêtant au scandale, qui le rendit capable de la tirer de l'obscurité et de la faire épouser à son frère, il trouva moyen de faire une fortune considérable. Au premier est un appartement complet, contenant sept ou huit chambres meublées avec tant de profusion et de dépense, que si un amant passionné à la tête des finances du royaume, faisoit faire des décorations pour sa maitresse, il ne pourroit presque rien lui donner en grand qui ne se trouve ici en miniature. Pour ceux qui aiment l'or, il y a de quoi les satisfaire; il y en a même tant que cela paroît trop chargé à l'œil anglais; mais les glaces sont grandes et nombreuses; la salle de compagnie est fort élégante, la dorure exceptée. — Je remarquai ici une machine qui a un effet agréable, celui d'un miroir devant les cheminées, au lieu de ces divers écrans dont on se sert en Angleterre; elle s'avance et se recule dans le mur de la chambre. Il y a un portrait de madame du Barri que l'on dit être fort ressemblant: si cela est, on pardonnera volontiers à un roi quelques folies commises à l'autel de tant de beauté. — Quant au jardin, il est même au-dessous du mépris, sinon comme un objet qui peut servir à faire voir aux hommes jusqu'où la folie peut aller. Dans l'espace d'un arpent il y a des collines

collines de terre, des montagnes de carton, des rochers de toile : des abbés, des vaches, des moutons et des bergères en plomb ; des singes et des paysans, des ânes et des autels en pierre, de belles dames et des forgerons, des perroquets et des amans en bois, des moulins et des chaumières, des boutiques et des villages ; en un mot, tout s'y trouve, excepté la nature.

Le 15. Nous rencontrâmes des montagnards qui me rappellèrent ceux d'Ecosse ; nous avions commencé par en voir à Montauban : ils ont des bonnets ronds et plats, et de grandes culottes. « On trouve des flû-
» teurs, des bonnets bleus, et de la farine
» d'avoine », dit *Sir* James Stuart, « en
» Catalogne, en Auvergne et en Suabe,
» ainsi qu'à Lochabar ». Plusieurs des femmes ici n'ont pas de bas ; elles viennent au marché avec leurs souliers dans leurs paniers. Les Pyrénées, actuellement à vingt lieues de distance, paroissent si distinctement qu'on diroit qu'elles ne sont qu'à cinq ; on apperçoit clairement les ombres et les jours de la neige. — Dix lieues.

Le 16. Une chaîne de montagnes de

l'autre côté de la Garonne, qui avoit commencé à Toulouse, devint, dans la journée d'hier, de plus en plus régulière ; et est sans doute la ramification la plus éloignée des Pyrénées, s'étendant dans cette vaste vallée jusqu'à Toulouse, mais pas plus loin. Nous approchons les montagnes ; les petites sont toutes cultivées, mais les plus hautes paroissent couvertes de bois : la route est actuellement mauvaise par-tout. Nous rencontrons plusieurs charriots chargés chacun de deux tonneaux de vin, tout-à-fait sur l'arrière de la voiture ; et comme les roues de derrière sont beaucoup plus hautes que celles de devant, cela prouve que ces montagnards ont plus d'esprit que Jean Taureau (1). Les roues de ces charriots ont toutes des cercles de bois au lieu de cercles de fer. On voit ici des rangées d'érables, avec des vignes suspendues en festons d'arbre en arbre, par le moyen de branches de ronces, ou de saules ; elles produisent beaucoup de fruits, mais de fort

―――――――――――――

(1) Mot burlesque pour signifier un Anglais.

mauvais vin. Nous passons Saint-Martory, et ensuite un grand village de maisons bien bâties, sans un seul carreau de vitre. —Dix lieues.

Le 17. Saint-Gaudens est une ville florissante, avec plusieurs maisons neuves qui approchent du luxe. Superbe vue de Saint-Bertrand : vous jettez soudainement vos regards sur une vallée assez au-dessous du point de vue, pour commander les arbres et les haies, ainsi que cette ville, groupée autour de sa grande cathédrale, sur le penchant d'une colline. Si elle avoit été bâtie dans l'intention d'ajouter un trait à une perspective singulière, il auroit été impossible de mieux la placer : les montagnes élèvent leurs têtes altières autour d'elle, et montrent leur figure bizarre auprès de cette petite miniature.

Nous traversons la Garonne sur un pont neuf d'une belle arche, bâtie de dure pierre à chaux. Des nèfles, des prunes, des cerises, des érables dans toutes les haies, et des vignes en festons. Nous nous arrêtons à Lauresse ; après quoi les montagnes se rapprochent, et ne laissent plus entr'elles qu'une étroite vallée, dont la Garonne et la grande route occupent une partie. Il y a ici une immense quantité de volailles ; les gens du pays en salent une grande partie pour garder. Nous avons mangé de la soupe faite d'une cuisse d'oie ainsi gardée, et elle n'étoit pas si mauvaise que je me le serois imaginé.

Les moissons sont ici en arrière, et démontrent un manque de soleil ; cela n'est pas surprenant, car il y a long-tems que nous voyageons sur les bords d'une rivière rapide, et nous devons être fort haut, quoiqu'il paroisse que nous soyons dans les vallées. Les montagnes, en les passant, deviennent plus intéressantes : leur beauté pour les peuples du Nord est fort singulière; chacun connoît les perspectives noires et affreuses qu'offrent nos montagnes ; mais dans ces climats elles sont revêtues de verdure, et leurs sommets les plus élevés sont couverts de bois : il se trouve de la neige sur les endroits encore plus hauts.

Nous quittons la Garonne quelques lieues avant d'arriver à Spire, à l'endroit où la rivière Neste s'y décharge. La route de

Bagnères se trouve le long de cette rivière, dans un vallon fort étroit, au bout duquel est bâtie la ville de Luchon, fin de notre voyage, qui a été pour moi un des plus agréables que j'aie jamais fait; la bonne humeur et le bon sens de mes compagnons étoient bien calqués pour voyager ; l'une rend un voyage agréable, et l'autre instructif. — Maintenant que j'ai traversé le royaume, et vu différentes auberges de France, j'observerai qu'elles sont en général meilleures à deux égards, et pire pour tout le reste que celles d'Angleterre. Nous avons certainement mieux vécu que nous n'aurions fait en allant de Londres aux montagnes d'Ecosse pour le double de l'argent. Mais quand on ordonne en Angleterre tout ce qu'il y a de mieux, sans s'embarrasser de la dépense, on vit mieux pour le double d'argent que nous n'avons fait en France; la cuisine françaises a de grands avantages : il est vrai qu'ils font tout cuire jusqu'à ce que cela soit desséché, si on ne les en prévient pas ; mais ils donnent un si grand nombre et une si grande variété de plats, que vous en trouvez toujours quelques-uns à votre goût. Il n'y a dans les auberges d'Angleterre rien de comparable aux desserts de celles de France, et les liqueurs ne sont pas à mépriser. Nous avons quelquefois trouvé de mauvais vin, mais en général beaucoup meilleur que le vin de *Porte* (ou d'Oporto) des auberges anglaises. Les lits sont meilleurs en France ; en Angleterre ils ne sont bons que dans les bonnes auberges, et nous n'eûmes pas l'embarras, si désagréable en Angleterre, de faire mettre les draps devant le feu ; car nous ne nous en inquiétâmes jamais, sans doute à cause du climat. Après ces deux objets, il n'y a plus rien : vous n'avez pas de salle à manger ; on vous sert dans une chambre où il y a deux, trois ou quatre lits ; des appartemens mal meublés, les murs blanchis, ou couverts de différentes sortes de papiers dans la même chambre, ou de tapisseries si vieilles que ce ne sont que des nids à teignes ou à araignées, et les meubles sont si mauvais qu'un aubergiste anglais en feroit du feu : par-tout, en guise de table, on met une planche sur des barres de bois croisées, qui sont si bien arrangées qu'elles ne laissent de place pour les jambes qu'aux extrémités. — Des chaises de chêne avec des fonds de jonc, et un dossier perpendiculaire, qui ôte toute idée de se reposer après la fatigue. Les portes donnent de la musique en laissant entrer le vent, qui souffle par toutes les crevasses, et les gonds écorchent les oreilles. Les fenêtres admettent la pluie avec le jour ; quand elles sont fermées il n'est pas facile de les ouvrir, et quand elles sont ouvertes pas aisé de les fermer. Les balais de laine ou autres, et les brosses à frotter le plancher, ne sont pas dans le catalogue des articles nécessaires à une auberge française. Des sonnettes, il n'y en a pas ; il faut continuellement s'égosiller pour appeler *la fille ;* et quand elle paroît, elle n'est ni propre, ni bien mise, ni jolie. La cuisine est noire de fumée ; le maître est en général le cuisinier, et moins l'on voit de ses opérations, plus on est dans le cas d'avoir d'appétit pour dîner, mais cela n'est pas particulier à la France. Abondance de casseroles et de meubles de cuisine de cuivre, mais pas toujours bien étamés. La maitresse ne classe pas la politesse et les égards pour ses convives au rang des qualités nécessaires pour son commerce. — Dix lieues.

Le 28. Ayant maintenant été dix jours dans les logemens que les amis du comte de la Rochefoucauld nous avoient procurés, il est nécessaire d'écrire quelques particularités de notre manière de vivre ici. M. Lazowsky et moi avions deux bonnes chambres au rez-de-chaussée, avec des lits, et une chambre de domestique, pour quatre francs par jour. Nous sommes si peu accoutumés en Angleterre à rester dans nos chambres à coucher, qu'il nous paroît d'abord singulier et mal que les Français ne soient jamais ailleurs : dans toutes les auberges où j'ai mangé, ç'a toujours été dans des chambres à coucher ; et j'ai trouvé que tout homme, de quelque rang qu'il pût être, vivoit dans sa chambre à coucher. Cela semble nouveau, notre manière anglaise est beaucoup plus commode, plus agréable ; mais je suppose que cette habitude tient de l'économie française. Le lendemain de notre arrivée, je fus présenté à la compagnie de

M. de la Rochefoucauld, et nous vécûmes ensemble : elle étoit composée du duc et de la duchesse de la Rochefoucauld, fille du duc de Chabot; de son frère le prince de Léon et de son épouse, fille du duc de Montmorenci ; du comte de Chabot, autre frère de la duchesse de la Rochefoucauld ; du marquis d'Aubourval, qui, avec mes deux compagnons de voyage et moi, formions une table de neuf couverts à dîner et à souper. Un traiteur nous donna à manger à raison de quatre livres par tête pour les deux repas, deux services, et un à souper, avec le dessert : le tout bien accommodé, et les articles de saison ; le vin à part à six sols la bouteille. Le palefrenier du comte eut de la peine à trouver une écurie ; le foin étoit très-cher, l'avoine à-peu-près au même prix qu'en Angleterre, mais pas si bonne ; la paille si rare que souvent on n'en trouve pas pour faire de la litière.

Les Etats de Languedoc bâtissent un spacieux et superbe bain, qui aura différentes cellules, et une grande chambre commune, avec deux galeries pour se promener, à l'abri du soleil et de la pluie.

Les bains actuels sont d'horribles trous ; les patiens sont jusqu'au col dans une eau chaude bitumineuse, ce qui, joint aux espèces d'étables dans lesquelles ils sont placés, doit causer autant de maladies que les bains en guérissent. On les prend pour des maladies de peau. La vie que l'on mène ici est bien peu variée ; ceux qui se baignent ou prennent les eaux, le font à cinq ou six heures du matin ; mais mon ami et moi partons de bonne heure pour les montagnes, qui sont ici prodigieuses : nous errons çà et là pour admirer les belles scènes de la nature que l'on rencontre dans toutes les directions. Toute la région des Pyrénées a un aspect si différent de ce que j'avois vu jusqu'ici, que ces excursions m'amusèrent beaucoup. L'agriculture est ici portée à un degré considérable de perfection dans plusieurs circonstances, principalement pour l'arrosement des prairies. Nous cherchons les paysans les plus intelligens, et avons de longues conversations avec ceux qui entendent le français, car ils ne le comprennent pas tous : le langage du pays est un mélange de catalan, de provençal et de français.—Cela, joint à l'examen des minéraux (objet pour lequel le duc de la Rochefoucauld aime à nous accompagner, parce qu'il connoît beaucoup cette partie de l'histoire naturelle), et aux notes que nous faisons des plantes que nous connoissons, est bien suffisant pour employer tout notre tems selon notre goût. L'excursion du matin finie, nous retournons à tems pour nous habiller, pour dîner à midi et demi ou à une heure : après cela nous passons dans la salle de compagnie de madame de la Rochefoucauld, ou de la comtesse de Grandval alternativement, les seules dames qui aient des appartemens assez grands pour contenir toute la compagnie. Personne n'est exclu : comme la première chose faite par ceux qui arrivent est de rendre une visite du matin à chaque compagnie qui réside dans l'endroit, ceux-ci leur rendent leur visite ; et alors chacun connoît les assemblées qui durent jusqu'à ce qu'il fasse assez frais pour aller à la promenade. On n'y fait autre chose que jouer aux cartes, au trictrac, aux échecs, et quelquefois il y a de la musique; mais on joue plus généralement aux cartes : je n'ai pas besoin de dire que je m'absente souvent de ces parties, qui me sont d'une insipidité mortelle en Angleterre, et qui ne le sont pas moins en France. Sur le soir la compagnie se sépare en différentes parties pour la promenade, qui dure jusqu'à huit heures et demie : on sert le souper à neuf; il y a après cela une heure de conversation dans la chambre d'une de nos dames, et c'est la meilleure partie de la journée; —car la conversation est libre, vive, sans affectation, et n'est pas interrompue, sinon les jours de poste, où le duc de la Rochefoucauld reçoit de si gros paquets de papiers-nouvelles et de pamphlets, qu'ils nous rendent tous politiques. Tout le monde est couché à onze heures. Dans cette division du jour, il n'y a pas de circonstance aussi peu convenable que celle de dîner à une heure, en conséquence de ce qu'il n'y a pas de déjeûner; car comme on observe la cérémonie de s'habiller, il faut être de retour de toutes les excursions du matin à midi : cette simple circonstance, si on s'y soumettoit, seroit seule suffisante pour nuire à toutes les recherches, à moins qu'elles ne fussent bien frivoles. En divisant exactement le jour en deux, on renonce à toutes les expéditions, les recherches, ou les affaires qui demandent sept ou huit heures d'application, sans l'interruption des besoins de la table ou de la toilette, besoins que l'on satisfait avec plaisir après la fatigue et le travail. C'est avec beaucoup de raison que nous nous habillons en Angleterre pour dîner, parce que le reste du jour est dédié au plaisir, à la conversation et au délassement : mais en le faisant à midi, on perd trop de tems. A quoi est bon un homme, après avoir mis ses bas et ses culottes de soie, lorsqu'il a son chapeau sous le bras et la tête bien poudrée ? Peut-il botaniser dans une prairie pleine d'eau ? — Peut-il grimper sur les rochers pour minéraliser ? — Peut-il travailler avec le paysan ou avec le laboureur ? — Il est à l'ordre pour converser avec les dames, ce qui est certainement par-tout un excellent emploi, et particulièrement en France, où les dames sont très-bien éduquées ; mais c'est un emploi qui ne flatte jamais tant qu'après un jour passé dans l'activité ou dans quelque poursuite animée, à l'étude de quelque chose qui a agrandi la sphère de nos conceptions, ou ajouté à nos connoissances. — Ce qui m'engage à faire cette observation, c'est que les dîners de midi sont communs dans toute la France, excepté chez les personnes de la plus haute qualité à Paris : on ne sauroit les traiter avec trop de ridicule ni avec trop de rigueur; car ils sont absolument contraires à toute vue de science, à tout travail suivi, et à toutes les recherches utiles de la vie.

Vivre de cette manière avec plusieurs personnes du premier rang, est cependant un grand avantage pour un étranger qui veut connoître les mœurs et le caractère de la nation. J'ai tout lieu d'être satisfait de l'expérience, parce qu'elle me fournit une occasion constante de jouir d'une compagnie honnête et sans affectation, où brillent éminemment une douceur invariable de disposition et de caractère, et ce que nous appellons emphatiquement en Angleterre *bon naturel*, et qui paroît provenir, au moins à ce que je pense, de mille pelites circonstances particulières qu'on ne sauroit exprimer, qui ne sont pas entiérement le résultat du caractère personnel des individus, mais qui en apparence tiennent du caractère national. — Outre les personnes que j'ai déjà nommées, il se trouve entr'autres à nos assemblées, le marquis et la marquise d'Hautefort, le duc et la duchesse de Ville (cette duchesse est une excellente femme), le chevalier de Peyrac, M. l'abbé Bastard, le baron de Serres, la vicomtesse Duhamel, les évêques de Coire et de Montauban, M. de la Marche, le baron de Montaigu, grand joueur d'échecs, le chevalier de Cheyron et M. de Bellecombe, qui commandoit à Pondichéry, et qui fût pris par les Anglais. Il y a aussi une demi-douzaine de jeunes officiers et trois ou quatre abbés.

S'il m'étoit permis de hasarder une remarque sur la conversation des assemblées françaises, je les louerois pour leur égalité, mais je les condamnerois pour leur insipidité : toute énergie de pensée paroît tellement exclue de l'expression, que les gens habiles ou les imbécilles y vont pour ainsi dire de pair : honnête et élégante, indifférente et polie, la masse mêlée des idées communiquées n'a ni la faculté d'offenser ni celle d'instruire ; là où il se trouve beaucoup de raffinement, il y a très-peu d'argumens, et où il n'y a ni argumens ni discussions, qu'est-ce que la conversation ? —Un bon naturel et une aisance habituelle sont les premiers ingrédiens de la société privée ; mais il faut que l'esprit, les connoissances ou l'originalité changent leur surface trop uniforme en quelqu'inégalité de sentiment, ou la conversation devient comme un voyage dans une longue étendue de plat-pays.

Entr'autres beautés champêtres que nous avons à contempler, la vallée de Larbousse, dans un enfoncement de laquelle se trouve la ville de Luchon, est la principale, avec l'accompagnement des montagnes qui l'environnent ; la chaîne qui la borne au nord n'est pas boisée, mais elle est par-tout cultivée ; et un grand village, perché aux trois quarts de sa hauteur, fait craindre à l'œil inaccoutumé, de voir en un instant tomber dans la plaine, l'église, le village et ses habitans.

habitans. Il n'est pas rare de voir ainsi dans les Pyrénées des villages perchés comme des nids d'oiseaux sur les rochers, et qui paroissent très-peuplés. La montagne qui forme la clôture occidentale de la vallée, est d'une grandeur prodigieuse ; on trouve, jusqu'à plus d'un tiers de sa hauteur, des prairies arrosées et des champs cultivés. Une forêt de chênes et de hêtres lui forme ensuite une noble ceinture : après quoi vient un espace de bruyères, et le sommet se termine en neige ; de quelque côté qu'on la regarde, cette montagne est merveilleuse par sa grosseur, et superbe par l'abondance de son feuillage. La chaîne qui ferme la vallée à l'Est, a des traits différens des autres ; elle offre plus de variétés, plus de culture, plus de villages, de forêts, de hameaux et de cascades. La cascade de Gouzat, qui fait tourner un moulin en tombant pour ainsi dire de la montagne, est romanesque et a tous les accessoires nécessaires pour donner un haut degré de beauté pittoresque. Il y a dans celle de Montauban des traits que Claude Loraine n'auroit pas manqué de tracer sur le cannevas ; et la vue de la vallée, de la roche à châtaigniers est gaie et animée. La clôture de notre vallée, du côté du midi, est frappante ; la rivière Neste verse des cascades continuelles par-dessus les rochers qui paroissent lui opposer une résistance éternelle. L'éminence qui se trouve au centre d'une petite vallée sur laquelle est une vieille tour, est un endroit sauvage et romanesque ; le rugissement des eaux qui coulent à ses pieds, se réunit, pour produire un effet, aux montagnes d'alentour, dont les forêts altières, qui se terminent en neige, donnent une noblesse majestueuse, une sombre grandeur à la scène, et semblent élever entre des royaumes, une barrière de séparation, même trop formidable pour des armées. Mais que sont les montagnes, les rochers et les neiges, quand elles ont à lutter contre l'ambition humaine ? L'ours a son repaire dans les réduits de ces forêts aériennes, et l'aigle fait son nid sur les roches plus élevées. Tout dans les environs est grand ; le sublime de la nature, avec une majesté imposante, inspire un respect involontaire ; l'attention se rive sur la place, et l'imagination, malgré son humeur volage, ne cherche pas à s'écarter de la scène:

Elle double des eaux le murmure imposant,
Et se peint les forêts sous des couleurs plus sombres.

Il faut plusieurs jours pour pouvoir examiner ces scènes avec quelque satisfaction; et tel est le climat, ou au moins tel il a été pendant mon séjour à Bagnères de Luchon, qu'on ne peut compter qu'un jour de beau tems sur trois; la hauteur des montagnes est si considérable que les nuages, continuellement rompus par elles, tombent en torrens. Depuis le 26 juin jusqu'au 2 juillet, nous eûmes un orage qui dura quarante-six heures sans intermission. Les montagnes, quoique si près de nous, étoient cachées jusqu'au pied; non-seulement elles arrêtent les nuages épais qui passent dans l'athmosphère, mais elles paroissent avoir un pouvoir créateur, car on en voit d'abord de petits, comme de foibles vapeurs, qui s'élèvent des marais, se forment sur les côteaux, et augmentent graduellement jusqu'à ce qu'ils soient assez pesans pour rester sur le sommet, ou qui s'élèvent dans l'athmosphère et passent avec les autres.

G

Entre les habitans originaires de cette immense chaîne de montagnes, les premiers en dignité, par les maux innombrables qu'ils causent, sont les ours : il y en a de deux sortes, les carnassiers et les mangeurs de grains; ces derniers font plus de mal que leurs plus féroces confrères, descendant pendant la nuit et mangeant le grain, particuliérement le bled sarrasin et le maïs; ils sont si friands qu'ils choisissent les meilleurs épis de ce dernier, et conséquemment en gâtent beaucoup plus qu'ils n'en mangent. Les ours carnassiers font la guerre aux bestiaux et aux moutons, de sorte qu'on ne peut laisser aucun troupeau, la nuit, dans les champs. Il faut que les troupeaux soient gardés par des bergers qui ont des armes à feu et qui sont assistés par de gros chiens. Les bestiaux sont enfermés toutes les nuits de l'année; quelquefois il y en a qui s'écartent par accident de celui qui les garde, et quand ils couchent dehors, ils courent risque d'être dévorés. Les ours attaquent ces animaux en leur sautant sur le dos, leur forcent la tête par terre, et leur enfoncent les pattes dans le corps en les pinçant tertiblement. Il y a tous les ans plusieurs jours de chasse pour les détruire, chaque paroisse se réunissant pour cet objet. Un grand nombre d'hommes et d'enfans forment un cordon et battent le bois où on croit que sont les ours. C'est en hiver qu'ils sont plus gras, et alors un bel ours vaut bien trois louis. Un ours n'ose pas attaquer un loup; mais plusieurs loups ensemble, quand ils sont affamés, attaquent un ours, le tuent et le mangent. On ne voit ici des loups qu'en hiver; dans l'été ils vont dans les parties les plus retirées des Pyrénées, — dans les endroits les plus éloignés des habitations des hommes; ils sont ici, comme par toute la France, terribles pour les moutons.

Une partie de notre plan originaire, en voyageant dans les Pyrénées, étoit une excursion en Espagne. Notre hôte à Luchon avoit autrefois procuré des mules et des guides à des personnes qui avoient été pour affaires à Saragosse et à Barcelone, et à notre requête écrivit à Vielle, première ville d'Espagne sur les montagnes, pour avoir trois mules et un muletier qui parlât français, et lorsqu'il fut arrivé nous partîmes pour notre expédition. *Il faut que je renvoie le lecteur, pour le journal de ce tour en Espagne, aux Annales d'agriculture.*

Le 21 juillet, retour. Nous quittons Jonquières, où l'air et les manières des habitans nous feroient croire que ce sont tous des contrebandiers. Nous arrivons à une belle route que fait faire le roi d'Espagne ; elle commence aux poteaux qui marquent les limites des deux royaumes, et se joint à la route de France ; le contraste est frappant. Quand on va de Douvres à Calais, les préparatifs et les circonstances d'un passage de mer conduisent graduellement l'esprit à l'idée d'un changement ; mais ici, sans passer une ville, une barrière, ou même une muraille, on entre dans un nouveau monde. Des pauvres et misérables routes de la Catalogne, vous passez tout d'un coup sur une belle chaussée, faite avec toute la solidité et la magnificence qui distinguent les grands chemins de France ; au lieu de ravines, il y a des ponts bien bâtis ; et d'un pays sauvage, désert et pauvre, nous nous transportâmes soudainement au milieu de l'agriculture et de l'industrie. Toutes les autres circonstances parloient le même langage, et nous donnoient des preuves, à ne point nous y méprendre, qu'il y avoit une grande cause efficace qui opéroit un effet trop marqué pour s'y laisser tromper. Plus on voit de choses, plus, je crois, on est porté à penser qu'il n'y a qu'une seule cause toute-puissante qui influe sur le genre humain, et c'est le GOUVERNEMENT. —Les autres ont des exceptions et des ombres de différences et de distinctions; mais celle-là agit avec une force permanente et universelle. L'exemple actuel est remarquable, car dans le fait, le Roussillon est une partie de l'Espagne ; les habitans sont Espagnols de langage et de mœurs, mais ils vivent sous le gouvernement français.

Grande chaîne des Pyrénées dans le lointain. Nous rencontrons des bergers qui parlent catalan ; les cabriolets que nous voyons sont espagnols ; les fermiers battent leur bled comme en Espagne ; les auberges et les maisons sont de même ; nous arrivons à Perpignan : je quittai là M. Lazowsky ; il retourna à Bagnères de Luchon, mais j'avois projetté un tour en Languedoc pour

remplir le tems que j'avois encore à moi.
— Cinq lieues.

Le 22. Le duc de la Rochefoucauld m'avoit donné une lettre pour M. Barri de Lasseuse, major du régiment de Perpignan, qui, à ce qu'il me dit, entendoit l'agriculture, et seroit bien aise de converser avec moi sur ce sujet. Je sortis le matin pour le trouver, mais comme c'étoit un dimanche, il étoit à sa campagne à Pia, à environ une lieue de la ville. Je m'y rendis à pied, sur une route pierreuse et sèche, sous des vignes, et fus un peu grillé du soleil. Monsieur, madame et mademoiselle de Lasseuse me reçurent avec beaucoup de politesse ; je lui dis mon motif de voyager en France, qui n'étoit pas de parcourir follement le royaume comme les voyageurs ordinaires, mais de connoître parfaitement l'agriculture du pays, afin que si je trouvois quelque chose de bon pour l'Angleterre, je pusse l'imiter. Il loua beaucoup mon entreprise, me dit que c'étoit voyager avec des motifs vraiment dignes d'éloges ; mais il témoigna beaucoup de surprise, parce que cela lui paroissoit extraordinaire, et qu'il étoit certain qu'il n'y avoit aucun

Français, chargé de la même chose en Angleterre ; il me pria de passer la journée avec lui : je trouvai que les vignobles étoient la principale partie de son agriculture, mais il avoit des terres labourables, arrangées à la manière singulière de cette province. Il me montra un village, qu'il me dit être Rivesaltes, qui produisoit du plus fameux vin de France ; je trouvai à dîner qu'il méritoit sa réputation. Le soir, je retournai à Perpignan, après un jour fécond en instructions utiles. — Deux lieues et demie.

Le 23. Je prends la route de Narbonne, et passe Rivesaltes. Sous la montagne il y a la plus grande source que j'aie jamais vue. OTTERS-POOL et HOLYWELL ne sont que des niaiseries en comparaison de cela ; elle s'élève au pied du rocher, et peut sur le champ faire aller plusieurs moulins, étant plutôt une rivière dès son origine qu'une source. Je traverse des landes non interrompues, sans voir un seul arbre, maison ou village : pendant un espace considérable, le plus vilain pays que j'aie encore vu en France. Grande quantité de grains foulés aux pieds par les mules, comme en Espagne.

Je dîne à Sijean, au Soleil, nouvelle auberge assez bonne, où je rencontrai par hasard le marquis de Tressan. Il me dit qu'il falloit que je fusse un homme bien singulier de voyager si loin, sans autre objet que celui de l'agriculture; il n'avoit jamais vu ni entendu rien de semblable, mais il approuva fort le plan, et desira pouvoir faire la même chose.

Les grandes routes sont ici des travaux inouis. Je passai à travers une montagne de roche coupée pour faciliter une descente ; ce travail a coûté 90,000 livres, cependant ce n'est qu'un espace de quelques cents toises. Trois lieues et demie de chemin, depuis Sijean jusqu'à Narbonne, ont coûté 1,800,000 liv. Ces routes sont excessivement belles. On a dépensé des sommes énormes pour mettre de niveau, même de petites collines. Les chaussées sont élevées et murées des deux côtés, formant une masse solide de chemins artificiels, traversant les vallées à la hauteur de six, sept ou huit pieds, et n'ayant jamais moins de cinquante pieds de largeur. Il y a un pont d'une seule arche, et une chaussée qui y conduit, vraiment magnifiques ; nous n'avons pas en Angleterre d'idée d'une pareille route. Le trafic de cette province ne demande cependant pas tant d'efforts. Un tiers du chemin est battu, un tiers sans être battu, et un autre tiers couvert d'herbes. Dans l'espace de douze lieues, je rencontrai un cabriolet, une demi-douzaine de charriots et quelques vieilles femmes sur des ânes; à quoi bon cette prodigalité ? — Il est vrai qu'en Languedoc ces travaux ne se font pas par corvées, mais il y a de l'injustice à lever une somme qui en approche. L'argent est levé par une espèce de taille; en faisant la répartition, les biens seigneuriaux éprouvent des exemptions, les biens roturiers sont plus chargés, de manière que cent vingt arpens dans ce voisinage, érigés en seigneurie, paient 90 livres, tandis que quatre cents arpens possédés en roture, qui devroient, selon la proportion, payer 300 livres, sont imposés à 1,400 livres. A Narbonne, le canal qui se réunit à celui de Languedoc, est digne d'attention; c'est un fort bel ouvrage, qui sera, dit-on, fini dans un mois. — Douze lieues.

Le 24. Des femmes sans bas, et plusieurs

sans souliers ; mais si leurs pieds sont dans un état de pauvreté, elles ont la *haute* consolation de marcher sur une chaussée magnifique ; la nouvelle route a cinquante pieds de largeur, et il y a cinquante pieds de plus de creusés ou de coupés pour la faire.

La vendange même ne sauroit offrir une scène aussi animée et aussi vivante que celle de fouler le bled, qui occupe maintenant toutes les villes et tous les villages du Languedoc ; on amasse rudement le bled dans un endroit sec et ferme, où on fait aller au trot nombre de chevaux et de mules, autour d'un centre ; une femme tient les rênes, et une autre, ou une petite fille ou deux fouettent les animaux ; les hommes fournissent et ôtent le grain ; d'autres l'émondent en le jettant en l'air, pour que le vent en emporte la paille. Tout le monde est occupé, et cela avec un tel air de gaieté, que les paysans paroissent aussi contens de leurs travaux que le fermier de son grand tas de bled. La scène est singuliérement gaie et animée. Je m'arrêtai et descendis souvent de cheval pour examiner leur méthode ; je fus toujours traité fort poliment, et mes souhaits pour un bon prix pour le fermier, mais pas trop haut pour le pauvre, furent bien reçus. Cette méthode, par laquelle les granges deviennent absolument inutiles, dépend entièrement du climat : depuis mon départ de Bagnères de Luchon jusqu'à présent, dans toute la Catalogne, le Roussillon et cette partie du Languedoc, je n'ai pas eu une goutte de pluie, mais un ciel clair et invariable et un soleil brûlant, cependant pas étouffant ni même désagréable pour moi. Je demandai s'ils n'étoient pas quelquefois pris par la pluie ? Ils me répondirent fort rarement, mais que quand il arrivoit de la pluie, ce n'étoit généralement qu'un orage qu'un soleil chaud succède, qui sèche tout en un instant.

Le canal de Languedoc forme la principale beauté de ce pays ; la montagne à travers laquelle il passe est isolée au milieu d'une large plaine, et seulement à un demi-mille du grand chemin ; c'est un ouvrage noble et merveilleux, il passe à travers la montagne dans une largeur de trois toises ; il fut creusé sans appui.

Je quitte la grande route, et traversant

le canal, le suis jusqu'à Beziers; neuf écluses lâchent les eaux des montagnes pour joindre la rivière à la ville. — C'est un bel ouvrage; le port est assez large pour contenir quatre gros vaisseaux de front; le plus grand porte depuis quatre-vingt-dix jusqu'à cent tonneaux. Il y en avoit plusieurs au quai, quelques-uns en mouvement, et tout avoit un air vivant. C'est la plus belle chose que j'aie vue en France. Ici, Louis XIV, tu es vraiment grand! — Ici, d'une main généreuse et bienfaisante, tu distribues l'aisance et les richesses à ton peuple! — *Si sic omnia*, ton nom seroit vraiment révéré. Pour effectuer ce grand ouvrage, de réunir les deux mers, il fallut moins d'argent que pour assiéger Turin, ou pour s'emparer de Strasbourg comme un voleur. Un pareil emploi des revenus d'un grand empire est le seul chemin digne d'envie par lequel un monarque puisse passer à l'immortalité; toutes les autres voies ne servent qu'à faire survivre leurs noms avec ceux des incendiaires, des voleurs et des perturbateurs du genre humain. Le canal passe dans la rivière pendant une demi-lieue; il en est séparé par des murailles ouvertes d'écluses, et tourne alors vers Cette.

Je dîne à Beziers. Sachant que M. l'abbé Rozier, le célèbre éditeur du journal de physique, qui publie maintenant un dictionnaire d'agriculture fort renommé en France, demeuroit près de Beziers, où il cultivoit des terres, je m'informai à l'auberge de l'endroit de sa résidence. On me dit qu'il y avoit deux ans qu'il avoit quitté Beziers, mais qu'on pouvoit voir sa maison de la rue, et en conséquence on me montra une espèce de quarré ouvert du côté de la campagne, en ajoutant que ce terrein appartenoit maintenant à M. de Rieuse, qui avoit acheté le bien de l'abbé. Voir la ferme d'un homme célèbre par ses écrits étoit pour moi un objet intéressant, au moins c'étoit propre à me faire mieux entendre, en lisant son ouvrage, les allusions qu'il pouvoit faire au sol, à la situation et aux autres circonstances. Je fus fâché de voir à la table d'hôte qu'on jettoit beaucoup de ridicule sur l'agriculture de l'abbé Rozier, en disant qu'il avoit beaucoup de fantaisies, mais rien de solide; ils traitèrent particuliérement d'absurde son idée de paver ses vignobles. Une pareille expérience me parut remarquable; et je fus bien aise de l'apprendre, afin de demander à voir ces vignobles pavés. L'abbé a ici, comme cultivateur, le caractère que tout homme qui s'écarte de la pratique de ses voisins est sûr d'avoir; car il n'est pas dans la nature des paysans de penser qu'il puisse venir parmi eux des gens assez présomptueux pour penser pour eux-mêmes. Je demandai pourquoi il avoit laissé le pays? et on me raconta une anecdote curieuse de l'évêque de Beziers, qui fit un chemin à travers la ferme de l'abbé aux dépens de la province, pour conduire à la maison de sa maitresse, ce qui avoit occasionné une telle querelle, que M. l'abbé Rozier n'avoit pu rester plus long-tems dans le pays. Voilà un petit trait caractéristique du gouvernement : un homme est forcé de vendre son bien et de quitter la province, parce qu'il plaît à des évêques de faire l'amour, aux femmes de leurs voisins, je m'imagine, car il n'y a pas d'autre amour à la mode en France. Quelle est la femme de mon voisin qui tentera l'évêque de Norwich, pour lui faire faire

faire un chemin à travers ma ferme, et me forcer à vendre Bradfield? — Je n'ai pour autorité de cette anecdote que la conversation d'une table d'hôte ; elle peut être fausse comme vraie, mais les évêques du Languedoc ne sont sûrement pas des évêques anglais. — M. de Rieuse me reçut très-poliment, et répondit autant qu'il lui fut possible aux questions que je lui fis, car il ne connoissoit guère plus de l'agriculture de l'abbé que ce que le bruit commun et la ferme elle-même lui en avoient appris. Quant aux vignobles pavés, cela étoit faux : il faut que ce bruit ait pris naissance d'un vignoble de raisin de Bourgogne, que l'abbé avoit planté d'une nouvelle manière ; il avoit courbé les vignes dans un fossé, et les avoit seulement couvertes de cailloux au lieu de terre ; cela avoit bien réussi. Je parcourus la ferme, qui est supérieurement située sur le sommet et le penchant d'une colline, qui commande Beziers, ses riches vallées, sa navigation, et une partie de montagnes.

Beziers a une belle promenade, et devient, à ce que l'on dit, la résidence favorite des Anglais, qui préfèrent cet air-ci à celui de Montpellier. Je prends la route de Pézenas. Elle va en montant une colline qui commande pendant quelque tems une vue de la Méditerranée. Dans tout ce pays, mais particuliérement dans les plantations d'oliviers, la cigale fait continuellement un bruit aigu et monotone; il est impossible de concevoir un compagnon plus détestable dans la route. Pézenas s'ouvre sur un très-beau pays, une vallée de six ou huit lieues d'étendue bien cultivée, où se trouve un mêlange de vignes, de mûriers, d'oliviers, de villes et de maisons éparses, avec beaucoup de belle luzerne; le tout borné par de douces collines, cultivées jusqu'au sommet. — A la table d'hôte, la femme qui nous servoit à souper n'avoit ni souliers ni bas, elle étoit extrêmement laide, et n'émettoit pas une odeur de rose : il y avoit cependant un chevalier de Saint-Louis et deux ou trois espèces de marchands qui jasoient familiérement avec elle. A une table d'hôte de fermiers, dans le plus petit et le plus pauvre bourg de l'Angleterre, le maître de l'auberge n'auroit pas permis à un pareil animal d'entrer chez lui, ou les convives ne l'auroient pas souffert dans leur chambre. — Onze heures.

Le 25. La route, à travers la vallée des deux côtés d'un pont, est une superbe chaussée qui a plus d'un mille de long, dix toises de large, et huit à douze pieds de hauteur, avec des bornes de pierre toutes les six toises : — c'est un ouvrage prodigieux. Je ne connois rien qui puisse frapper davantage un voyageur que les grandes routes du Languedoc : nous n'avons en Angleterre aucune idée de ces efforts de l'art ; elles sont superbes et majestueuses ; et si je pouvois me défaire du souvenir de la taxe injuste qui les paie, je voyagerois en admirant la magnificence déployée par les États de cette province. La police de ces routes est cependant détestable ; — car je ne rencontrai presque pas un charriot que le charretier ne fût endormi dans sa voiture.

Prenant le chemin de Montpellier, je passe à travers un pays agréable et par une autre vaste chaussée de douze toises de longueur et de trois de hauteur, qui conduit à la mer. Je vais à Pijan, et près de Frontignan et de Montbasin, pays célébres pour leurs vins muscats. — J'approche Montpellier ; ses environs, pendant près d'une lieue, sont délicieux, et mieux ornés que ce que j'ai vu jusqu'ici en France. —Des maisons de plaisance bien bâties, propres et agréables, avec toute l'apparence d'appartenir à de riches propriétaires, couvrent la campagne. Ce sont en général de jolis bâtimens quarrés, dont quelques-uns sont grands.

Montpellier, qui a plutôt l'air d'une grande capitale que d'une ville de province, couvre une colline qui s'enfle considérablement à la vue. — Mais en entrant dans la ville, on est furieusement trompé ; on y trouve des rues étroites, tortueuses ; des maisons mal bâties, mais remplies de monde, et vivantes ; cependant il n'y a pas de manufactures considérables dans l'endroit : les principales sont celles de verd-de-gris, de mouchoirs de soie, de couvertures, de parfums et de liqueurs. Le grand objet à voir pour un étranger, est la promenade ou la place, car il partage de l'une et de l'autre, appellée le Pérou. —Il y a un aqueduc magnifique sur trois arches, pour conduire l'eau à la ville,

d'une colline à une distance considérable, ouvrage magnifique ; un château d'eau la reçoit dans un bassin circulaire, d'où elle tombe dans un réservoir extérieur pour fournir la ville et les jets d'eau qui rafraîchissent l'air d'un jardin au-dessous ; le tout est un beau quarré plus élevé que tous les environs, entouré d'une balustrade et d'autres décorations murales, avec une bonne statue équestre de Louis XIV au centre. Il y a un air de véritable grandeur et de magnificence dans cet ouvrage utile, qui m'a plus frappé que tout ce que j'ai vu à Versailles. La perspective est aussi singuliérement belle : au midi l'œil s'égare avec délices sur une riche vallée parsemée de maisons de campagne et terminée par la mer ; au nord c'est une suite de collines cultivées. D'un côté la vaste chaîne des Pyrénées s'étend jusqu'à ce qu'elle se perde dans le lointain ; de l'autre, les neiges éternelles des Alpes percent les nues : le tout forme la perspective la plus sublime que l'on puisse imaginer, quand un ciel bien clair rapproche tous ces objets éloignés.
— Onze lieues.

Le 26. La foire de Beaucaire donne des affaires et du mouvement à tout le pays. Je rencontre plusieurs charriots chargés, et neuf diligences allant ou venant. Hier et aujourd'hui, le tems le plus chaud que j'aie encore éprouvé ; nous n'en eûmes pas de semblable en Espagne. — Les mouches encore pires que la chaleur. — Dix lieues.

Le 27. L'amphithéâtre de Nîmes est un ouvrage prodigieux, qui démontre avec combien d'habileté les Romains avoient adapté ces édifices aux usages abominables pour lesquels ils étoient élevés. La commodité d'un théâtre qui pouvoit aisément contenir dix-sept mille spectateurs ; la grandeur, la manière substantielle avec lesquelles il est bâti, sans mortier, et qui a résisté aux injures du tems et aux déprédations des Barbares dans les différentes révolutions, tout cela attire nécessairement l'attention.

Je visitai la maison quarrée hier au soir, ce matin encore, et deux fois outre cela dans le jour ; c'est sans comparaison le bâtiment le plus léger, le plus élégant et le plus agréable que j'aie encore vu.

Sans avoir une grandeur imposante, sans étaler une magnificence extraordinaire pour créer la surprise, il fixe l'attention : il se trouve dans ses proportions une harmonie magique qui charme les yeux. On ne sauroit distinguer une partie particulière de beauté par excellence; c'est un tout parfait de symmétrie et de graces. Quelle est l'infatuation des architectes modernes, qui méprisent la chaste et élégante simplicité du goût, manifeste dans un pareil ouvrage, pour élever des amas de sottises et de pesanteur tels que ceux que l'on voit en France. Ce que l'on appelle le temple de Diane, les anciens bains avec leurs réparations modernes et la promenade, forment des parties de la même scène, et sont des décorations magnifiques de la ville. Par rapport aux bains, j'étois en malheur, car l'eau en étoit toute ôtée pour les nettoyer, ainsi que celle des canaux. —— Les chaussées des Romains sont singuliérement belles, et bien conservées. Mon quartier à Nîmes étoit le Louvre, auberge spacieuse, commode et excellente ; c'étoit pour ainsi dire autant une foire depuis le matin jusqu'au soir, que pouvoit l'être Beaucaire. Je dînois et soupois à table d'hôte ; le bon marché de ces tables s'accommode fort bien avec mes finances, et on y apprend quelque chose des mœurs du peuple : nous étions depuis vingt jusqu'à quarante personnes à chaque repas, compagnie très-mêlée de Français, d'Italiens, d'Espagnols et d'Allemands, avec un Grec et un Arménien ; et je fus informé qu'il n'y a presque aucune nation en Europe ou en Asie, qui n'ait des marchands à cette grande foire, principalement pour la soie écrue, dont on vend pour plusieurs millions en quatre jours : on y trouve aussi toutes les denrées du monde.

Il faut que je fasse une remarque sur cette nombreuse table d'hôte, parce qu'elle m'a souvent frappé, c'est la taciturnité des Français. Je m'attendois, en entrant dans le royaume, à avoir les oreilles constamment rebattues par la volubilité et la vivacité de cette nation, dont tant de personnes ont écrit, étant, je m'imagine, au coin du feu en Angleterre. A Montpellier, quoique je fusse une fois en compagnie de quinze personnes, dont quelques-unes étoient des dames, il me fut impossible de leur faire rompre leur inflexible silence autrement que par des monosyllabes, et toute la compagnie avoit plutôt l'air d'une assemblée de *quakers* (trembleurs) que de la société mêlée d'une nation fameuse pour sa loquacité. A Nîmes aussi, quoiqu'il y ait à chaque repas une différente compagnie, c'est toujours la même chose ; aucun Français n'ouvre la bouche. Aujourd'hui à dîner, désespérant de cette nation, et craignant de perdre l'usage d'un organe dont ils avoient si peu d'envie de se servir, je me mis à côté d'un Espagnol, et ayant été depuis si peu de tems dans son pays, je le trouvai prêt à converser, et assez communicatif ; mais nous parlâmes plus à nous deux que trente autres.

Le 28. Le matin, de bonne heure, je me mis en route pour le Pont du Gard, à travers une plaine couverte de vastes plantations d'oliviers sur la gauche, mais où il se trouvoit beaucoup de terres en friche et pleines de pierres. A la première vue de ce célèbre aqueduc je fus trompé, m'attendant à quelque chose de plus grand ;

mais je ne tardai pas à revenir de mon erreur : en l'examinant de plus près, je fus convaincu qu'il possédoit toutes les qualités qui doivent faire une forte impression, c'est un ouvrage prodigieux ; la grandeur et la solidité de l'architecture, qui durera probablement deux ou trois mille ans de plus, jointes à l'utilité évidente de la chose, peuvent nous donner une haute idée de l'esprit d'entreprise qui l'a exécuté pour la commodité d'une ville de province : la surprise cesse cependant quand on considère que c'étoit les nations assujetties qui travailloient.— En retournant à Nîmes, je rencontrai plusieurs marchands qui revenoient de la foire, ayant chacun un tambour d'enfant attaché à son porte-manteau. J'avois ma petite fille trop présente à l'esprit pour ne pas les aimer, à cause de cette marque d'attention qu'ils avoient pour leurs enfans.—— Mais pourquoi un tambour ? n'ont-ils pas assez goûté du militaire dans un royaume où ils sont eux-mêmes exclus de tous les honneurs, les égards et les émolumens de l'épée ? —— J'aime beaucoup Nîmes, et si les habitans sont au pair de l'apparence de leur ville, je la préférerois pour résidence à la plupart et même à toutes les villes de France. Le spectacle est cependant un objet principal, et on dit qu'en cela Montpellier la surpasse. — Huit lieues.

Le 29. Nous traversons six lieues d'un pays désagréable pour aller à Sauve. Des vignes et des oliviers. Le château de M. Sabbatier paroît dans ce pays sauvage ; il a enclos beaucoup de terrein de murailles sèches, planté bien des mûriers et des oliviers, qui sont jeunes, florissans et bien enclos ; cependant le sol est si pierreux qu'on n'y apperçoit pas de terre. Quelques-uns de ses murs ont quatre pieds d'épaisseur, et il y en a un qui a douze pieds d'épaisseur et cinq de hauteur ; d'où il paroît qu'il est d'avis qu'en ôtant les pierres on améliore le terrein, c'est ce dont je doute beaucoup. Il a bâti trois ou quatre nouvelles fermes ; je suppose qu'il réside sur son bien pour l'améliorer. Je souhaite qu'il ne soit pas dans le service, afin qu'aucune vaine recherche ne le détourne d'une conduite honorable pour lui, et utile à sa patrie. En quittant Sauve, je fus frappé de voir une immense étendue de terrein, qui n'étoit en apparence que de vastes rochers, enclose et plantée avec la plus industrieuse attention. Chaque homme a un olivier, un mûrier, un amandier ou un pêcher, et des vignes éparses au milieu d'eux; de sorte que tout le terrein est couvert du mêlange le plus bizarre de ces plants, et de rochers écartelés. Les habitans de ce village méritent d'être encouragés, à cause de leur industrie; et si j'étois ministre de France, ils le seroient. Ils ne tarderoient pas à transformer en jardins tous les déserts dont ils sont environnés. Ce noyau d'agriculteurs actifs, qui changent leurs rochers en champs fertiles, parce que sans doute ces rochers *sont à eux*, en feroient de même des déserts s'ils étoient animés du même principe. Je dîne à Saint-Hyppolite, avec huit marchands protestans qui s'en retournent chez eux, en Rouergue, de la foire de Beaucaire. Comme nous partîmes en même tems, nous voyageâmes ensemble; et par leur conversation j'appris quelques circonstances dont j'avois besoin d'être informé. Ils me dirent aussi que les mûriers s'étendent jusques derrière Vigan; mais alors, et particuliérement à Milhau, les amandiers prennent leur place, et il y en a d'immenses quantités.

Mes amis de Rouergue me pressèrent beaucoup d'aller avec eux à Milhau et à Rhodez, m'assurèrent que les denrées de la province étoient à si bon marché, que je serois tenté de vivre quelque tems parmi eux. Ils me dirent que je pourrois avoir une maison à Milhau, de quatre appartemens de plain-pied, garnie, pour douze louis par an, et vivre dans la plus grande splendeur, moi et ma famille, si je voulois l'amener, pour cent louis par an; qu'il y avoit plusieurs familles nobles qui vivoient sur douze cents livres et même sur six cents livres de rente. De pareilles anecdotes du bas prix des denrées ne sont curieuses que lorsqu'elles sont considérées sous un point de vue politique, comme contribuant d'un côté au bien-être des individus, et de l'autre à la prospérité, aux richesses et à la force du royaume; si je trouve beaucoup de ces exemples, et d'autres tout-à-fait contraires, il sera nécessaire que je les examine davantage.
— Dix lieues.

Le 30. En sortant de Ganges je fus surpris de trouver que l'on y avoit fait les plus grands efforts pour arroser le pays; je passai ensuite par quelques montagnes escarpées, très-bien cultivées en forme de terrasses. Beaucoup d'arrosemens à Saint-Laurent, scène fort intéressante pour un fermier. Depuis Ganges jusqu'à la montagne de terrein rude que je traversai, ma course fut une des plus intéressantes que j'aie faites en France; les efforts de l'industrie y sont marqués avec le plus de vigueur, tout y est animé. Il y a eu ici une activité qui a dissipé toutes les difficultés devant elle, et qui a couvert les rochers même de verdure. Ce seroit manquer de sens commun d'en demander la cause; il n'y a que la jouissance de la propriété qui puisse l'avoir effectuée : assurez à un homme la possession d'une roche aride, et il la transformera en jardin; donnez-lui un jardin sur un bail de neuf ans, et il en fera un désert. Je vais à Montadier, par une montagne escarpée, couverte de buis et de lavande; c'est un pauvre village, avec une auberge qui me fit presque frémir. Il s'y trouvoit des figures de coupe-jarrets mangeant du pain noir, qui avoient tellement l'air de galériens qu'il me sembloit que j'entendois le bruit de leurs chaînes. Je regardai leurs jambes, et ne pus m'empêcher de croire qu'elles n'auroient pas dû être en liberté. Il y a ici des figures si hideuses, qu'il est impossible de se méprendre à leur physionomie. J'étois seul et sans armes : jusqu'alors, il ne m'étoit pas encore entré dans la tête de porter des pistolets ; j'aurois, dans ce cas-ci, été plus à mon aise si j'en avois eu. Le maître de l'auberge, qui paroissoit être cousin-germain de ses convives, eut de la peine à me procurer de mauvais pain, mais il n'étoit pas noir. — Ni viande, ni œufs, ni légumes, et du vin détestable, pas d'avoine pour ma mule, pas de foin, pas de paille, pas d'herbe, heureusement le pain étoit grand; j'en pris un morceau, et coupai le reste pour mon ami espagnol quadrupède, qui le mangea avec reconnoissance, mais l'aubergiste murmura. Je descends par une route tortueuse, mais excellente, à Maudières, où il y a une vaste arche sur le torrent. Je passe à Saint-Maurice, et traverse une forêt détruite, parmi des fragmens d'arbres. Je descends, pendant trois heures, par une belle route, taillée dans le côté de la montagne, jusqu'à Lodève, ville mal bâtie, sale et laide, avec des rues étroites et tortueuses, mais peuplée et industrieuse. Je bus ici d'excellent vin blanc léger et agréable, à 5 sols la bouteille. — Douze lieues.

Le 31. Je traverse une montagne par une mauvaise route, et arrive à Bedarrieux, qui partage avec Carcassonne la fabrique de Londrin, pour le commerce du Levant. — Je passe bien des bruyères jusqu'à Beziers. — Je rencontrai aujourd'hui un exemple d'ignorance chez un marchand français bien mis, qui me surprit. Il m'avoit étourdi d'une multitude de folles questions, et me demanda pour la troisième ou quatrième fois de quel pays j'étois. Je lui répondis que j'étois Chinois. Combien y a-t-il d'ici à ce pays? deux cents lieues, repliquai-je. *Deux cents lieues! Diable! c'est bien loin!* L'autre jour un Français me demanda, lorsque je lui eus dit que j'étois Anglais, si nous avions des arbres en Angleterre? — Je repliquai que nous en avions quelques-uns.

Si nous avions des rivières? —Oh point du tout. —*Ah, ma foi, c'est bien triste!* Cette ignorance crasse, comparée aux connoissances si universellement répandues en Angleterre, doit être attribuée, comme toute autre chose, au gouvernement. —Treize lieues.

Le premier août. Je quitte Béziers pour aller à Capestang par la montagne percée. Je traverse plusieurs fois le canal de Languedoc, et à travers plusieurs landes je parviens à Pléraville. Les Pyrénées sont à présent tout-à-fait à ma gauche, et leur pied seulement à quelques lieues de distance. A Carcassonne on me mena à une fontaine d'eau trouble, et à une porte des casernes; mais j'eus plus de plaisir à voir plusieurs grandes maisons de manufactures, cela annonce des richesses. —Treize lieues.

Le 2. Je passe une abbaye considérable qui a une longue façade, et monte à Faujour. —Cinq lieues.

Le 3. A Mirepoix, on bâtit un pont magnifique de sept arches plates, de soixante-quatre pieds, qui coûtera 1,800,000 liv.; il y a douze ans qu'on y travaille et il sera fini dans deux. Depuis plusieurs jours le tems est fort beau, mais très-chaud; aujourd'hui la chaleur étoit si insupportable que je restai depuis midi jusqu'à trois heures à Mirepoix, et le soleil étoit si brûlant que je fus obligé de faire un effort pour me transporter à deux ou trois cents pas afin de voir le pont. Les myriades de mouches étoient prêtes à me dévorer, et je pouvois à peine supporter aucun jour dans ma chambre. Le cheval me fatiguoit, et je cherchai une voiture quelconque pour me porter, pendant ces grandes chaleurs; j'avois fait la même chose à Carcassonne, mais je ne pus trouver aucun cabriolet d'aucune espèce. Quand on réfléchit que Mirepoix est une des plus considérables villes de manufactures de France, qu'il contient quinze mille habitans, et qu'il s'en faut de beaucoup que ce soit un endroit médiocre; et qu'on n'y trouve pas une voiture, un Anglais doit se croire bien heureux des commodités universelles dont il jouit dans tous les recoins de son pays, où, je crois, il n'y a pas une ville de quinze mille habitans qui n'ait des chaises de poste et de bons chevaux, que l'on peut se procurer en un instant. Quel contraste! Cela confirme le fait du peu de commerce sur les grandes routes, même dans les environs de Paris: il n'y a pas de circulation en France. La chaleur étoit si grande que j'en étois incommodé en quittant Mirepoix: ce fut le jour le plus chaud que j'aie jamais éprouvé. L'athmosphère paroissoit enflammé par les rayons brûlans qui empêchoient de tourner aucunement les yeux du côté de l'astre lumineux qui brilloit dans les cieux. — Je traverse un autre beau pont neuf de trois arches, et arrive dans un pays boisé, le premier que j'aie rencontré depuis bien long-tems. Il y a plusieurs vignes autour de Pamiers, qui est situé dans une vallée magnifique, sur une belle rivière. La ville même est extrêmement laide, puante, et mal bâtie; et a une auberge! Adieu, M. Gascit: si le sort m'envoie jamais dans une autre maison telle que la tienne, — que ce soit pour l'expiation de mes péchés! — Neuf lieues.

Le 4. En quittant Amons il y a le spectacle extraordinaire d'une rivière qui sort d'une caverne dans une montagne de roches; en traversant la colline on voit où elle entre par une autre caverne. — Elle perce la montagne. Il y a cependant, dans la plupart des pays, des exemples de rivières qui passent sous terre. A Saint-Girons je vais à la Croix blanche, le plus exécrable réceptacle d'ordures, de vermines, d'impudence et d'imposition qui ait jamais exercé la patience ou choqué la sensibilité d'un voyageur. Une vieille sorcière toute ridée, démon de la mal-propreté, préside à cette auberge. Je couchai, sans dormir, dans une chambre au-dessus d'une écurie, dont l'exhalaison, à travers un plancher percé, étoit un des parfums les moins offensans de ce détestable endroit. — On ne put me donner que deux œufs vieux, pour lesquels on me fit payer, exclusivement des autres charges, la somme de 20 sols. L'Espagne n'avoit rien offert à mes yeux d'égal à cet égoût, qui auroit fait sauver un cochon d'Angleterre. Mais depuis Nîmes toutes les auberges sont misérables, excepté à Lodève, à Ganges, à Carcassonne et à Mirepoix. Saint-Girons, par son apparence, doit avoir quatre ou cinq mille habitans: Pamiers, près du double. Quelles peuvent être les liaisons entre ces masses d'individus et les autres villes et villages, lorsqu'elles ne sont soutenues que par de pareilles auberges? Il y a des écrivains qui n'attribuent ces observations qu'à la pétulance des voyageurs, mais cela montre leur extrême ignorance. De pareilles circonstances fournissent des données politiques. Nous ne pouvons pas faire ouvrir tous les registres de France pour certifier la quantité de commerce de ce royaume; il faut donc qu'un politique la trouve dans toutes les circonstances qui peuvent l'indiquer; et entr'autres choses les voitures sur les grandes routes et les commodités des maisons faites pour la réception des voyageurs, nous démontrent le nombre et la condition de ces mêmes voyageurs : par cette expression je fais principalement allusion aux naturels du pays, qui vont pour affaires ou pour se divertir d'un lieu à un autre; car s'ils ne sont pas assez considérables pour donner lieu à de bonnes auberges, ceux qui viennent de loin ne le feront sûrement pas, ce qui est bien démontré par le peu de commodités qu'il y a sur la route de Londre à Rome. Au contraire, si vous allez en Angleterre, dans des villes qui contiennent quinze cents, deux mille ou trois mille habitans, dans des situations absolument indépendantes de tout ce que l'on appelle proprement voyageurs, vous trouverez de jolies auberges, des gens bien mis et bien propres qui les dirigent, de bons meubles, et une honnêteté agréable : vos sens ne seront peut-être pas tout-à-fait gratifiés, mais au moins ils ne seront pas choqués ; et si vous demandez une chaise de poste et deux chevaux, objet de quatre-vingts louis, outre une forte taxe, vous en trouverez toujours une prête à vous porter par-tout où il vous plaira. N'y a-t-il donc pas de conséquences politiques à tirer de ce contraste étonnant ? Il prouve qu'il y a en Angleterre un concours de peuple assez considérable qui a des liaisons avec les autres places, pour soutenir de pareilles maisons. Les clubs d'amis parmi les habitans, les visites de parens et amis, les parties de plaisir, le rendez-vous des fermiers, la communication entre la capitale et les autres villes, sont ce qui forme le soutien des bonnes auberges ; et dans un pays où il ne s'en trouve pas, c'est une preuve qu'il n'y a pas le même remuement, ou que la circulation se fait avec moins de richesses, moins de consommation, et moins de jouissances. Dans ce tour en Languedoc, j'ai passé sur un nombre incroyable de ponts magnifiques, et sur des chaussées superbes; mais cela ne sert qu'à prouver l'absurdité et l'oppression du gouvernement. Des ponts qui coûtent 1,500,000 liv. ou 2,000,000, et de vastes chaussées pour faire une communication entre des villes qui n'ont pas de meilleures auberges que celles que je viens de décrire, me paroissent des absurdités grossières. Ce n'est pas simplement pour l'usage des habitans qu'ils sont faits, parce que le quart de la dépense rempliroit ce but; ce sont donc des objets de magnificence publique, et conséquemment faits pour attirer l'œil du voyageur : mais quel est le voyageur qui, se trouvant au milieu de l'ordure d'une auberge, et n'y appercevant que des choses qui choquent ses sens, ne taxera pas de folies de pareilles inconséquences, et ne souhaitera pas sincérement un peu plus d'aisance et moins de splendeur ? — Dix lieues.

Le 5. Jusqu'à Saint-Martory il y a une étendue non interrompue de pays bien enclos et bien cultivé. Depuis trente-trois lieues de chemin, les femmes sont en général sans souliers, même dans les villes; et dans les campagnes un grand nombre d'hommes aussi. La chaleur hier et aujourd'hui aussi grande qu'auparavant; on ne peut pas souffrir de jour dans les chambres; il faut les fermer absolument, ou elles ne sont pas assez fraîches; en allant d'une chambre ouverte dans une qui est fermée, quoiqu'elles soient toutes deux au nord, il y a une fraîcheur bien sensible; et en montant d'une chambre toute fermée dans un balcon couvert, il semble qu'on entre dans un four. On m'a conseillé de ne jamais bouger de chez moi avant quatre heures du soir. Depuis dix heures du matin jusqu'à cinq heures du soir, la chaleur rend toute sorte d'exercice insupportable, et les mouches sont une malédiction d'Egypte. Donnez - moi le froid et les brouillards d'Angleterre, plutôt qu'une pareille chaleur, si elle devoit durer. Les habitans m'assurent cependant qu'elle a continué autant qu'elle a coutume de durer, c'est à-dire quatre ou cinq jours, et que la plus grande partie, même des mois les plus chauds, est beaucoup plus tolérable que le tems d'aujourd'hui. — Dans l'espace de quatre-vingt-trois lieues je n'ai rencontré que deux cabriolets et trois misérables voitures comme les vieilles chaises anglaises à un cheval; pas un homme comme il faut, et cependant plusieurs négocians, selon le nom qu'ils se donnent, ayant chacun deux ou trois valises derrière lui. — Petit nombre de voyageurs, qui est vraiment étonnant. — Neuf lieues.

Le 6. J'arrive à Bagnères de Luchon, où je rejoins mes amis, et je ne suis pas fâché de prendre un peu de repos dans les froides montagnes, après une route si brûlante. — Neuf lieues.

Le 10. Trouvant que notre compagnie n'étoit pas encore prête à retourner à Paris, je résolus de profiter du tems qu'on pouvoit encore épargner, dix ou onze jours, pour faire un tour à Bagnères de Bigorre, à Bayonne, et de les joindre à Auch, sur la route de Bordeaux. Cela étant arrêté, je montai ma jument anglaise et dis adieu à Luchon. — Neuf lieues.

Le 11. Je passe par un couvent de Bernardins, qui a un revenu de 30,000 livres. Il est situé dans une vallée arrosée par un charmant ruisseau de crystal, et quelques collines couvertes de chênes l'abritent par derrière. — J'arrive à Bagnères qui n'a pas grand'chose digne d'attention, mais où il se trouve beaucoup de compagnie, à cause de ses eaux. De-là, à la vallée de Campan, dont j'avois entendu tant d'éloges, et qui surpassa malgré cela mon attente. Elle est tout-à-fait différente des autres vallées que j'ai vues dans les Pyrénées ou en Catalogne. Ses traits et son arrangement sont des choses neuves pour moi. En général, les riches penchans de ces montagnes sont remplis d'enclos, ici au contraire ils sont ouverts. La vallée même est une étendue de pays plat, de prairies et d'agriculture, plantée d'épais villages et de maisons éparses. Elle est bornée à l'est par une montagne de roche, rude et escarpée, qui fournit à la pâture des chèvres et des brebis. A l'ouest un contraste forme un trait singulier de la scène : c'est un beau canevas de bled et d'herbe sans enclos, et intersecté seulement par des lignes qui marquent la division des propriétés, ou par des canaux qui conduisent l'eau des régions les plus élevées pour arroser les plus basses ; le tout suspendu sur une pente sans égale de la plus riche et de la plus brillante végétation. On voit çà et là quelques bouquets de bois que le hasard a fort heureusement placés pour donner de la variété à la scène. La saison de l'année, en mêlant le riche jaune du grain mûr avec le verd foncé des prairies, ajoutoit beaucoup au coloris du paysage, qui est, tout considéré, le plus admirable pour la *forme* et pour la *couleur* que mes yeux aient encore observé. — Je prends le chemin de Lourde, où il y a un château sur une roche, avec une garnison uniquement occupée des prisonniers d'État, envoyés ici par lettres de cachet. On en connoît actuellement sept à huit ; il y en a eu quelquefois trente à la fois, et plusieurs pour la vie. — Arrachés par la main barbare de la tyrannie méfiante, du sein de leurs familles, de leurs femmes, de leurs enfans, de leurs amis, et précipités pour des crimes qui leur sont inconnus, — plus probablement pour des vertus, — dans ce détestable séjour de misère, pour y languir et mourir de désespoir. Oh! liberté! liberté! — et c'est cependant ici le plus doux gouvernement des pays importans de l'Europe, le nôtre excepté. Il semble que la dispensation de la providence n'ait permis au genre humain d'exister que pour devenir la proie des tyrans, comme il a rendu les pigeons la proie des éperviers. — Douze lieues.

Pau est une ville considérable, qui a un parlement et une manufacture de toiles; mais elle est plus fameuse pour avoir donné naissance à Henri IV. J'allai voir le château, et on me montra, comme on montre à tous les voyageurs, la chambre où cet aimable prince vint au monde, et le berceau dans lequel il fut élevé, qui est une écaille de tortue. Quel effet sur la postérité n'ont pas les grands talens! Cette ville est grande, mais je doute fort que rien pût y attirer un étranger, si elle ne possédoit pas le berceau d'un caractère favori.

Je prends la route de Moneins et arrive à une scène qui étoit si neuve pour moi en France, que je pouvois à peine en croire mes yeux. Une succession de chaumières de fermiers, bien bâties, jolies et pleines d'aisances; elles étoient de pierres et couvertes de tuiles, chacune ayant son petit jardin enclos de haies taillées, avec abondance de pêches et autres fruits, quelques beaux chênes dans les haies, et de jeunes arbres entretenus avec tant de soin qu'il n'y avoit que la main nourricière du propriétaire qui pût effectuer rien de semblable. A chaque maison est une ferme parfaitement bien close, avec des bordures fauchées et bien soignées autour des champs, et des portes pour passer d'un enclos à l'autre. Les hommes ont tous des bonnets rouges, comme les montagnards d'Ecosse. Il y a quelques endroits de l'Angleterre (où il reste encore de petits propriétaires de terre) qui ressemblent à cette partie du Béarn; mais il y en a fort peu qui soient comparables à ce que j'ai vu pendant une course de quatre lieues, depuis Pau jusqu'à Moneins. Ce pays appartient entièrement à de petits propriétaires, sans que les fermes soient trop petites pour causer une population vicieuse ou misérable. On y remarque par-tout un air de propreté, de chaleur et d'aisance : il est visible dans leurs maisons neuves et dans leurs écuries, dans leurs petits jardins, dans leurs haies, dans les cours, sur le devant de leurs maisons, même dans leurs poulaillers et dans leurs étables. Un paysan ne pense pas à mettre son cochon à l'aise, si son propre bonheur à lui dépend d'un bail de neuf ans. Nous sommes maintenant dans le Béarn, à quelques milles du berceau d'Henri IV. Tiennent-ils cette félicité de ce prince ? Le génie bienfaisant de ce bon roi paroît encore régner sur le pays ; chaque paysan a *la poule au pot*. — Onze lieues.

Le 13. L'agréable scène d'hier continue : plusieurs petites propriétés, et toute l'apparence de la félicité champêtre. Navarreins est une petite ville murée et fortifiée, consistant en trois rues principales, qui se croisent à angles droits, avec une petite place. Du rempart on a la perspective d'un beau pays ; la manufacture de toile va jusques-là. Jusqu'à Saint-Palais le pays est généralement clos, et en grande partie de haies d'épines bien plantées et supérieurement taillées. — Huit lieues.

Anspan — Bayonne.

Le 14. Je quitte Saint-Palais et prends un guide pour me conduire à Anspan, espace de quatre lieues : beau tems et l'endroit rempli de fermiers ; je vis préparer la soupe pour le dîner des paysans. Il y avoit dans la jatte une montagne de tranches de pain, dont la couleur n'étoit pas agréable, abondance de choux, de graisse et d'eau, et pour quelques vingtaines de personnes une portion de viande qui auroit à peine suffi à six paysans anglais, encore auroient-ils murmuré contre l'avarice de leur hôte. — Neuf lieues.

Le 15. Bayonne est la plus jolie ville que j'aie vue en France ; non-seulement les maisons sont de pierres et bien bâties, mais les rues sont larges, et il y a plusieurs places qui, sans être régulières, ne laissent pas de produire un bon effet. La rivière est large, et grand nombre de maisons se trouvant sur ses bords, elle offre une belle perspective en la regardant du pont. La promenade est charmante, elle est composée de plusieurs rangées d'arbres, dont la cime forme un ombrage délicieux dans ce pays chaud. Sur le soir elle étoit remplie de personnes des deux sexes très-bien mises, et les femmes, dans toute la province, sont les plus jolies que j'aie trouvées en France. En allant de Pau ici, je vis des paysannes propres et jolies, chose fort rare dans ce royaume; dans la plupart des provinces, un dur travail gâte leur personne et leur complexion: le rouge de la santé sur les joues d'une paysanne bien mise n'est pas le plus vilain trait d'un paysage. Je louai une chaloupe pour voir les digues à l'embouchure de la rivière. Le port souffroit de la trop grande étendue des eaux; et le gouvernement, pour les contenir, a bâti une muraille d'un mille de long sur la rive du nord, et une autre d'un demi-mille sur celle du sud. Elle a de dix à vingt pieds de largeur et environ douze de hauteur, du haut de la base de pierres brutes, qui a douze ou quinze pieds de plus : vers l'embouchure du port, elle a vingt pieds de largeur et les pierres sont cramponnées avec des barres de fer; on enfonce maintenant des pieux de plus de seize pieds de profondeur pour les fondemens. C'est en tout un travail très-dispendieux, magnifique et d'une grande utilité.

Le

Le 16. Le meilleur chemin pour aller à Auch n'est pas de passer par Dax, mais j'avois envie de voir les fameux déserts appellés *les landes de Bordeaux*, dont j'avois tant entendu parler et tant lu. On m'informa que par cette route j'en traverserois plus de quatre lieues; elles s'étendent presque jusqu'aux portes de Bayonne, mais elles sont interrompues par des endroits cultivés d'une lieue ou deux. Ces landes sont des terres couvertes de pins, réguliérement coupés pour en tirer de la résine. Les historiens rapportent que lorsque les Maures furent chassés d'Espagne, ils s'adressèrent à la cour de France pour obtenir la permission de s'établir dans ces landes et de les cultiver, et que la cour fut fort blâmée de la leu avoir refusée. Il paroît qu'on prenoit pour certain qu'elles ne pouvoient pas être peuplées de Français, conséquemment on auroit plutôt dû les donner à des Maures que de les laisser en friche. — A Dax, il y a une source d'eau chaude remarquable au milieu de la ville. Elle est fort belle, rejaillissant à gros bouillons de la terre dans un grand bassin muré; elle est bouillante, a le goût d'eau ordinaire, et l'on m'a dit qu'elle n'étoit imprégnée d'aucun minéral. Le seul usage auquel on l'emploie, c'est à blanchir le linge. Elle est dans toutes les saisons aussi chaude et aussi abondante.— Neuf lieues.

Le 17. Je passe un pays de sable aussi blanc que la neige et assez sec pour voler en l'air ; cependant il s'y trouve des chênes de deux pieds de diamètre, à cause d'un fond de terre blanche et grasse comme de la marne. Je passe trois rivières dont les eaux pourroient servir à arroser ; cependant on n'en fait pas d'usage. Le duc de Bouillon a ici de grandes possessions. Un grand seigneur donnera toujours dans tous les tems et dans tous les pays la raison pour laquelle des terres propres à la culture restent en friche. — Dix lieues.

Le 18. Comme la cherté est, à mon avis, le trait général de tous les échanges d'argent en France, il est juste de faire connoître les exemples du contraire. A Aire, on me donna, à la Croix d'or, de la soupe, des anguilles, un ris de veau, des pois, un pigeon, un poulet et des côtelettes de veau, avec un dessert de biscuits, de pêches, de nectarines, de prunes et un verre de liqueur, avec une bouteille de bon vin, pour quarante sols; de l'avoine pour ma jument pour vingt sols, et du foin pour dix. J'avois eu la veille, à Saint-Sévère, un souper qui n'étoit pas inférieur pour le même prix. Tout me parut bon et propre à Aire; et ce qui est fort rare, j'eus un sallon pour dîner, et fus servi par une fille gentille et bien mise. Les deux dernières heures avant d'arriver à Aire, il plut si violemment, que mon surtout de soie ne fut pas suffisant pour me garantir, et la vieille hôtesse ne se pressoit pas de me faire assez de feu pour me sécher. Quant au souper, je conservai l'idée de mon dîner. — Douze lieues.

Le 19. Je passai Beck, qui paroît être un petit endroit florissant, si on en peut juger par les maisons neuves. La Clef d'or est une auberge neuve, grande et bonne.

Dans les quatre-vingt-dix lieues que j'ai parcourus depuis Bagnères de Luchon jusqu'à Auch, je puis faire cette observation générale, c'est que tout est enclos, avec quelques petites exceptions, et que les fermes sont par-tout éparses, au lieu d'être, comme dans plusieurs parties de la France, ramassées en bourgs. Je n'ai presque pas vu de maison de campagne de seigneur qui parût moderne, et en général elles sont très-clairsemées. Je n'ai pas rencontré un carrosse de campagne, ni aucun homme comme il faut, à cheval, qui eût l'air d'aller voir un voisin; à peine un homme de bonne mine. A Auch, je trouvai mes amis, selon le rendez-vous donné, qui retournoient à Paris. La ville est presque sans manufactures ou sans commerce, et principalement soutenue par les rentiers de la campagne; mais il y a beaucoup de noblesse dans la province, trop pauvre pour y résider; il s'y trouve même des nobles si pauvres, qu'ils labourent leurs propres champs, et ceux-là sont peut-être des membres de la société plus estimables que les insensés et les coquins qui se moquent d'eux. — Dix lieues.

Le 20. Je passe à Fleurance, qui contient plusieurs bonnes maisons, et vais à travers un pays bien peuplé, à Leitoure, évêché dont nous laissâmes l'évêque à Bagnères de Luchon. Sa situation est superbe, sur le sommet d'une chaîne de montagnes.—Sept lieues.

Le 22. Nous avançons par Leyrac, à travers un beau pays, vers la Garonne, que nous passons au bac. Cette rivière a ici un quart de mille de largeur, avec toutes les apparences du commerce. Il passa une grande barque chargée de cages à volailles, tant la consommation de la grande ville de Bordeaux est importante dans toute l'étendue de cette navigation. La riche vallée continue jusqu'à Agen, et est supérieurement cultivée, mais n'a pas la beauté des environs de Leitoure. Si les bâtimens neufs sont des preuves de l'état florissant d'une ville, Agen prospère. L'évêque a élevé un palais magnifique, dont le centre est d'un bon goût, mais la jonction des ailes n'est pas si heureuse. —Huit lieues.

Le 23. Nous traversons une riche vallée bien cultivée, à Aiguillon ; beaucoup de chanvre, et toutes les femmes du pays occupées de ce travail. Plusieurs fermes jolies et bien bâties sur de petites propriétés, et tout le pays fort peuplé. Nous examinons le château du duc d'Aiguillon, qui, étant dans la ville, est mal situé selon toutes les idées champêtres.

mais une ville est toujours en France l'accompagnement d'un château, comme c'étoit autrefois dans la plus grande partie de l'Europe ; cela semble avoir été le résultat des arrangemens féodaux, afin que le grand seigneur pût avoir ses esclaves plus près de lui, comme un homme bâtit son écurie près de sa maison. Cet édifice est considérable, bâti par le duc actuel, commencé il y a environ vingt ans, lorsqu'il fut exilé ici pendant huit ans, et grace à l'exil, le bâtiment s'avança beaucoup ; le corps du château est fini, et les ailes détachées sont presqu'achevées ; mais aussitôt que la sentence fut cassée, le duc partit pour Paris et ne revint plus ; conséquemment tout est arrêté. C'est ainsi que l'exil seul peut forcer les Français à faire ce que les Anglais font pour leur plaisir, — à résider dans leurs terres et à les améliorer. Il s'y trouve une chose magnifique, c'est qu'il y a un théâtre vaste et élégant qui remplit une des ailes ; l'orchestre est pour vingt musiciens, nombre entretenu, nourri et payé par le duc lorsqu'il étoit ici. Ce luxe élégant et agréable, qui est au pouvoir des personnes fort riches, est connu dans tous les pays de l'Europe, excepté en Angleterre; les possesseurs de grands biens, dans cette île-là, préférant les chevaux et les chiens à tous les plaisirs que peut procurer un théâtre. A Tonneins. — Huit lieues.

Le 24. Plusieurs maisons de plaisance neuves, bien bâties, avec des jardins, des plantations, etc.; c'est l'effet des richesses de Bordeaux. Ces gens, comme les autres Français, ne mangent que peu de viande. Dans la ville de Leyrac, il ne se tue que cinq bœufs par an, au lieu qu'une ville anglaise, avec la même population, consommeroit deux ou trois bœufs par semaine. Une belle perspective du côté de Bordeaux, pendant plusieurs lieues, la rivière paroissant dans quatre ou cinq endroits. Nous arrivons à Langon, et buvons de son excellent vin blanc.——Onze lieues.

Le 25. Nous passons par Barsac, célèbre aussi pour ses vins. On laboure maintenant avec des bœufs entre les rangées de vignes, opération qui donna à Tull l'idée de fouler le grain. Une grande population et de belles maisons de campagne par-tout A

Castres, la campagne se change en un plat pays peu intéressant. Nous arrivons à Bordeaux par une suite de villages. — Dix lieues.

Le 26. Malgré tout ce que j'avois vu ou entendu sur le commerce, les richesses et la magnificence de cette ville, elle surpassa de beaucoup mon attente. Paris ne m'avoit pas satisfait, car il n'est pas comparable à Londres ; mais on ne sauroit mettre Liverpool en parallèle avec Bordeaux. Le grand trait dont j'avois le plus entendu parler, est celui qui est le moins frappant, je veux dire le quai, n'étant recommandable que par sa longueur et les affaires considérables qui s'y font, ce qui, pour l'œil d'un étranger, est de fort peu d'importance, s'il est d'ailleurs dénué de beauté. La file de maisons est régulière, mais sans magnificence et sans beauté ; c'est un rivage en talus, sale, bourbeux, en partie sans être pavé, encombré d'ordures et de pierres ; des barques s'y tiennent pour charger et décharger les navires qui ne peuvent approcher ce que l'on appelle un quai. Il y a toutes les circonstances désagréables du commerce, sans l'ordre, l'arangement et la magnificence d'un quai. Barcelone est unique à cet égard. Quand j'ai trouvé à redire aux maisons sur la rivière, je n'ai pas entendu les comprendre toutes ; le croissant qui est dans la même ligne est mieux bâti. La place royale, avec la statue de Louis XV au milieu, est une belle ouverture, et les bâtimens qui la composent, réguliérement élégans ; mais le quartier du Chapeau rouge est réellement magnifique, consistant en beaux édifices bâtis, comme le reste de la ville, de pierres de taille blanches : il joint au château Trompette, qui occupe près d'un demi-mille du rivage. Ce fort a été acheté au roi par une compagnie de spéculateurs qui sont maintenant à le démolir, dans le dessein d'y faire une belle place et plusieurs rues neuves, qui contiendront dix-huit cents maisons. J'ai vu un plan de la place et des rues, et si on l'exécute, ce sera une des plus belles additions faites à une ville que l'on ait encore vue en Europe. Ce grand ouvrage est à présent arrêté de peur de retrait. Le théâtre, fait il y a dix à douze ans, est certainement le plus magnifique que l'on trouve en France; je n'ai rien vu qui en approche. Le bâtiment est isolé et remplit un espace de trois cent six pieds par cent soixante-cinq, dont une partie, qui en forme la principale façade, contient un portique de toute sa longueur, soutenu de douze grosses colonnes de l'ordre corinthien. L'entrée par ce portique est un noble vestibule qui conduit, non-seulement aux différentes parties du théâtre, mais aussi à une superbe salle de concert, et à des sallons de rafraîchissemens et de promenade : le théâtre même est d'une immense grandeur, formant le segment d'un oval. L'établissement des acteurs, des actrices, des chanteurs, des danseurs, de l'orchestre, etc. démontre les richesses et le luxe de la ville. On m'a assuré qu'on a payé depuis trente jusqu'à cinquante louis par soirée à une actrice favorite de Paris. Larive, premier acteur tragique de la capitale, est actuellement ici en raison de 500 livres par soirée, avec deux bénéfices : d'Auberval, danseur, et sa femme (mademoiselle Théodore, que nous avons vue à Londres), sont engagés, l'un comme maître de ballets, et l'autre comme première danseuse, et ont un traitement de 28,000 livres. On y joue tous les jours, même les dimanches, comme par toute la France. La manière de vivre qu'adoptent ici les négocians, est très-somptueuse ; leurs maisons et leurs établissemens sont d'un genre dispendieux : ils donnent de grands repas ; plusieurs sont servis en vaisselle plate, et la chronique scandaleuse parle de négocians qui entretiennent des comédiennes à un prix qui ne doit pas faire de bien à leur crédit. Ce théâtre, qui fait tant d'honneur aux divertissemens de Bordeaux, fut élevé aux dépens de la ville, et coûta 270,000 livres.

Le nouveau moulin à eau, élevé par une compagnie, est bien digne d'être vu. On a creusé un grand canal, soutenu de murailles de pierres de taille maçonnées, de quatre pieds d'épaisseur, pour conduire sous le bâtiment le flot, lorsqu'il entre, qui fait tourner les roues : on le fait ensuite passer par des canaux, aussi bien formés, dans un réservoir ; et quand le flot s'en retourne, il fait de nouveau mouvoir les roues. Trois de ces canaux passent sous le bâtiment, et contiennent vingt-quatre paires de pierres. Toutes les parties de ces travaux sont d'une solidité admirable ; on en estime la dépense à 8,000,000 livres ; mais je ne puis croire qu'ils aient exigé une pareille somme. Je n'examinerai pas combien la construction des pompes à feu, pour faire la même opération, auroit coûté de moins ; mais je m'imagine que les moulins ordinaires, sur la Garonne, qui n'ont pas besoin de tant de pouvoir pour être mis en mouvement, doivent à la longue ruiner cette compagnie. Les maisons que l'on bâtit dans tous les quartiers de la ville, témoignent trop clairement sa prospérité pour qu'on puisse s'y méprendre ; les extrémités sont toutes composées de nouvelles rues, avec d'autres encore plus nouvelles, tracées et en partie bâties. Ces maisons sont en général petites ou moyennes, faites pour des gens d'une classe inférieure : elles sont toutes de pierres blanches, et ajoutent, à mesure qu'elles s'achèvent, à la beauté de la ville. Je m'informai depuis quand ces nouvelles rues avoient été tracées, et je trouvai qu'il y avoit en général quatre ou cinq ans, c'est-à-dire, depuis la paix, et la couleur des pierres des rues qui les suivent indique que l'esprit de bâtir avoit cessé pendant la guerre. Depuis la paix tout a marché avec beaucoup d'activité. Quelle satyre sur les gouvernemens des deux royaumes, de permettre dans l'un que les préjugés des manufacturiers et des négocians, et dans l'autre, que la politique insidieuse d'une cour ambitieuse, précipitent continuellement les deux nations dans des guerres qui arrêtent tous les travaux utiles, et qui répandent la désolation dans des lieux où l'industrie privée travailloit à la prospérité ! Les rentes des maisons et des logemens augmentent tous les jours, comme cela est arrivé depuis la paix ; et comme l'on élève tant de nouvelles maisons, cela se joint aux autres causes pour augmenter le prix de toutes les denrées : ils se plaignent que depuis dix ans le prix des provisions de bouche ait éprouvé une augmentation de trente pour cent. — Il n'y a guère de plus grande preuve d'une augmentation de prospérité.

Le traité de commerce avec l'Angleterre étant un sujet trop intéressant pour ne pas attirer l'attention, nous fîmes là-dessus les recherches nécessaires. — Il est ici considéré sous un autre point de vue qu'à Abbeville et à Rouen : à Bordeaux, on le regarde comme une mesure sage, également avantageuse aux deux pays. Ce n'est pas ici le lieu d'entrer dans des particularités sur le commerce de cette ville. Nous allâmes deux fois voir Larive jouer ses deux principaux rôles, du *Prince noir* dans *Pierre-le-cruel*, de M. du Belloi, et dans *Philoctète*, ce qui me donna une haute idée du théâtre français. Les auberges sont excellentes dans cette ville, entr'autres l'Hôtel d'Angleterre et le Prince des Asturies; à la dernière nous y trouvâmes toutes les commodités imaginables, mais il s'y trouvoit une inconséquence que l'on ne sauroit trop blâmer; nous avions des appartemens fort élégans, et étions servis en vaisselle plate; cependant les lieux d'aisance étoient aussi abominables que dans un village puant.

Le 28. Nous quittons Bordeaux; — et traversons la rivière à un endroit qui occoupe vingt-neuf hommes et quinze bateaux, et qui se loue 18,000 livres par an. La vue de la Garonne est fort belle, paroissant à l'œil deux fois plus large que la Tamise à Londres, et le nombre de gros vaisseaux qui y sont mouillés la rendent, selon moi, la plus riche perspective d'eau dont la France puisse se vanter. De là nous gagnons la Dordogne, belle rivière, quoique fort inférieure à la Garonne, que nous passâmes à un autre bac qui se loue 6,000 livres par an. Nous arrivons à Cavignac.— Sept lieues.

Le 29. Nous allons à Barbezieux, situé dans une belle campagne, supérieurement variée et boisée, dont le marquisat et le château appartiennent au duc de la Rochefoucauld, que nous trouvâmes ici. Il a hérité cette terre du fameux Louvois, ministre de Louis XIV. Dans un espace de douze lieues de pays, situé entre la Garonne, la Dordogne et la Charente, et conséquemment dans une des plus belles parties de la France pour trouver des débouchés, la quantité de terres en friche que nous rencontrâmes est étonnante ; c'est le trait dominant du terrein pendant toute la route. La plupart de ces landes appartenoient au prince de Soubise, qui n'en voulut jamais vendre aucune partie. Ainsi toutes les fois que vous rencontrez un grand seigneur, même quand il possède des millions, vous êtes sûr de trouver ses propriétés en friche. Ce prince et le duc de Bouillon, sont les deux plus grands propriétaires territoriaux de toute la France; et les seules marques que j'aie encore vues de leur grandeur, sont des jachères, des landes, des déserts, des bruyères et de la fougère. — Cherchez le lieu de leur résidence, quelque part qu'il soit, et vous le trouverez probablement au milieu d'une forêt bien peuplée de daims, de sangliers et de loups. Oh ! si j'étois seulement pendant un jour législateur de France, je ferois bien danser tous ces grands seigneurs (1) ! Nous soupâmes chez le duc de la Rochefoucauld.

---

(1) Je puis assurer le lecteur que ces sentimens furent ceux du moment : les événemens qui ont eu lieu depuis m'ont presque tenté d'effacer tous les passages de cette nature ; mais c'est rendre plus de justice à tous les partis que de les laisser.

L'assemblée

L'assemblée provinciale de Saintonge doit bientôt avoir lieu, et comme ce seigneur en est président, il attend qu'elle soit formée.

Le 30. Nous allons, à travers un pays de craie bien boisé, quoique sans enclos, à Angoulême. L'approche de cette ville est magnifique, la campagne des environs étant superbe, avec la belle rivière Charente, ici navigable, qui la traverse; l'effet en est admirable. — Huit lieues.

Le 31. En quittant Angoulême, nous passons à travers un pays presque tout couvert de vignes, et dans un beau bois appartenant à la duchesse d'Enville, mère du duc de la Rochefoucauld, jusqu'à Verteuil, château de la même dame, bâti en 1459, où nous trouvâmes tout ce que des voyageurs pouvoient desirer dans une maison hospitalière. L'empereur Charles-Quint fut ici reçu par Anne de Polignac, veuve de François II comte de la Rochefoucauld, et ce prince dit tout haut, *n'avoir jamais été en maison qui sentît mieux sa grande vertu, honnêteté et seigneurie que celle-là.* — Elle est bien entretenue, bien réparée, garnie comme il faut et en bon ordre, ce qui est d'autant plus digne d'éloges, que la famille n'y passe que quelques jours de l'année, ayant des maisons beaucoup plus considérables dans différentes parties du royaume. Si l'on avoit plus généralement ces justes égards pour les intérêts de la postérité, nous n'aurions pas dans tant de parties de la France le triste spectacle de châteaux ruinés. Dans la galerie il y a une rangée de tableaux du dixième siècle, par l'un desquels il paroît que cette terre vint d'une demoiselle la Rochefoucauld en 1470. Le parc, les bois et la Charente sont beaux ici, cette dernière fournit abondance de tanches, de carpes et de perches ; il est toujours facile d'y prendre de cinquante à cent paires de poissons pesant de trois à dix livres chacun : nous eûmes deux carpes pour souper, les meilleures que j'aie encore goûtées. Si je plantois ma tente en France, je la placerois près d'une rivière qui donne de pareil poisson. Rien n'est si provoquant dans une maison de campagne, que de voir de ses fenêtres un lac, une rivière ou la mer, et d'avoir tous les jours un dîner sans poisson, denrée si commune en Angleterre. — Neuf lieues.

Premier septembre. Nous passons à Caudec, Ruffec, Maison-Blanche, et à Chaunai. Au premier de ces endroits, nous examinons un fort beau moulin à bled, bâti par le feu comte de Broglie, frère du maréchal de Broglie, l'un des officiers les plus habiles et les plus actifs de l'armée française. Dans sa vie privée, ses entreprises étoient d'un genre national : ce moulin, une forge et un plan de navigation, prouvent qu'il avoit des dispositions pour toutes les entreprises qui pouvoient, selon les idées dominantes du tems, être utiles à sa patrie ; c'est-à-dire, excepté la seule qui auroit été efficace, — l'agriculture-pratique. Nous avons voyagé pendant toute la journée, sans exception, dans un pays pauvre, triste et désagréable. — Douze lieues.

Le 2. Le Poitou, par ce que j'en vois, est un pays pauvre, vilain, et qui n'a pas fait de progrès ; il paroît avoir besoin de communication, de débouchés et d'industrie de toute espèce, et calcul fait, il ne rapporte pas la moitié de ce qu'il pourroit rapporter. La partie basse de la province est beaucoup plus riche et meilleure.

Nous arrivons à Poitiers, qui est une des villes les plus mal bâties que j'aie vues en France, fort grande et irrégulière, mais qui contient à peine la moindre chose digne d'attention, sinon la cathédrale, qui est bien bâtie et bien entretenue. — Ce qu'il y a de plus beau dans la ville, c'est la promenade, qui est la plus étendue que j'aie vue ; elle occupe beaucoup de terrein, et a des allées de gravier, etc. extrêmement bien soignées. — Quatre lieues.

Le 3. Nous passons par un pays de craie, ouvert et mal peuplé, pour aller à Châtellerault, mais pas sans maisons de plaisance. Cette ville est animée à cause de sa belle rivière navigable qui se décharge dans la Loire. Il y a une manufacture considérable de coutellerie. A peine fûmes-nous arrivés que nos appartemens se trouvèrent remplis des femmes et filles des manufacturiers, chacune avec sa boîte de couteaux, de ciseaux et autre quincaille, et elles avoient tant d'envie de vendre quelque chose que, quand nous n'aurions eu besoin de rien, il auroit été impossible de se refuser à tant de sollicitations. Il est remarquable, comme les ouvrages fabriqués ici sont à bon marché, qu'il n'y ait presque pas de division de travaux dans cette manufacture: elle est entre les mains d'ouvriers distincts et qui n'ont aucune liaison les uns avec les autres; ils font chacun toutes les branches, sans autre secours que celui qu'ils reçoivent de leurs familles. — Huit lieues.

Le 4. Nous passons à travers un meilleur pays, ayant plusieurs châteaux, pour gagner Les Ormes, où nous nous arrêtâmes pour voir la maison bâtie par le feu comte de Voyer d'Argenson. Ce château est un vaste et bel édifice de pierres, avec deux ailes considérables pour des offices et des appartemens d'étrangers: l'entrée est par un élégant vestibule, au bout duquel se trouve le sallon, chambre circulaire de marbre extrêmement brillante et bien meublée; dans la chambre de compagnie il y a des tableaux des quatre victoires des Français dans la guerre de

1744. Dans tous les appartemens on voit une grande prédilection pour les meubles d'Angleterre et pour les modes anglaises. Cette agréable habitation appartient maintenant au comte d'Argenson. Le feu comte qui la bâtit forma en Angleterre le projet d'une fort agréable partie avec le présent duc de Grafton; celui-ci devoit passer en France avec ses chevaux et ses chiens, et demeurer dans cet endroit pendant plusieurs mois avec plusieurs de ses amis. Cette partie avoit pris son origine dans l'idée de faire la chasse aux loups avec des chiens de chasse anglais. Rien de mieux que ce plan, car les Ormes sont assez grands pour contenir une nombreuse compagnie; mais la mort du comte anéantit ce projet. C'est une sorte de correspondance entre la noblesse des deux royaumes que je suis surpris de ne pas rencontrer plus souvent, elle serviroit à varier agréablement les scènes ordinaires de la vie, et produiroit quelques-uns des avantages des voyages de la manière la plus éligible. — Huit lieues.

Le 5. Nous passons à travers un pays très-plat et peu agréable, mais sur une route plus belle qu'aucune de celles que j'aie vues en France; — il ne paroît pas même possible qu'il y en ait de plus belle, non pas à cause des travaux que l'on a faits, comme en Languedoc, mais parce qu'on l'a rendue unie avec de bons matériaux. Il y a dans cette partie de la Touraine des châteaux épars çà et là, mais les fermes et les chaumières y sont clair-semées jusqu'à ce qu'on arrive dans le voisinage de la Loire, dont les rives paroissent être un village continu. La vallée à travers laquelle coule cette rivière a bien une lieue de longueur; c'est une prairie brûlée et roussie.

L'entrée de Tours est vraiment magnifique, par une rue neuve de grandes maisons bâties de pierres de taille blanches avec des façades régulières. Cette belle rue qui est large, avec des trottoirs des deux côtés, traverse la ville en ligne droite jusqu'à un pont neuf de quinze arches plates, de soixante-quinze pieds chacune; le tout est un grand effort de l'art en faveur d'une ville de province. Il reste encore plusieurs maisons à bâtir, dont les frontispices sont faits; quelques pères respectables sont satisfaits de leurs anciennes habitations, et ne se soucient pas de faire la dépense de compléter le dessin élégant de ceux qui ont tracé le plan de la ville de Tours. Il faut cependant les faire dénicher s'ils ne veulent pas se conformer, car des frontispices sans maisons ont une apparence ridicule. De la tour de la cathédrale il y a une vaste perspective du pays adjacent ; mais la Loire, quoique regardée comme la plus belle rivière de l'Europe, est tellement remplie d'écueils et de bancs, que cela en détruit pour ainsi dire toute la beauté. Dans la chapelle du vieux palais de Louis XI, le Plessis-les-Tours, il y a trois tableaux dignes de l'attention d'un voyageur : une Sainte Famille, Sainte-Catherine, et la fille d'Hérode ; ils paroissent être la production du beau siècle de l'Italie. Il se trouve ici une superbe promenade, longue et admirablement bien ombragée par quatre rangées d'ormes altiers, qui n'ont point de supérieurs pour braver l'ardeur du soleil : sur une ligne parallèle il y en a une autre sur le rempart des vieux murs, qui commande les jardins adjacens ; mais ces promenades dont les habitans se vantoient depuis long-tems, sont maintenant des objets de tristesse ; la corporation a mis les arbres en vente, et l'on m'a assuré qu'ils seroient coupés l'hiver suivant. Il n'y auroit rien de surprenant de voir une corporation anglaise sacrifier la promenade des dames pour se procurer abondance de soupe de tortue, de la venaison et du vin de Madère ; mais il n'est pas pardonnable à une corporation française d'être aussi peu galante.

Le 9. Le comte de la Rochefoucauld ayant éprouvé une attaque de fièvre quand il arriva ici, ce qui nous empêcha de continuer notre route, eut le second jour une fièvre déclarée ; on fit venir le meilleur médecin de l'endroit, et je fus fort content de sa conduite, car il administra très-peu de médecines, mais prit grand soin de tenir l'appartement du duc frais et bien aéré, et parut avoir grande confiance en la nature pour la guérison d'une maladie qui l'opprimoit. Qui est-ce qui dit qu'il y a une grande différence entre un bon médecin et un mauvais, et cependant très-peu entre un bon médecin et pas de médecin du tout ?

Entre autres excursions, je fis un tour à cheval sur les bords de la Loire, vers Saumur, et trouvai le pays comme dans les environs de Tours, mais les châteaux moins bons et moins nombreux. Là où les montagnes de craie s'avancent perpendiculairement sur la rivière, elles offrent un tableau singulier d'habitations ; car nombre de maisons sont taillées dans le roc, ont un frontispice de maçonnerie et un trou pour cheminée, de sorte que quelquefois on n'apperçoit pas la maison dont on voit sortir la fumée. Ces cavernes sont dans quelques endroits en pyramides les unes sur les autres ; il y en a qui, avec un petit bout de jardin, font un effet fort joli : elles sont en général occupées par les propriétaires, mais on en loue 10, 12 et 15 livres par an. Ceux avec qui je conversai me parurent fort contens de leurs maisons, les regardant comme bonnes et agréables : preuve de la sécheresse du climat. En Angleterre ce seroit des réceptacles de rhumatismes.

J'allai en me promenant au couvent des Bénédictins de Marmoutier, dont le cardinal de Rohan, actuellement ici, est abbé.

Le 10. La nature, ou le médecin de Tours, ayant guéri le comte, nous continuâmes notre voyage. La route de Chanteloup est faite sur une digue qui préserve une grande étendue de plat pays d'inondations. Le pays est moins intéressant que je ne l'aurois cru dans le voisinage d'une grande rivière. — Nous examinons Chanteloup, habitation magnifique du feu duc de Choiseul. Elle est située sur une éminence, à quelque distance de la Loire qui, dans l'hiver, ou après de grands orages, est un bel objet, mais que l'on voit à peine à présent. Le rez-de-chaussée sur le devant est composé de sept chambres : la salle à manger a trente pieds sur vingt, et la salle de compagnie trente sur trente-trois. La bibliothèque a soixante-douze pieds sur vingt, mais a été garnie par le possesseur actuel, le duc de Penthièvre, d'une superbe tapisserie des Gobelins. — Dans le jardin de plaisance, sur une colline qui commande une vaste perspective, est une pagode chinoise de cent vingt pieds de hauteur, bâtie par M. de Choiseul, en commémoration de ceux qui allèrent le voir dans son exil. Sur les murailles de la première chambre, leurs noms sont écrits sur des tablettes de marbre. Le nombre et le rang des personnes font honneur au duc ainsi qu'à elles-mêmes, c'étoit une heureuse idée. La forêt que l'on voit de ce bâtiment est fort étendue; on dit qu'elle a onze lieues de long : il y a des chemins coupés pour monter à cheval, dirigés vers la pagode; et pendant la vie du duc, ces clairières étoient animées par une grande chasse, soutenue avec tant de libéralité qu'il se ruina, et que la propriété de cette belle terre, résidence de sa famille, passa dans d'autres mains, dans les dernières mains où je voudrois la voir, dans celles d'un prince du sang. Les grands seigneurs aiment trop le voisinage des fôrets, des sangliers et des chasseurs, au lieu de rendre leur résidence célèbre par le voisinage de fermes bien cultivées, de chaumières propres et commodes, et de paysans heureux. Par cette méthode de montrer leur magnificence, ils n'auroient peut-être pas de forêts, de dômes dorés ou de colonnes superbes; mais ils auroient en leur place des établissemens d'aisances, des pyramides de consolation, des plantations de félicité, et leur moisson, au lieu d'être la chair des sangliers, seroit la voix joyeuse de la reconnoissance ; — ils verroient la prospérité publique fleurir sur les bases les plus solides, la félicité privée. — Il y a un trait qui prouve que le duc avoit quelque mérite comme agriculteur; il a bâti une superbe vacherie, il y a une plate-forme dans le milieu, entre deux rangées de crêches, où l'on peut mettre soixante-douze vaches, et un autre appartement plus petit pour en placer d'autres, avec des veaux. Il avoit importé cent vingt belles vaches suisses, qu'il visitoit tous les jours avec sa compagnie, elles étoient constamment attachées. Je puis ajouter à cela la bergerie la mieux bâtie que j'aie vue en France, et il me parut appercevoir de la pagode une partie de la ferme mieux distribuée et mieux labourée que de coutume dans le pays, de sorte qu'il y a peut-être aussi importé des fermiers. — Cela a quelque mérite, mais c'étoit le mérite de l'exil. Chanteloup n'auroit été ni bâti, ni orné, ni meublé, si le duc n'avoit pas été exilé; il en fut de même du duc d'Aiguillon. Ces ministres auroient envoyé la campagne au diable, avant d'élever de pareils édifices ou de former de semblables établissemens, s'ils n'avoient pas été renvoyés de Versailles. Nous examinons la manufacture d'acier d'Amboise, établie par le duc. Les vignobles forment ici la principale branche d'agriculture. — Douze lieues.

Le 11. Nous allons à Blois, ville ancienne, agréablement située sur la Loire, avec un bon pont de pierres d'onze arches. Nous visitâmes le château, à cause des monumens historiques qu'il contient, qui l'ont rendu si célèbre : on y montre la chambre où le conseil s'assembloit, et la cheminée devant laquelle se tenoit le duc de Guise quand un page vint lui dire de passer dans le cabinet du roi; la porte par laquelle il entroit lorsqu'il fut assassiné ; la tapisserie qu'il levoit, la tour où son frère le cardinal périt, avec un trou au plancher qui pénètre dans le cachot de Louis XI, dont le conducteur raconte une multitude d'anecdotes affreuses, du même ton, par l'habitude qu'il a de les raconter, que l'homme de l'abbaye de Westminster débite son histoire monotone des tombeaux. La meilleure circonstance qui accompagne la vue des endroits ou des murs dans lesquels il s'est commis de grands forfaits, ou dans lesquels il s'est passé des actions importantes, c'est l'impression qu'ils font sur l'esprit, ou plutôt sur le cœur du spectateur, car c'est un mouvement de sensibilité plutôt qu'un effort de la réflexion. Les meurtres ou les exécutions politiques qui ont eu lieu dans ce château, quoiqu'ils ne soient pas sans intérêt, concernent des hommes qui n'excitent ni notre amour ni notre vénération. Le caractère de la période et celui des êtres qui y ont figuré étoient également dégoûtans : la bigoterie et l'ambition, également sombres, insidieuses et sanguinaires, ne font pas éprouver des sentimens de regret. Les deux partis ne pouvoient guère être mieux employés qu'à se couper la gorge l'un à l'autre. Nous quittons la Loire et passons à Chambord : la quantité de vignes est considérable ; elles fleurissent à merveille sur un pauvre sable plat et délié. Que mon ami le Blanc seroit content si son sable de Cavenhan lui rapportoit cent bouteilles de bon vin par arpent tous les ans ! Nous voyons à la fois deux mille arpens de vignes. Nous examinons le château royal de Chambord, bâti par ce prince magnifique François Ier, et habité par le feu maréchal de Saxe. J'avois beaucoup entendu parler de ce château, et il surpassa mon attente ; il donne une haute idée de la grandeur de ce prince. En comparant les tems et les revenus de Louis XIV avec ceux de François Ier, j'aime beaucoup mieux Chambord que Versailles : les appartemens sont grands, nombreux et bien distribués. J'admirai particuliérement l'escalier de pierres au centre du château, qui, étant sur une double ligne spirale, forme deux escaliers distincts, l'un sur l'autre, par le moyen desquels on monte et descend en même tems sans se voir : les quatre appartemens dans l'attique, avec des voûtes de pierres, ne sont pas d'un goût médiocre. Le comte de Saxe en a transformé un en joli

joli théâtre. On nous fit voir l'appartement qu'occupoit ce grand général, et la chambre où il mourut; soit que ce fût dans son lit ou non, c'est encore un problême à résoudre pour les faiseurs d'anecdotes. Il y a un bruit assez commun en France, qu'il fut tué dans un duel avec le prince de Conti, qui vint à Chambord exprès pour se battre, et on prit grand soin de le cacher à Louis XV, parce qu'il avoit tant d'amitié pour le maréchal qu'il auroit certainement exilé le prince hors du royaume. Il y a plusieurs appartemens à la moderne, faits pour le maréchal, ou pour les gouverneurs qui y ont résidé depuis : dans l'un d'eux on voit un beau portrait de Louis XIV à cheval. Près du château sont les casernes pour le régiment de quinze cents chevaux formé par le maréchal de Saxe, et que Louis XV lui donna, en les mettant en garnison à Chambord pendant que leur colonel y faisoit sa résidence. Il vivoit ici splendidement, respecté de son roi et de la nation. — La situation du château est mauvaise, elle est basse et sans la moindre perspective qui soit intéressante ; tout

Tome I. M

le pays est à la vérité si plat qu'à peine peut-on y trouver une colline. Des creneaux nous vîmes les environs, dont le parc ou la forêt forme les trois quarts; ils contiennent à peu près vingt mille arpens murés, et abondent en gibier de toute espèce. Il y a de grandes parties de ce parc en friche ou en bruyères, ou au moins dans un état médiocre de culture : je ne pus m'empêcher de penser que, s'il venoit un jour dans l'idée au roi de France d'établir une ferme complette de navets à la mode d'Angleterre, cet endroit seroit fort propre à cet objet : qu'il donne le château au directeur et à tous ses agens ; les casernes, qui ne servent maintenant de rien, fourniront des étables aux troupeaux, et le bénéfice du bois sera suffisant pour former et maintenir l'établissement. Quelle différence entre l'utilité d'un pareil établissement, et l'inutilité d'une grande dépense faite ici pour soutenir un misérable haras, qui ne tend qu'au mal ! J'aurai beau néanmoins recommander de pareils établissemens d'agriculture ; ils n'ont jamais été entrepris dans aucun pays et ils ne le seront jamais, jusqu'à ce que les hommes soient gouvernés par des principes tout-à-fait contraires à ceux qui prévalent aujourd'hui, jusqu'à ce qu'on croie qu'il faut pour l'agriculture nationale autre chose que des académies et des mémoires. — Douze lieues.

Le 12. A deux milles de la muraille du parc, nous regagnons le grand chemin sur la Loire : nous entrons en conversation avec un vigneron, qui nous informa qu'il avoit gelé assez fort ce matin pour endommager les vignes, et je dois observer que depuis quatre ou cinq jours, le tems est constamment clair, avec un beau soleil et un vent Nord-Est si froid qu'il ressemble beaucoup au tems froid et clair du mois d'avril en Angleterre ; nous avons nos redingotes tout le long du jour. Nous dînons à Clery, et examinons le mausolée de ce tyran habile, mais sanguinaire, Louis XI, en marbre blanc ; il est représenté à genoux, priant pour obtenir le pardon que les prêtres lui avoient sans doute promis pour ses bassesses et ses assassinats. Nous arrivons à Orléans. — Dix lieues.

Le 13. Mes compagnons voulant retourner le plutôt possible à Paris, en prirent ici la route directe ; mais ayant déjà passé par ce chemin-là, je préférai celui de Pithiviers par Fontainebleau. Un de mes motifs pour prendre cette route, c'est qu'elle passoit par Denainvilliers, maison du célèbre M. Duhamel, où il avoit fait ces expériences d'agriculture dont il parle dans ses ouvrages. J'en étois très-près à Pithiviers, et j'y allai à pied, pour avoir le plaisir d'examiner ces terres dont j'avois tant lu, les regardant avec une espèce de respect classique. Son homme d'affaires, qui conduisoit la ferme, étant mort, je ne recueillis pas beaucoup de particularités sur lesquelles je pusse compter. M. Fougeroux, possesseur actuel, n'étoit pas chez lui, où j'aurois sans doute obtenu toutes les instructions que je desirois. J'examinai le sol, point principal dans toutes les expériences quand on doit en tirer des conséquences, et je pris aussi des notes sur l'agriculture ordinaire. Étant informé, par le laboureur qui m'accompagnoit, que les charrues à planter existoient encore, et qu'elles étoient dans un grenier au-dessus d'un des offices, je les contemplai avec plaisir, et les trouvai parfaitement semblables à la planche que cet auteur ingénieux en avoit donnée. Je fus bien aise de les trouver serrées dans un endroit à part, où elles pourront être conservées jusqu'à ce que quelqu'autre voyageur cultivateur, aussi enthousiaste que moi, vienne voir les restes vénérables d'un génie utile. Il y a un poële pour sécher le bled, qu'il a aussi décrit. Dans un enclos, derrière la maison, on trouve une plantation de différens arbrisseaux étrangers, curieux et bien venus, ainsi que plusieurs rangées de frênes, d'ormes et de peupliers, le long des chemins près du château, tous plantés par M. Duhamel. J'eus aussi de la satisfaction en voyant que Denainvilliers n'étoit pas une petite habitation. Les terres sont étendues, le château est respectable, avec des offices, des jardins, etc. qui prouvent que c'étoit la résidence d'un homme riche ; d'où il paroît que cet auteur infatigable, quoiqu'il n'ait pas réussi dans quelques-unes de ses entreprises, avoit reçu de sa cour une récompense qu'il étoit honorable pour elle d'accorder ; et qu'il ne fut pas, comme bien d'autres, laissé dans l'obscurité, sans autres récompenses que celles que le génie peut se procurer par son travail. Une lieue avant d'arriver à Malesherbes, commence une belle rangée d'arbres, des deux côtés de la grande route; c'est l'ouvrage de M. de Malesherbes; et c'est un exemple frappant de son attention pour orner un pays ouvert. Pendant un espace de plus de deux milles, ce sont des mûriers; ils joignent ses autres belles plantations à Malesherbes, qui contiennent une grande variété des arbres les plus curieux que l'on ait jamais introduits en France. — Douze lieues.

Le 14. Après avoir fait une lieue dans la forêt de Fontainebleau, j'arrivai à cette ville et visitai le château, auquel plusieurs rois ont fait tant d'additions que la partie bâtie par François Ier, son fondateur originaire, ne se connoît presque plus. Il n'est pas aussi apparent que celui de Chambord ; c'est un endroit favori des Bourbons : il y a eu tant de rois de cette famille! Des appart`mens que l'on fait voir ici, ceux du roi, de la reine, de Monsieur et de Madame, sont les principaux. Il semble que la dorure en soit la décoration dominante : cependant, dans le cabinet de la reine, elle est bien distribuée, et avec élégance. La peinture de cette charmante petite chambre est admirable, et rien ne sauroit surpasser la beauté des ornemens qui y sont du dernier goût. Les tapisseries de Beauvais et des Gobelins se voient avec beaucoup d'avantage dans ce château. Je fus bien aise de voir la galerie de François Ier, conservée dans son état primitif; les chenets même sont ceux dont se servoit ce monarque. Les jardins ne sont rien; et le grand canal, tel est le nom qu'on lui donne, n'est pas comparable à celui de Chantilly. Dans l'étang qui est contigu au château, il y a des carpes aussi grosses et aussi privées que celles de M. de Condé. L'aubergiste de Fontainebleau pense que les palais des rois ne doivent pas se voir pour rien ; il me fit payer 10 livres pour un dîner qui m'auroit coûté la moitié moins à l'Étoile et à la Jarretière à Richemond. J'arrive à Meulan.— Onze lieues.

Le 15. Je traverse une distance considérable de la forêt royale de Senar.—

Dans les environs de Montgeron, tous champs ouverts qui produisent du bled et des perdrix pour le manger, car il y en a un nombre prodigieux. Il s'en trouve, je crois, une couvée tous les deux arpens, outre les endroits favoris, où elles sont plus nombreuses. A Villeneuve-Saint-George, la Seine est beaucoup plus belle que la Loire. J'entre encore une fois dans Paris, en faisant la même observation que j'avois faite auparavant, qu'il n'y a pas la dixième partie de mouvement sur les routes des environs que sur celles des environs de Londres. Je vais à l'hôtel de la Rochefoucauld. — Sept lieues.

Le 16. J'accompagne le comte de la Rochefoucauld à Liancourt. — Treize lieues.

Mon intention étoit d'y passer trois ou quatre jours, mais toute la famille contribua tellement à me rendre la résidence agréable à tous égards, que j'y restai plus de trois semaines. A environ un mille du château est une file de montagnes qui contenoient principalement des terrains négligés : le duc de Liancourt vient d'en faire une plantation, avec des promenades en tournant, des bancs et des siéges couverts à la mode anglaise. La situation est fort heureuse. Ces sentiers ornés suivent le bord du penchant des collines dans une étendue de trois à quatre milles. Les perspectives qu'ils commandent sont partout agréables, et dans quelques endroits grandes. Plus près du château, la duchesse de Liancourt a bâti une ménagerie et une laiterie d'un fort bon goût. Le cabinet et l'anti-chambre sont très-jolis; le sallon est élégant et la laiterie toute de marbre. A un village près de Liancourt, le duc a établi une manufacture de toile et d'étoffe mêlée de fil et de coton, qui promet d'être d'une grande utilité ; il y a vingt-cinq métiers d'employés, et on en prépare d'autres. Comme le filage pour ces métiers est aussi établi, cela donne de l'emploi à beaucoup de gens qui n'avoient rien à faire, car il n'y a aucune espèce de manufactures dans le pays, quoiqu'il soit peuplé. De pareils efforts sont dignes des plus grands éloges. Joint à cela, le duc exécute un excellent plan pour inspirer des habitudes d'industrie à la génération future. Les filles des pauvres sont reçues dans un établissement fondé pour les élever dans l'industrie : on les instruit de leur religion, on leur enseigne à lire, à écrire, et à filer du coton ; on les entretient jusqu'à l'âge du mariage, et alors on leur donne une partie de leurs gains pour dot. On y trouve un autre établissement dont je ne suis pas si bon juge ; c'est pour élever les orphelins des soldats dans l'art militaire. Le duc de Liancourt a fait des bâtimens considérables pour leur commodité, bien propres à remplir l'objet en vue ; le tout est sous l'inspection d'un digne et intelligent officier, M. Leroux, capitaine de dragons et chevalier de Saint-Louis, qui veut tout voir lui-même. Il y a maintenant cent vingt garçons, tous en uniforme. — Mes idées ont pris un cours que mon âge ne me permet pas aujourd'hui de changer ; j'aurois mieux aimé voir cent vingt jeunes gens élevés pour la charrue, dans des habitudes de cultiver meilleures que celles d'aujourd'hui ; mais sûrement l'établissement est humain, et l'administration en est excellente.

Les idées que je m'étois formées, avant de venir en France, d'une résidence à la campagne dans ce royaume, se trouvèrent bien erronées à Liancourt. Je m'attendois à ne trouver qu'un changement de Paris à la campagne, et qu'on conserveroit toutes les formalités ordinaires d'une ville, sans en goûter les plaisirs ; mais je fus trompé. La manière de vivre et les choses dont on s'occupe approchent plus de ce qui se fait dans la maison de campagne d'un seigneur d'Angleterre qu'il est possible de se l'imaginer : il y a un déjeûner de thé pour ceux qui veulent y aller ; on monte à cheval, on chasse, on plante, on jardine jusqu'à l'heure du dîner, qui ne commence qu'à deux heures et demie, au lieu de l'heure antique de midi : de la musique, des échecs et les autres amusemens ordinaires d'une chambre de compagnie, avec une excellente bibliothèque de sept ou huit mille volumes, sont bien propres à faire passer le tems agréablement, et prouvent que les manières de vivre se rapprochent à présent beaucoup dans les différens pays de l'Europe. Les amusemens doivent véritablement être nombreux dans l'intérieur, car dans un pareil climat on ne peut compter sur aucun dans la campagne : la pluie qui a tombé ici est incroyable. J'ai remarqué depuis vingt-cinq ans, en Angleterre, que la pluie ne m'a jamais empêché de faire tous les jours une promenade, sans sortir cependant pendant qu'il pleuvoit ; il peut tomber considérablement de la pluie pendant plusieurs heures, mais un homme qui saisit le moment favorable, peut faire un tour de promenade à pied ou à cheval. Depuis que je suis à Liancourt il y a eu, pendant trois jours de suite, une si forte pluie que je ne pus faire cent pas, aller du château au pavillon du duc, sans courir risque d'être percé ; je suis sûr qu'il a tombé plus d'eau ici en dix jours, qu'il n'en tombe en Angleterre en trente.

La mode actuelle de France, de passer quelque tems à la campagne, est nouvelle ; dans cette saison, et depuis plusieurs semaines, Paris est pour ainsi dire désert : ceux qui ont des maisons de campagne y sont, et ceux qui n'en ont pas visitent les personnes qui en ont. Cette révolution remarquable dans les manières des Français est certainement une des meilleures coutumes qu'ils aient prise. d'Angleterre, et son introduction en fut d'autant plus facile qu'elle fut assistée de la magie des écrits de Rousseau. Le genre humain doit beaucoup à ce brillant génie, qui pendant sa vie fut chassé de pays en pays pour chercher un asyle, avec autant d'acharnement qu'un chien enragé, grace à ce vil esprit de cagoterie qui n'a pas encore reçu le coup mortel.

Les femmes de la première qualité, en France, ont maintenant honte de ne pas allaiter leurs enfans, et on a entiérement banni les corps des enfans, qui en furent tourmentés pendant tant de siècles, comme ils le sont encore en Espagne. La résidence de la campagne n'a peut-être pas par-tout les mêmes effets qu'ici, mais elle finira par être aussi générale et aussi utile à tous égards à toutes les classes de l'État. Le duc de Liancourt étant président de l'assemblée provinciale de l'élection de Clermont, et y passant plusieurs jours pour affaires, m'invita à dîner avec l'assemblée, parce qu'il devoit s'y trouver quelques fermiers d'importance. Ces assemblées, qui avoient été proposées depuis plusieurs années par les patriotes français, et spécialement par le marquis de

Mirabeau, *l'ami des hommes*, dont M. Necker avoit parlé, et qui étoient regardées d'un œil de jalousie par certaines personnes qui ne desiroient d'autre gouvernement que celui dont les abus faisoient la principale base de leur fortune ; ces assemblées, dis-je, devenoient intéressantes pour moi : j'acceptai l'invitation avec plaisir. Trois fermiers considérables qui louoient des terres, mais qui n'étoient pas propriétaires, en étoient membres et y assistoient. Je veillai de près leur attitude pour voir de quelle manière ils se conduiroient en présence d'un seigneur du premier rang, grand propriétaire, et dans les bonnes graces du roi ; et je vis avec plaisir qu'ils se comportoient d'une manière aisée et libre, quoiqu'avec modestie ; sans effronterie, et cependant sans aucune bassesse qui pût choquer des idées anglaises. Ils avançoient leurs opinions librement et les maintenoient avec une confiance honnête.

Une circonstance plus singulière fut de trouver deux dames à un dîner de cette nature, composé de vingt-cinq ou vingt-six hommes ; une pareille chose n'auroit pas été admise en Angleterre. Dire qu'à cet égard les usages des Français sont meilleurs que les nôtres, c'est avancer une vérité évidente. Si les dames ne sont pas présentes à des assemblées où il est très-probable que la conversation tournera sur des sujets d'une plus grande importance que sur les matières frivoles d'un discours ordinaire, il faut, ou qu'elles restent continuellement dans l'ignorance, ou pleines des préjugés d'une éducation trop soignée, savantes, affectées et dédaigneuses : la conversation des hommes qui ne sont pas engagés dans des recherches frivoles, est la meilleure école pour l'éducation d'une femme.

La conversation politique de tous ceux que j'ai rencontrés portoit plutôt sur les affaires de Hollande que sur celles de France. Tout le monde a dans la bouche les préparatifs que l'on fait pour entrer en guerre avec l'Angleterre ; mais les finances de France sont tellement dérangées que les gens les plus instruits assurent qu'une guerre est impossible. Le marquis de Vérac, dernier ambassadeur de France à la Haye, qui avoit été envoyé, selon les politiques anglais, uniquement pour exciter une révolution dans le gouvernement de ce pays, a passé trois jours à Liancourt. On peut bien supposer qu'il se tient sur ses gardes dans une compagnie mêlée comme la nôtre ; mais il est assez évident qu'il est persuadé que cette révolution, ce changement ou cette diminution du pouvoir du Stadhouder, que le projet, en un mot, pour l'accomplissement duquel il négocioit en Hollande, étoit mûr depuis quelque tems, et auroit infailliblement été exécuté, si le comte de Vergennes y avoit consenti, et n'avoit pas traîné la chose en longueur, en employant raffinemens sur raffinemens pour se rendre plus nécessaire au cabinet de France, et cela s'accorde avec les idées de quelques Hollandais fort sensés, avec lesquels je me suis entretenu sur ce sujet.

Pendant mon séjour à Liancourt, mon ami Lazowsky m'accompagna dans une petite excursion à Ermenonville, château célèbre du marquis de Girardin. Nous passâmes par Chantilly pour aller à Morfontaine, maison de plaisance de M. de Morfontaine,

Morfontaine, prévôt des marchands de Paris. On a représenté cette terre comme ornée à l'anglaise : elle consiste en deux scènes, dont l'une est un jardin d'allées en tournant, avec une grande profusion de temples, de bancs, de grottes, de colonnes, de ruines, et de je ne sais quoi. Je souhaiterois que les Français, qui n'ont pas été en Angleterre, ne voulussent pas regarder ces choses-là comme le goût anglais; elles en sont aussi éloignées que le plus ancien style du dernier siècle. La vue de l'eau est belle; il s'y trouve une gaieté qui contraste fort bien avec les collines rembrunies et désagréables qui l'environnent, et qui partagent du caractère sauvage de la plus mauvaise partie des pays circonvoisins. On a beaucoup travaillé à Morfontaine, et il ne faut plus que quelques additions pour lui donner toute la perfection dont elle est susceptible.

Nous arrivons à Ermenonville par une autre partie de la forêt du prince de Condé, qui joint à la campagne ornée du marquis de Girardin. Ce lieu, après la résidence et la mort du martyr, mais immortel

Rousseau, dont tout le monde sait que le tombeau est ici, devint si fameux que chacun voulut y aller. Il a été bien décrit, et l'on a publié des plans des différens points de vue; il seroit donc ennuyeux d'en faire une description particulière : je me contenterai d'offrir une ou deux observations que je ne me rappelle pas d'avoir vues ailleurs. Il consiste en trois scènes d'eau très-distinctes, ou en deux lacs et une rivière : on nous montra d'abord celui qui est si célèbre par sa petite île de peupliers, dans laquelle repose tout ce qu'avoit de mortel cet écrivain extraordinaire et inimitable. Cette scène est aussi bien imitée et aussi bien exécutée qu'on puisse le desirer. Il a quarante à cinquante arpens d'eau; des collines s'élèvent des deux côtés, et il est assez bien fermé aux deux extrémités par de grands arbres, pour le faire paroître isolé. Les restes des grands génies nous inspirent des idées tristes dont les décorations nous détourneroient trop, conséquemment il y en a très-peu. Nous contemplâmes cette scène dans une soirée bien calme; le soleil dans son déclin doubloit les ombres sur le lac, et le silence sembloit se reposer sur son sein uni, comme le dit certain poëte, du nom duquel je ne me rappelle pas. Les grands personnages auxquels le temple des philosophes est dédié, et dont les noms sont marqués sur les colonnes, sont : NEWTON, *lucem;* —DESCARTES, *nil in rebus inane;* — VOLTAIRE, *ridiculum;* — ROUSSEAU, *naturam;* — et sur une autre colonne, qui n'est pas achevée, *quis hoc perficiet?* L'autre lac est plus grand ; il remplit presque le fond de la vallée, autour de laquelle sont des montagnes sauvages, rudes, arides, couvertes de sable et de roches, ou cassées, ou pleines de bruyères, dans quelques endroits boisées, et dans d'autres parsemées de genièvre. Le caractère de la scène est celui de la simple nature sans ornement, dans lequel on a eu dessein de cacher la main de l'art autant que cela s'accordoit avec un accès facile. La dernière scène est celle de la rivière, que l'on a fait serpenter sur un verd gazon, qui s'éloigne de la maison et qui est interrompue par un bois : le terrein n'est pas heureux, il est trop plat et n'offre d'aucun côté une perspective fort avantageuse.

D'Ermenonville nous allâmes le lendemain matin à Brasseuse, maison de madame de Pons, sœur de la duchesse de Liancourt. Quelle fut ma surprise de trouver que cette vicomtesse étoit une grande fermière ! Une dame française assez jeune pour jouir de tous les plaisirs de Paris, demeurant à la campagne et prenant soin de sa ferme, étoit un spectacle auquel je ne m'attendois pas ; elle a probablement plus de luzerne qu'aucune personne de l'Europe, — deux cent cinquante arpens. Elle me donna, d'une manière très-agréable et sans affectation, des renseignemens sur la luzerne et sur la laiterie ; mais j'en parlerai dans un autre lieu. Nous retournâmes à Liancourt par Pons, où il y a un beau pont de trois arches, d'une construction peu commune, chaque arche étant soutenue de quatre piliers, avec un sentier sous l'une des arches, pour le passage des chevaux qui traînent les barques, la rivière étant navigable.

Entr'autres amusemens du matin, auxquels je pris part à Liancourt, la chasse en fut un. En allant à la chasse aux daims, les chasseurs se placent autour d'un bois à certaines distances les uns des autres et le battent, et il n'y a le plus souvent qu'une seule personne de la compagnie qui puisse tirer un coup ; cela est plus ennuyeux qu'on ne sauroit se l'imaginer : comme à la pêche à la ligne, on est continuellement dans l'attente et continuellement trompé. La chasse aux perdrix et aux lièvres est presque tout-à-fait différente de celle du même genre en Angleterre. Nous prîmes ce divertissement dans la belle plaine de Catnoir, à cinq ou six milles de Liancourt, formant une file, et nous plaçant à environ trente pas l'un de l'autre, chacun avec un domestique portant un fusil chargé pour le donner à son maître à mesure qu'il tire : nous traversâmes ainsi plusieurs fois la plaine, faisant nous-mêmes lever le gibier. Les exploits du jour furent huit à dix lièvres et vingt paires de perdrix. Je n'aime guère mieux cette manière de chasser que celle d'attendre les daims. Ce qui me plaît davantage, après avoir pris de l'exercice en compagnie (il n'en étoit pas ainsi autrefois), c'est le dîner à la fin de la journée; pour en jouir il ne faut pas être trop fatigué. Les jeunes insensés ont toujours eu la manie d'affecter beaucoup de vivacité, après un exercice violent (je me rappelle d'avoir eu moi-même cette folie étant jeune); mais avec un exercice un peu plus que modéré, les esprits animaux sont à l'unisson des sentimens de l'esprit, et une bonne compagnie est alors délicieuse. Ces jours-là nous arrivions trop tard pour le dîner ordinaire, et nous en avions un à part, sans autre cérémonie que celle de changer de linge, et ces repas n'étoient pas ceux où le vin de Champagne de la duchesse étoit le moins goûté. Un homme qui ne sait pas boire un coup de trop dans de pareilles occasions, n'est pas bon à jetter aux chiens; mais prenez-y garde; si vous le répétez souvent, et que vous en fassiez de simples parties de débauche, le lustre du plaisir s'évanouit, et vous devenez ce qu'étoit un chasseur de *renards* anglais. Un jour, tandis que nous étions ainsi à dîner à l'anglaise, et que nous buvions à la charrue, à la chasse, et je ne sais à quelle autre chose, la duchesse de

Liancourt et quelques-unes de ses dames vinrent par plaisir nous voir. C'étoit un moment pour elles de témoigner de la mauvaise humeur et du mépris pour des manières qui n'étoient pas françaises, qu'elles auroient pu cacher sous un sourire ; mais il n'y eut rien de cela, c'étoit une curiosité de bonne humeur, une inclination de voir les autres joyeux et contens. *Ils ont été grands chasseurs aujourd'hui*, dit l'une. *Oh, ils s'applaudissent de leurs exploits. Boivent-ils au fusil ?* dit une autre. *A leur maitresse, certainement,* ajouta une troisième. *J'aime à les voir en gaieté ; il y a quelque chose d'aimable dans tout ceci.* Plusieurs personnes penseront sans doute qu'il est superflu de raconter de pareilles bagatelles ; mais que seroit la vie si on en retranchoit les bagatelles ? Elles marquent, outre cela, le caractère d'une nation mieux que des objets d'importance. Dans les momens du conseil, de la victoire, de la fuite ou de la mort, je crois que tous les hommes sont à-peu-près les mêmes. Les bagatelles en marquent mieux la différence, et il y en a une infinité qui me donnent une opinion du bon naturel des Français. Je n'aime pas un homme ni un discours qui ne se montre que sur des échasses, ou en habit des dimanches. Ce sont les sentimens journaliers qui décident du cours de la vie ; et celui qui en fait le plus de cas marche plus droit dans le sentier du bonheur. Mais il est tems de quitter Liancourt, ce que je ne fais qu'à regret. Je prends congé de la bonne vieille duchesse, de l'hospitalité et de l'honnêteté de laquelle je me souviendrai long-tems.—Dix-sept lieues.

Le 9, 10 et 11. Je passe par Beauvais et Pontoise, et j'entre dans Paris pour la quatrième fois : je suis confirmé dans l'idée que les routes qui conduisent immédiatement à cette capitale sont désertes, comparativement à celles de Londres. Par quels moyens entretient-on la correspondance avec les provinces ? Il faut que les Français soient les êtres les plus sédentaires de la terre; quand ils sont dans une place, il faut qu'ils y restent tranquilles, sans penser à aller dans une autre, ou il faut que les Anglais soient les hommes les plus remuans, et qu'ils trouvent plus de plaisir à aller d'un endroit à un autre, que de jouir de la vie dans l'un ou l'autre lieu. Si la noblesse française n'alloit à la campagne que lorsque la cour l'y exile, il seroit impossible que les grandes routes fussent plus solitaires. —— Huit lieues.

Le 12. Mon intention étoit de louer des appartemens ; mais en arrivant à l'hôtel de la Rochefoucauld, je trouvai que ma bonne duchesse n'avoit pas moins d'hospitalité à la ville qu'à la campagne ; elle m'en avoit fait préparer. La saison est maintenant si avancée que je ne resterai pas plus long-tems dans cette capitale qu'il ne faut pour voir les édifices publics. Cela s'accordera fort bien avec les lettres que j'ai pour quelques savans, et me laissera toutes mes soirées pour les spectacles, dont il y a un grand nombre à Paris. En traçant sur le papier un coup-d'œil rapide de ce que j'apperçois dans une ville si bien connue en Angleterre, je serai peut-être plus porté à décrire mes propres idées et mes sentimens que les objets eux-mêmes ; et qu'on se rappelle que j'ai fait profession de dévouer cet itinéraire peu soigné à des bagatelles plutôt qu'à des objets réellement d'importance. De la tour de la cathédrale, la vue de Paris est complette : c'est une vaste cité, même pour l'œil qui a vu Londres de Saint-Paul ; la forme circulaire donne de l'avantage à Paris, mais la clarté de son athmosphère lui en donne un plus grand. Il est à présent si clair qu'on croiroit être au milieu de l'été : les nuages de fumée de charbon, qui environnent la ville de Londres, empêchent toujours qu'on voie distinctement cette capitale ; mais je crois qu'elle est au moins d'un tiers plus grande que Paris. Le palais où se tient le parlement est défiguré par une porte dorée ridicule, et un toit à la française. L'hôtel des monnoies est un beau bâtiment, et la façade du Louvre est le plus élégant édifice du monde, parce qu'elle n'a pas de toit visible à l'œil ; un bâtiment souffre en proportion de la visibilité du toit. Je ne me rappelle pas d'avoir vu un édifice d'une beauté distinguée, à moins que ce ne fût avec un dôme, dont le toit n'étoit pas pour ainsi dire invisible. Où étoient donc les yeux des architectes de France, lorsqu'ils ont chargé tant de bâtimens de couvertures d'une hauteur à détruire toute espèce de beauté? Mettez la couverture du Palais ou du château des Tuileries sur la façade du Louvre, et que devient sa beauté? — Le soir, nous allâmes à l'opéra, que je regardai comme un bon théâtre, jusqu'à ce qu'on m'eût dit qu'il avoit été bâti en six semaines : et alors il me parut fort mauvais, car je m'imagine qu'il tombera en ruine dans six ans. La durée est une chose essentielle dans les bâtimens : quel plaisir nous feroit un beau frontispice de carton ? On donna l'Alceste de Gluck : mademoiselle Saint-Huberti joua ce rôle; c'est la première chanteuse, et une excellente actrice. Quant aux scènes, aux habillemens, aux décorations, à la danse, etc. le théâtre de *Hay-market* n'est rien en comparaison de celui-ci.

Le 13. J'allai à la rue des Blancs-Manteaux pour voir M. Broussonnet, secrétaire de la société d'agriculture ; il est en Bourgogne. Je passai chez M. Cook de Londres, qui est à Paris avec sa charrue à planter, attendant le beau tems pour en faire voir les effets au duc d'Orléans. C'est une idée française de chercher à améliorer la France en labourant; un homme devroit apprendre à marcher avant d'apprendre à danser. Il y a de l'agilité à battre des entrechats, et on peut le faire avec grace; mais où est la nécessité d'en battre aucun ? Il a fait beaucoup de pluie aujourd'hui, et une personne accoutumée à Londres aura de la peine à s'imaginer combien les rues de Paris sont sales, et combien il est incommode et dangereux de marcher dans des rues sans trottoirs. Nous eûmes grande compagnie à dîner; il s'y trouvoit des politiques, et il y eut une conversation intéressante sur l'état actuel de la France. Le sentiment universel est que l'archevêque ne fera rien pour décharger l'Etat de son fardeau présent; quelques-uns pensent qu'il n'en a pas l'envie, d'autres qu'il n'en a pas le courage, et d'autres qu'il n'en a pas la capacité. Quelques personnes croient qu'il ne pense qu'à ses propres intérêts, et d'autres que les finances sont trop dérangées pour qu'il soit au pouvoir d'aucun systême de les rétablir sans les Etats-généraux du royaume, et qu'il est impossible qu'une pareille assemblée ait lieu sans causer une révolution dans le gouvernement. Tous semblent penser qu'il arrivera quelque chose d'extraordinaire ; et une banqueroute n'est pas une idée peu commune, mais qui est celui qui aura le courage de la faire ?

Le 14. J'allai à l'abbaye de Saint-Germain, pour voir des colonnes de marbre d'Afrique, etc. c'est la plus riche abbaye de France : l'abbé a 300,000 liv. de rente. Je perds patience quand je vois de pareils revenus ainsi accordés ; c'est conforme à l'esprit du dixième siècle, mais non pas à celui du dix-huitième. Quelle belle ferme ne pourroit-on pas établir avec le quart de ce revenu ! Quels navets, quels choux, quelles pommes de terre, quel trèfle, quels moutons, quelle laine ! Ces choses-là ne valent-elles pas mieux qu'un gros cochon de prêtre ? Si un fermier anglais actif étoit monté derrière cet abbé, je crois qu'il feroit plus de bien à la France avec la moitié du revenu, que la moitié des abbés du royaume avec tout le leur. Je passe devant la Bastille, autre objet bien *propre* à exciter des émotions *agréables* dans le cœur d'un homme. Je cherche de bons fermiers et je ne rencontre que des moines et des prisons d'Etat. —— Je vais à l'arsenal, pour rendre visite à M. Lavoisier, chimiste célèbre, dont la théorie de la non-existence de l'air phlogistique a fait autant de bruit dans le monde chimique que celle de Stahl, qui en établissoit l'existence. Le docteur Priestley m'avoit donné une lettre d'introduction. Je fis mention dans la conversation de son laboratoire, et il assigna mardi. Je vais, le long des boulevards, à la place Louis XV, qui n'est pas, à proprement parler, une place, mais une belle entrée dans une grande ville. La façade des deux bâtimens du côté gauche est bien finie. La réunion de la place Louis XV avec les Champs - Elysées, le jardin des Tuileries et la Seine, est élégante et superbe, et est la partie la plus agréable et la mieux bâtie de Paris : on peut y être propre et y respirer librement. Mais la plus belle chose que j'aie vue dans Paris, c'est la halle aux bleds ; c'est une vaste rotonde, dont le dôme est tout en bois sur un nouveau plan, et pour la décrire il faudroit des planches et de longues explications. La galerie a cent cinquante pas de circonférence, conséquemment le diamètre a autant de pieds : elle est aussi légère que si elle avoit été suspendue par la main des fées. Dans l'arène, que de pois, de fèves, de lentilles il s'y vend ! Dans les divisions d'alentour, il y a de la farine sur des bancs ; on passe par des escaliers doubles, tournant l'un sur l'autre, dans des appartemens spacieux pour mettre du seigle, de l'orge, de l'avoine, etc. le tout est si bien projetté et si bien exécuté que je ne connois aucun bâtiment public en France ou en Angleterre qui le surpasse ; et si l'application des parties aux commodités nécessaires, et l'adaptation de chaque circonstance aux fins requises, joint à l'élégance analogue à l'usage, et la magnificence qui résulte de la solidité et de la durée, doivent être le but des édifices publics, je ne connois rien de comparable à celui-ci. — Il n'a qu'un défaut, et c'est sa situation ; il auroit dû être élevé sur les bords de la rivière, pour pouvoir décharger les barques sans avoir besoin de transport par terre. Le soir je me rendis à la comédie italienne ; beau bâtiment, et tout le quartier régulier et neuf, spéculation particulière du duc de Choiseul, dont la famille a une loge pour toujours. —— L'Amant jaloux. Il y a une jeune chanteuse, mademoiselle Renaud, avec une si belle voix que si elle chantoit de l'italien et avoit été enseignée en Italie, ce seroit une actrice délicieuse.

Je vais voir le tombeau du cardinal de Richelieu, qui est une belle production du génie, et, de beaucoup, la plus belle statue que j'aie vue; on ne peut rien desirer de plus léger, et qui ait plus de grace que l'attitude du cardinal, ni rien de plus naturel et de plus expressif que la figure de la science en pleurs. Je dîne avec mon ami au Palais-Royal chez un restaurateur ; des gens bien mis, tout propre, bon et bien servi ; mais ici comme ailleurs on paie bien cher les bonnes choses ; on ne doit jamais oublier qu'un prix médiocre pour de mauvaises denrées n'est pas un bon marché. Le soir nous allons à la comédie française, où l'on donnoit l'Ecole des Pères, pièce larmoyante. Ce théâtre, qui est le premier de Paris, est un beau bâtiment avec un portique superbe. Après avoir

avoir vu les théâtres circulaires de France, comment peut-on supporter nos trous oblongs et mal distribués de Londres?

Le 16. Je me rends chez M. Lavoisier, par invitation. Madame Lavoisier, femme aimable, pleine de sensibilité et de vivacité, et en même tems savante, avoit préparé un déjeûner anglais de thé et de café; mais sa conversation sur l'essai de Kirwan sur le phlogistique, qu'elle traduit de l'anglais, et sur d'autres sujets qu'une femme d'esprit, qui travaille avec son mari dans le laboratoire, sait orner à son gré, fut pour moi le meilleur repas. Je ressentis beaucoup de plaisir en examinant cet appartement, dont les opérations sont devenues si intéressantes pour le monde savant. Dans l'appareil pour les expériences sur l'air, rien n'a plus d'apparence que la machine à brûler de l'air inflammable et de l'air vital, pour faire ou pour déposer de l'eau; c'est une superbe machine. Il y a trois vaisseaux suspendus, avec des aiguilles, pour marquer la variation immédiate de leur pesanteur: deux, qui sont aussi grands que des demi-muids, contiennent, l'un de l'air inflammable, et l'autre de l'air vital, et il y a un tuyau de communication avec le troisième, où les deux espèces d'air se réunissent et brûlent, par un procédé trop compliqué pour que l'on puisse le décrire sans planche. La perte du poids des deux sortes d'air, indiquée par leur balance respective, est continuellement remplie, et égale ce que gagne le troisième vaisseau par la formation ou le dépôt de l'eau, comme il n'est pas encore connu si l'eau se fait ou si elle est déposée. Si elle est exacte (j'avoue que je n'y comprends pas grand'chose), c'est une superbe machine. Quand on en vantoit la structure, M. Lavoisier disoit : mais oui, monsieur, et même par un artiste français ! avec un ton de voix qui admettoit leur infériorité en général aux nôtres. On sait fort bien que nous faisons une grande exportation d'instrumens curieux de mathématiques dans toutes les parties de l'Europe, et en France en particulier. Cela n'est pas nouveau, car l'appareil dont se servirent les académiciens français pour mesurer un degré du cercle polaire, avoit été fait par Graham (1).

---

(1) Formation de la terre par Withurst, 2e. éd. p. 64.

Une autre chose, que nous montra M. Lavoisier, fut une machine électrique, renfermée dans un ballon, afin de faire des expériences d'électricité dans toutes sortes d'air. Son réservoir de vif-argent est considérable, il en contient deux cent cinquante livres, et son appareil d'eau est grand; mais ses fourneaux ne me parurent pas si bien calqués pour obtenir un grand degré de chaleur, que quelques autres que j'avois vus. Je fus bien aise de trouver ce philosophe magnifiquement logé, et avec toute l'apparence d'un homme qui a une fortune considérable. Cela fait toujours plaisir : les richesses de l'Etat ne sauroient être en meilleures mains qu'en celles des hommes qui emploient ainsi une partie de leur superflu. Par l'usage que l'on fait généralement de l'argent, on croiroit que c'est de tous les secours le moins important pour les recherches vraiment utiles au genre humain, plusieurs des grandes découvertes qui ont étendu les limites de la science, ayant à cet égard été le résultat de moyens en apparence trop foibles pour parvenir à ces fins ; les efforts énergiques d'esprits ardens, s'élançant de l'obscurité, et rompant les liens de la pauvreté, peut-être même de la misère. Nous allons à l'hôtel des Invalides, dont le major eut la complaisance de nous faire voir toutes les curiosités. Sur le soir, chez M. Lomond, mécanicien fort ingénieux, et qui a le génie de l'invention. Il a amélioré la machine à filer le coton. On dit que les machines ordinaires font un fil trop dur pour certaines fabriques ; mais celle-ci le rend doux et moëlleux. Il a fait une découverte remarquable dans l'électricité : vous écrivez deux ou trois mots sur du papier ; il les prend avec lui dans une chambre, et tourne une machine dans un étui cylindrique, au haut duquel est un *électromètre*, une jolie petite balle de moëlle de plumes ; un fil d'archal est joint à un pareil cylindre et électriseur, dans un appartement éloigné ; et sa femme, en remarquant les mouvemens de la balle qui correspond, écrit les mots qu'ils indiquent : d'où il paroît qu'il a formé un alphabet de mouvemens. Comme la longueur du fil d'archal ne fait aucune différence sur l'effet, on pourroit entretenir une correspondance de fort loin ; par exemple, avec une ville assiégée, ou pour des objets beaucoup plus dignes d'attention et mille fois plus innocens ; entre deux amans, à qui l'on défendroit des liaisons plus directes. Quel que soit l'usage qu'on en pourra faire, la découverte est admirable. M. Lomond a plusieurs autres machines curieuses, qui sont toutes l'ouvrage de ses mains. Il semble que l'invention mécanique soit en lui une inclination naturelle. Sur le soir, à la comédie française, Molé jouoit le Bourru bienfaisant, et il n'est pas facile de porter l'art de jouer la comédie à un plus haut degré de perfection.

Le 17. Je visite M. l'abbé Messier, astronome royal et de l'académie des sciences. Je vais voir au Louvre l'exposition des tableaux : pour une pièce historique qui se trouve dans les expositions de Londres, il y en a ici dix ; ce qui compense bien la différence entre une exposition annuelle et biennale. J'ai dîné aujourd'hui avec une compagnie dont la conversation a été toute politique. La requête de M. de Calonne au roi est arrivée, et tout le monde la lit et la discute. Il paroît néanmoins que l'opinion générale est que, sans se disculper de l'accusation d'agiotage, il a mis un fardeau assez considérable sur les épaules de l'archevêque de Toulouse, principal ministre, qui aura de la peine à se tirer de là. Mais ces deux ministres étoient condamnés en masse, comme des gens incapables de lutter contre les difficultés actuelles. Il n'y avoit dans toute la compagnie qu'une opinion, et la voici : c'est qu'on étoit à la veille de quelque grande révolution dans le gouvernement ; que tout l'annonçoit : le désordre des finances étoit grand, et il y avoit un *déficit* qu'il étoit impossible de remplir, sans les États-généraux du royaume, et cependant il n'y avoit aucune idée de formée sur les conséquences de leur réunion. Il n'existoit aucun ministre, ou on ne connoissoit personne hors du ministère possédant des talens assez décidés pour offrir d'autres remèdes que des palliatifs : un prince sur le trône, qui avoit d'excellentes dispositions, mais manquant des ressources d'esprit nécessaires pour gouverner dans un pareil moment sans ministres ; une cour ensevelie dans les plaisirs et dans la dissipation, et ajoutant à la détresse générale, au lieu de s'efforcer de se mettre dans un état plus indépendant ; une grande fermentation dans tous les esprits, qui desirent ardemment un changement, sans savoir ce qu'ils veulent ou ce qu'ils ont à espérer ; et un fort levain de liberté, qui s'accroît tous les jours depuis la révolution de l'Amérique : tout cela forme une combinaison de circonstances qui menace depuis longtems d'éclater, si quelque homme habile, d'un génie et d'un courage supérieurs, ne se met au timon des affaires pour guider les événemens, au lieu de se laisser entraîner par le courant.

Il est remarquable que jamais une pareille conversation n'a lieu, sans que l'on parle d'une banqueroute : la question ordinaire est : *une banqueroute causeroit-elle une guerre civile et le bouleversement total du gouvernement ?* Les réponses que l'on fait à cette question paroissent justes : une pareille mesure, conduite par un homme habile, vigoureux et ferme, ne causeroit ni l'une ni l'autre. Mais cette mesure, tentée par un homme d'un caractère différent, pourroit bien produire l'une et l'autre. Tout le monde convient qu'il est impossible que les Etats du royaume s'assemblent sans qu'il en résulte plus de liberté ; mais je trouvai si peu de gens qui avoient de justes idées de liberté, que je ne sais trop quelle sorte de liberté en sera le résultat. Ils ne savent pas apprécier les privilèges du PEUPLE : quant à la noblesse et au clergé, si une révolution leur donnoit encore plus de prépondérance, je pense que cela feroit plus de mal que de bien (1).

Le 18. Je me rends aux Gobelins, qui est indubitablement la première manufacture de tapisserie du monde, et qui ne sauroit être soutenue que par une tête couronnée. Le soir, à cette fameuse comédie de Piron, la Métromanie, qui fut très-bien jouée. Plus je fréquente le théâtre français, plus j'en deviens amateur ; et je le préfère, sans hésiter, au nôtre. Prenez

---

(1) En transcrivant ces feuilles pour la presse, je ris de quelques remarques et de quelques circonstances que les événemens ont depuis placées dans une singulière position ; mais je ne change aucun de ces passages, ils serviront à montrer quelles étoient les opinions en France, avant la révolution, sur des sujets importans ; et les événemens qui ont eu lieu ensuite les rendent d'autant plus intéressans. *Juin* 1790.

en masse les écrivains, les acteurs, les salles, les scènes, les décorations, la musique, la danse, et vous serez convaincu que Londres n'a rien qui en approche. Nous avons certainement quelques brillans d'un grand prix ; mais, tout mis dans la balance, la France l'emporte. J'écris ceci plus gaiement que s'il falloit accorder à la France la palme de l'agriculture.

Le 19. Je me transporte à Charenton, près Paris, pour voir l'école vétérinaire et la ferme de la société royale d'agriculture. M. Chabert, directeur général de cet endroit, me reçut avec la plus grande politesse. J'avois eu le plaisir de connoître M. Flandrin, son aide et son beau-fils, dans le comté de Suffolk. Ils me firent voir tout l'établissement vétérinaire, qui fait honneur au gouvernement français. Il fut formé en 1766 : en 1783 on y joignit une ferme, et on établit quatre places de professeurs; deux pour l'économie rurale, une pour l'anatomie, et une pour la chimie. — Je fus informé que M. d'Aubenton, qui est à la tête de cette ferme, avec 6000 liv. d'appointement, donne des lectures sur l'économie rurale, particuliérement sur les moutons, et que l'on gardoit pour cela un troupeau, afin de le faire voir au public. Il y a un appartement spacieux et fort commode pour disséquer les chevaux et les autres animaux ; un grand cabinet, où les parties les plus intéressantes des animaux domestiques sont conservées dans de l'esprit-de-vin ; comme aussi les différentes parties de leurs corps, sur lesquelles sont les effets visibles de leurs maladies. Ce cabinet est fort riche. Celui-ci, et un autre semblable près de Lyon, sont entretenus (sans compter l'addition faite en 1783) pour la somme de 60,000 liv., comme on peut le voir dans les écrits de M. Necker. D'où il paroît, comme par d'autres exemples, que les choses les plus utiles sont celles qui coûtent le moins. Il s'y trouve actuellement environ cent élèves de différens endroits du royaume, ainsi que de tous les pays de l'Europe, *l'Angleterre* exceptée ; exception singulière, quand on considère combien nos maréchaux sont ignorans, et que toute la dépense pour soutenir ici un élève ne monteroit pas à plus de quarante louis par an, et qu'il ne faudroit pas plus de quatre ans pour achever ses études. Quant à la ferme, elle est sous la conduite d'un grand naturaliste, fameux dans l'académie royale des sciences, et dont le nom est célèbre dans toute l'Europe pour son mérite dans les hautes sciences. Il faudroit que je fusse dépourvu de toute connoissance de la nature humaine, pour attendre quelque chose de bon dans la pratique, de la part de pareils fermiers. Ils s'imaginent sans doute qu'il est indigne de leurs poursuites et de leur rang dans le monde, d'être bons laboureurs, planteurs de navets, et bergers ; je ferois donc connoître mon ignorance de la vie, si je témoignois quelque surprise de trouver cette ferme dans un état que j'aime mieux passer sous silence que décrire. Le soir, je passai dans un champ un peu mieux cultivé, à l'opéra, où mademoiselle Saint-Huberti joua dans la Pénélope de Piccini.

Le 20. J'allai à l'Ecole militaire, établie par Louis XV pour l'éducation de cent quarante jeunes gens, fils de nobles : de pareils établissemens sont injustes et ridicules. Éduquer le fils d'un homme qui n'a pas lui-même les facultés de lui donner de l'éducation, c'est commettre une grande injustice, à moins que vous ne lui assuriez un état convenable à cette éducation. Si vous lui en assurez un, vous détruisez le résultat de l'éducation, parce qu'il n'y a que le mérite qui doive assurer cet état. Si au contraire vous élevez les enfans de gens qui sont eux-mêmes assez riches pour les élever, vous imposez ceux qui ne sont pas en état de donner de l'éducation à leurs propres enfans, pour soulager ceux qui peuvent le faire ; et c'est précisément le résultat des institutions de ce genre. Le soir, je me transportai à l'Ambigu-comique, joli petit théâtre, avec beaucoup de ruines sur la scène. Des cafés sur les boulevards, de la musique, du bruit et des filles à l'infini ; il y a de tout, excepté des boueurs et des lumières. La boue y est d'un pied de hauteur, et il y a des endroits du boulevard sans un seul réverbère allumé.

Le 21. M. Broussonnet étant de retour de Bourgogne, j'eus le plaisir de passer une couple d'heures fort agréablement avec lui. C'est un homme singuliérement actif, qui possède une multitude de connoissances utiles dans toutes les branches de l'histoire naturelle, et il parle fort bien anglais. Il est rare qu'un homme soit aussi bien calculé pour une place, que M. Broussonnet l'est pour celle de secrétaire de la société royale qu'il occupe.

Le 22. Je vais au pont de Neuilli, que l'on dit être le plus beau de toute la France. C'est effectivement le plus beau que j'aie jamais vu. Il a cinq arches plates, selon le modèle de Florence, et toutes d'égale grandeur; méthode de bâtir infiniment plus élégante et plus frappante que notre système d'arches de différentes grandeurs. Je passe à la machine de Marli, qui ne me fait plus d'impression. Lucienne, résidence de madame du Barri, est sur une colline au-dessus de cette machine; elle a bâti un pavillon sur le haut du penchant, afin de pouvoir commander la perspective, qui est meublé et orné avec beaucoup d'élégance. Il y a une table de porcelaine de Sève supérieurement bien faite. J'ai oublié le nombre de louis qu'elle a coûté. Les Français à qui je parlai de Lucienne déclamèrent contre les femmes entretenues et contre la prodigalité, avec plus de violence selon moi que de raison. Quel est l'homme avec le sens commun qui voudroit refuser à un roi le plaisir d'avoir une maitresse, pourvu qu'il n'en fît pas son unique occupation ? *Mais Frédéric - le - Grand avoit - il une maitresse, lui faisoit-il bâtir des pavillons, et les meubloit-il de tables de porcelaine ?* non, mais il avoit des passions cinquante fois plus funestes : il vaut mieux qu'un roi fasse l'amour à une jolie femme qu'à une province de ses voisins. La maitresse du roi de Prusse a coûté 2 milliards 400 millions et cinq cent mille hommes, et avant que le règne de cette maitresse soit passé elle pourra coûter encore autant. Le plus grand génie et les talens les plus distingués sont plus légers qu'une plume dans la balance de la philosophie ; si la rapine, la guerre et les conquêtes doivent en être les résultats.

Je me rends à Saint-Germain, dont la terrasse est fort belle. M. Broussonnet me rencontra ici, et nous dînâmes avec M. Breton chez le maréchal de Noailles, qui a une bonne collection de plantes curieuses. Il y a ici la plus belle *so-*

phora Japonica que j'aie vue. — Trois lieues.

Le 23. A Trianon, pour voir le jardin anglais de la reine. J'avois une lettre pour M. Richard, qui me fit entrer. Il contient environ cent arpens, distribués dans le goût des jardins chinois, d'où l'on suppose que vient la mode anglaise. Il se trouve ici plus de *Sir* Guillaume Chambers que de M. Brown, plus d'art que de naturel, et plus de dépense que de goût. Il n'est pas facile d'imaginer une chose que l'art puisse introduire dans un jardin qui ne soit pas dans celui-ci; on y voit des bois, des rochers, des tapis de verdure, des lacs, des rivières, des îles, des cascades, des grottes, des promenades, des temples, et même des villages. Plusieurs parties du plan sont fort jolies et bien exécutées. La seule faute que j'y trouve c'est qu'elles sont trop chargées, et cela a conduit à une autre erreur, celle de couper la pièce de verdure en un trop grand nombre d'allées, erreur commune à presque tous les jardins que j'ai vus en France; mais la gloire du petit Trianon, ce sont les plantes exotiques et les arbrisseaux. On a dépouillé le globe avec succès pour l'orner. Il y en a de curieux et de superbes pour plaire à l'œil de l'ignorance, et pour exercer la mémoire de la science. Le temple de l'amour est vraiment élégant.

Je vais de nouveau à Versailles. En examinant l'appartement du roi, qu'il venoit de quitter, avec ces petites marques de désordre qui prouvent qu'il l'habite, il étoit amusant de voir des figures de galériens qui se promenoient librement dans le palais, et même dans la chambre à coucher du roi; des hommes dont les haillons démontroient le dernier degré de pauvreté, et j'étois la seule personne qui parût surprise de les y voir. Il est impossible de ne pas aimer cette indifférence et ce manque de soupçon. On aime le maître de la maison, qui ne seroit pas offensé de voir ses appartemens ainsi remplis, s'il retournoit subitement; car si l'on craignoit qu'il le fût, on ne permettroit pas d'entrer. C'est certainement un trait de ce *bon naturel*, par-tout si visible en France. Je demandai à voir
les

les appartemens de la reine, mais je ne pus y parvenir. Sa majesté y est-elle? non. Pourquoi donc ne peut-on pas voir les siens comme ceux du roi? Ma foi, monsieur, c'est autre chose. Je parcours les jardins, et me promène le long du grand canal, très-étonné de l'exagération des écrivains et des voyageurs. Il y a de la magnificence du côté de l'orangerie, mais point de beauté en aucun endroit; il y a quelques statues assez bonnes pour faire desirer qu'elles soient à couvert. L'étendue et la largeur du canal n'ont rien d'extraordinaire à la vue, et il n'est pas si bien entretenu que l'étang d'un fermier. La ménagerie est assez bien, mais n'a rien de grand. Que ceux qui desirent que les édifices et les établissemens de Louis XIV continuent à faire l'impression qu'ils ont faite dans les écrits de Voltaire, aillent au canal de Languedoc, et non pas à Versailles. Je reviens à Paris. —Cinq lieues.

Le 24. J'allai avec M. Broussonnet au cabinet d'histoire naturelle et au jardin des plantes, qui est très-bien tenu. Ses richesses sont bien connues, et la politesse de M. Thouin, qui a le caractère le plus aimable, rend ce jardin la scène de tous les plaisirs raisonnables, outre celle des plantes. Je dînai aux Invalides avec M. Parmentier, auteur célèbre de plusieurs ouvrages économiques, particuliérement sur la boulangerie de France. Cet auteur, outre une multitude de connoissances utiles, a beaucoup de ce feu et de cette vivacité pour lesquels sa nation est si célèbre, mais que je n'ai pas remarqués aussi souvent que je m'y serois attendu.

Le 25. Cette grande ville paroît à tous égards être plus incommode pour la résidence d'une personne qui n'a qu'une petite fortune qu'aucune de celles que j'aie vues ; elle est fort inférieure à Londres. Ses rues sont étroites et encombrées, les neuf dixièmes en sont mal-propres, et elles sont toutes sans trottoirs. Aller à pied, qui est une chose si agréable à Londres, où il fait assez propre pour que les dames s'y promènent tous les jours, est ici une fatigue et un travail pour un homme, et une impossibilité pour une femme bien mise. Les carrosses sont nombreux, et, ce qui est pis encore, il y a une infinité de cabriolets, conduits par des jeunes gens du bon ton et leurs imitateurs, avec une rapidité extravagante, qui les rend vraiment nuisibles, et les rues sont très dangereuses, si l'on ne se tient pas continuellement sur ses gardes. J'en ai vu passer un sur le corps à un pauvre enfant qui a probablement été tué, et j'ai souvent été moi-même couvert de boue. Cette chétive coutume d'aller dans une espèce de loge à fou, à un cheval, dans les rues d'une grande capitale, provient de la pauvreté, ou d'une économie méprisable, et on ne sauroit en parler avec trop de rigueur. Si les jeunes seigneurs de Londres fouettoient leurs voitures dans des rues sans trottoirs, comme le font leurs confrères de Paris, ils ne tarderoient pas à être bien et justement rossés, et on les rouleroit dans le ruisseau. Cette circonstance rend Paris une résidence fort peu convenable pour des gens, et particulièrement pour des familles qui n'ont pas moyen d'avoir une voiture, chose qui coûte ici aussi cher qu'à Londres. Les fiacres sont beaucoup plus mauvais que dans cette dernière ville, et il n'y a pas de chaises à porteur, car elles seroient renversées par les carrosses. C'est aussi à cette circonstance que l'on doit attribuer que toutes les personnes de peu de fortune sont forcées de s'habiller en noir, avec des bas noirs ; cette couleur n'est pas aussi désagréable en compagnie que la distinction qu'elle établit ; c'est une ligne de démarcation trop visible entre un homme riche et un homme qui ne l'est pas. L'orgueil, l'arrogance et la mauvaise humeur du riche Anglais rendroient cela insupportable ; mais le bon naturel dominant des Français adoucit ces inégalités désagréables.

Les logemens ne sont pas de moitié si bons qu'en Angleterre, et cependant beaucoup plus chers. Si vous ne prenez pas un appartement complet dans un hôtel garni, vous êtes obligé de monter au troisième, quatrième ou cinquième étage, et vous n'avez en général qu'une chambre à coucher. Après l'affreuse fatigue des rues, une pareille élévation est une chose délectable. Il faut chercher long-tems avant de pouvoir se loger chez les particuliers, comme on fait à Londres, et payer beaucoup plus cher. Les gages des domestiques sont à-peu-près les mêmes. Il est fâcheux que Paris ait ces désavantages; car, à d'autres égards, c'est une résidence bien convenable pour ceux qui aiment une grande ville. Il est impossible qu'un homme de lettres, ou qui s'adonne aux sciences, trouve une meilleure société. La communication entre les grands et les gens de lettres, qui doit exister sur un pied d'égalité, ou ne pas exister du tout, y est très-respectable. Les personnes du premier rang aiment la science et la littérature, et tâchent de mériter le caractère qu'elles donnent. J'aurois réellement pitié d'un homme qui, sans des avantages d'un genre bien différent, s'attendroit à être bien reçu dans les cercles brillans de Londres, uniquement parce qu'il seroit membre de la société royale. Mais il n'en seroit pas de même d'un membre de l'académie des sciences à Paris; il est sûr d'être bien reçu par-tout. Peut-être ce contraste provient-il de la différence des gouvernemens des deux pays. On s'attache trop à la politique en Angleterre, pour qu'on puisse avoir des égards convenables pour aucune autre chose ; et si les Français avoient un gouvernement plus libre, les académiciens n'y seroient pas si estimés, parce qu'ils auroient pour rivaux dans l'estime publique les orateurs qui plaident pour la liberté et la propriété dans un parlement libre.

Le 28. Je quitte Paris, et prends la route de Flandre. M. Broussonnet eut la complaisance de m'accompagner jusqu'à Dugny, pour me faire voir la ferme de M. Cretté de Palluel, cultivateur très-intelligent. Je prends la route de Senlis : à Dammartin je rencontre par hasard un Français, nommé M. Dupré de Saint-Cottin. M'entendant parler avec un fermier sur l'agriculture, il se mêla à la conversation comme amateur, me raconta le résultat de plusieurs expériences qu'il avoit faites dans sa terre en Champagne, me promit des détails plus particuliers, et tint parole. — Sept lieues.

Le 29. Je passe par Nanteuil, où le prince de Condé a un château, et vais à Villers-Coterets, au milieu d'immenses forêts qui appartiennent au duc d'Orléans. Les récoltes de ce pays-là sont donc celles des princes du sang, c'est-à-dire, des lièvres, des faisans, des daims, des sangliers? — Neuf lieues.

Le 30. Soissons paroît être une pauvre ville, sans manufactures, et principalement soutenue par le commerce des grains, qui se fait de là à Paris et à Rouen par eau. — Huit lieues.

Le 31. Couci est admirablement bien situé sur une colline, avec une belle vallée qui serpente autour d'elle. A Saint-Gobin, qui est au milieu des bois, je vis la manufacture de glaces, la plus grande du monde. J'étois en grand bonheur, car j'arrivai environ un quart d'heure avant qu'ils eussent commencé à couler des glaces pour la journée. Je passe la Fère, et arrive à Saint-Quentin, où il y a des manufactures considérables qui m'employèrent toute l'après-midi. Depuis Saint-Gobin on trouve les plus belles couvertures d'ardoise que j'aie jamais vues. — Dix lieues.

Premier Novembre. Près Belle-Anglaise, je me détournai d'une demi-lieue pour voir le canal de Picardie, dont j'avois beaucoup ouï parler. En allant de Saint-Quentin à Cambrai, le pays va tellement en montant qu'il a été nécessaire de le faire passer sous terre dans une tonnelle, à une profondeur considérable, même sous plusieurs vallées et collines. Dans une de ces vallées, il y a une ouverture pour le visiter, par un escalier voûté, par lequel je descendis cent trente-quatre degrés jusqu'au canal; et comme cette vallée est beaucoup plus basse que les collines circonvoisines, on peut concevoir quelle est son immense profondeur. Sur la porte de cette descente est l'inscription suivante : — *L'an 1781, le comte d'Agay étant intendant de cette province, M. Laurent de Lione étant directeur de l'ancien et nouveau canal de Picardie, et M. de Champrosé, inspecteur, Joseph II, empereur, roi des Romains, a parcouru en bateau le canal souterrain depuis cet endroit jusqu'au puits, n°. 20, le 28, et a témoigné sa satisfaction d'avoir vu cet ouvrage en ces termes : « Je suis fier » d'être homme, quand je vois qu'un de » mes semblables a osé imaginer et exé-*

» *cuter un ouvrage aussi vaste et aussi*
» *hardi. Cette idée m'élève l'ame* ». Ces
trois messieurs conduisent ici la danse
d'une manière vraiment française. Le grand
Joseph suit humblement après eux ; et
quant au pauvre Louis XVI, aux dépens
duquel tout fut fait, ces messieurs ne
crurent pas certainement qu'un nom au-
dessous de celui d'un empereur pût être
annexé au leur. Quand on met des ins-
criptions à des ouvrages publics, on ne
devroit y souffrir aucun autre nom que
celui du roi qui a le mérite d'être pa-
tron, et celui de l'ingénieur ou de l'artiste qui a le génie d'exécuter l'ouvrage.

Quant aux nombreux intendans, directeurs
et inspecteurs, qu'ils aillent au diable ! Le
canal, à cet endroit, a dix pieds de largeur et douze de hauteur, taillés entiérement dans une roche de craie, dans laquelle sont plusieurs cailloux, — point de
maçonnerie. Il n'y en a qu'une petite partie de dix toises finie, pour servir de
modèle, de vingt pieds de largeur et de
vingt de hauteur. On en a déjà fait cinq
mille toises comme l'échantillon que j'ai

vu ; et toute la distance sous terre, quand la tonnelle sera complette, formera une étendue de sept mille vingt toises, ou d'environ trois lieues. Il a déjà coûté 1,200,000 livres, et il faut encore 2,500,000 livres pour le finir ; de sorte que c'est un total de près de quatre millions. Il est exécuté par le moyen de flèches. Maintenant il ne contient pas plus de cinq à six pouces d'eau. Ce grand ouvrage est entièrement arrêté depuis le ministère de l'archevêque de Toulouse. Quand on voit de pareils travaux arrêtés faute d'argent, on demande avec raison quels sont donc les services que l'on continue de payer ? Et on finit par conclure que l'économie est la première vertu des nations, des ministres et des rois : —sans elle, le génie n'est qu'un météore, les victoires de vains sons, et toute la splendeur des cours un vol fait au public.

A Cambrai, je visite les manufactures. Ces villes frontières de Flandre sont bâties à l'ancienne mode, mais les rues sont larges, belles, bien pavées et bien éclairées. Je n'ai pas besoin d'observer qu'elles sont toutes fortifiées, et que chaque endroit, dans ce pays-ci, est devenu fameux ou infame, selon les sentimens du spectateur, par plusieurs des plus cruelles guerres qui aient jamais déshonoré ou épuisé le monde chrétien. Je fus bien logé à l'hôtel de Bourbon, bien nourri et bien servi : c'est une excellente auberge. — Sept lieues.

Le 2. Je passe par Bouchain pour aller à Valenciennes, autre ville antique, qui, comme toutes les villes de Flandre, témoigne plutôt les richesses du tems passé que celles du tems présent. — Six lieues.

Le 3. Je passe à Orchies, et le 4 à Lille, qui est environné de plus de moulins à vent pour faire de l'huile qu'il n'y en a, je crois, dans aucun lieu du monde. Je traverse moins de ponts-levis et d'ouvrages de fortifications qu'à Calais ; la grande force de cette ville consiste en ses mines et autres souterrains. Le soir, à la comédie.

Le cri d'une guerre avec l'Angleterre m'étonna ici beaucoup ; tous ceux avec qui je parlai me dirent qu'il étoit évident que les Anglais avoient attiré l'armée prussienne en Hollande, et que la France avoit de puissans et de nombreux motifs de déclarer la guerre. Il est aisé d'appercevoir que l'origine de toutes ces violences est le traité de commerce, qui est ici abhorré et regardé comme le coup le plus fatal que l'on ait pu porter aux manufactures. Ces gens-là ont vraiment des idées de monopoleurs; ils voudroient entraîner vingt-quatre millions d'hommes dans les maux certains de la guerre plutôt que de voir l'intérêt des consommateurs de manufactures préféré à celui des fabricateurs. Les avantages que retirent vingt-quatre millions de consommateurs ne sont pas du moindre poids en comparaison des inconvéniens qu'éprouvent cinq cent mille manufacturiers. Je rencontrai plusieurs petits charriots dans la ville, traînés par des chiens : l'un des propriétaires de ces charriots me dit, ce qui me paroît incroyable, que son chien pouvoit traîner 700 livres pesant à une demi-lieue de distance : les roues de ces voitures sont très-élevées en comparaison de la hauteur du chien, de sorte qu'il a le poitrail beaucoup au-dessous de l'essieu.

Le 6. En quittant Lille, la réparation d'un pont me fit prendre une route le long d'un canal, tout près des ouvrages de la citadelle. Ils paroissent fort nombreux, et sa situation est extrêmement avantageuse, sur une douce colline, environnée de bas marais que l'on peut inonder à volonté. Je passe Armentières, grande ville pavée. Je couche à Mont-Cassel. — Dix lieues.

Le 7. Cassel est sur le sommet de la seule montagne qu'il y ait en Flandre. On répare à présent le bassin de Dunkerque, si fameux dans l'histoire par un acte de despotisme de la part de l'Angleterre qu'elle a dû payer bien cher. Je mets sur la même ligne politique d'arrogance, Dunkerque, Gibraltar, et la statue de Louis XIV dans la place des Victoires. Il y a une multitude d'ouvriers employés à ce bassin ; et quand il sera fini, il ne contiendra pas plus de vingt ou trente frégates : l'œil peu instruit regarde cela comme un objet ridicule de jalousie de la part d'une grande nation, à moins qu'elle ne fasse profession d'avoir peur des corsaires. — Je m'informai si on importoit beaucoup de laine d'Angleterre, et on me dit que c'étoit un objet peu considérable. Je dois observer que lorsque je quittai la ville, mon petit porte-manteau fut aussi scrupuleusement examiné que si je ne faisois qu'arriver d'Angleterre, avec une cargaison de marchandises prohibées ; on fit de même à un petit fort à deux milles de là. Dunkerque étant un port libre, la douane est aux portes. Que devons-nous penser de nos manufacturiers anglais en laine, lorsqu'ils demandèrent *le bill sur la laine*, d'infâme mémoire, en faisant venir de Dunkerque à la barre de la chambre des Pairs, un nommé Thomas Wilkinson, pour jurer que la laine sort de Dunkerque sans aucuns droits ou impôts, et que les douanes ne visitent pas, tandis qu'elles fouillent un petit porte-manteau? Sur un pareil témoignage, notre législature, avec l'esprit d'un marchand en détail, fit un acte d'amendes et de punitions contre tous les commerçans en laine d'Angleterre. J'allai à pied à Rossendal, près de la ville, où M. le Brun a fait des travaux dans les dunes, qu'il eut la bonté de me montrer : entre la ville et cet endroit, il y a un grand nombre de jolies petites maisons, avec chacune un jardin, et un ou deux enclos de mauvaise terre pleine de sable, originairement aussi blanc que la neige, mais amélioré par l'industrie. La magie de la PAUVRETÉ change le sable en or. — Six lieues.

Le 8. Je quitte Dunkerque, où il y a une bonne auberge, à l'enseigne du *Concierge*, et à la vérité j'ai trouvé toutes les auberges de Flandre fort bonnes. Je passe par Gravelines, qui me paroît, à moi, ignorant en fortifications, la plus forte place que j'aie encore vue; au moins les ouvrages extérieurs sont plus nombreux que par-tout ailleurs. Des fossés, des remparts et des pont-levis à l'infini. C'est une partie de l'art militaire que j'aime; elle tend à la défense, et laisse la coquinerie aux voisins.

Si Gengis-Kan ou Tamerlan avoient rencontré dans leur chemin des places telles que Gravelines ou Lille, où seroient leurs conquêtes? Et comment auroient-ils pu détruire l'espèce humaine?—J'arrive à Calais, et ici se termine un voyage qui m'a donné beaucoup de plaisir et beaucoup plus de connoissances que je n'aurois cru trouver dans un royaume qui n'est pas si bien cultivé que le nôtre.

C'est mon premier voyage chez l'étranger, et il m'a confirmé dans l'idée que, pour bien connoître son pays, il en faut voir d'autres. Les nations ne figurent que par comparaison, et ceux-là doivent être regardés comme les bienfaiteurs de l'humanité, qui ont principalement établi la prospérité publique sur les bases de la félicité privée. Un des principaux objets de mon excursion a été de connoître jusqu'à quel point les Français avoient mis cela en pratique. C'est une recherche d'une grande étendue, et qui n'est pas peu compliquée ; mais une simple excursion n'est pas suffisante. Il faut que j'y revienne, et que j'y revienne souvent, avant de hasarder des conclusions. — Huit lieues.

J'attends trois jours chez Dessein un bon vent et un paquebot (le duc et la duchesse de Gloucester sont dans le même cas et dans la même auberge). Un capitaine se comporta comme un gredin, me trompa, et étoit loué par une seule famille, qui ne vouloit admettre aucun étranger.

ger. — Je ne demandai pas de quelle nation étoit cette famille. — A Douvres, — à Londres, — à Bradfield ; — et j'ai plus de plaisir à donner une poupée française à ma petite fille, qu'à voir Versailles.

Je quitte l'Angleterre. — *Saint-Omer.*
1788.

LE long voyage que j'avois fait l'année dernière en France me suggéra une infinité de réflexions sur l'agriculture et sur les sources et les progrès de la prospérité de ce royaume : ces idées fermentèrent malgré moi dans mon esprit ; et tandis que je tirois des conséquences relatives à l'état politique de ce vaste empire, sur toutes les circonstances qui avoient quelques liaisons avec son agriculture, je trouvai, à chaque moment de mes réflexions, la nécessité de faire un examen aussi exact de tout le royaume, qu'il étoit possible à un voyageur de l'effectuer. Mû par ce motif, je me déterminai à tenter de finir ce que j'avois assez heureusement commencé.

Le 30 juillet. Je quittai Bradfield, et

arrivai à Calais.—Cinquante-quatre lieues.

Le 5 août. Le jour suivant je prends la route de Saint-Omer. Je passe le pont sans pareil, qui sert à traverser deux rivières à la fois; mais il a été beaucoup plus vanté qu'il ne mérite, et a coûté plus qu'il ne vaut. Saint-Omer ne contient presque rien digne d'attention, et si je pouvois diriger les législatures d'Angleterre et d'Irlande, il contiendroit encore moins.— Pourquoi les catholiques sont-ils obligés d'émigrer, pour être mal éduqués, chez l'étranger, tandis qu'on pourroit leur accorder des institutions pour les bien élever dans leur patrie? On voit le pays fort avantageusement du clocher de Saint-Bertin. — Huit lieues.

Le 7. Le canal de Saint-Omer remonte une montagne par le moyen d'écluses. Je passe à Aire, à Lillers et à Béthune, villes très-connues dans l'histoire militaire. —Huit lieues.

Le 8. Le pays est actuellement un vaste champ ; la scène est changée : depuis Béthune jusqu'à Arras, une route bien gravelée ; dans cette dernière ville, il n'y a rien de remarquable que l'abbaye de Saint-Waast, qu'on ne voulut pas me faire voir, — ce n'étoit pas le bon jour, — ou quelque excuse frivole. La cathédrale n'est rien. — Six lieues.

Le 9. Jour de marché. En sortant de la ville, je rencontrai au moins cent ânes, quelques-uns avec des besaces, d'autres chargés d'un sac, mais tous avec un très-petit fardeau ; des essaims de paysans et de paysannes. On appelle cela un marché bien fourni ; mais une grande partie des travaux d'un pays sont arrêtés au milieu de la récolte, pour approvisionner une ville qu'un quarantième de ce monde seroit, en Angleterre, capable d'approvisionner. Toutes les fois que je vois tant de fainéans dans un marché, je suis sûr que le sol est mal divisé et en trop petites portions. Ici mon seul compagnon de voyage, la jument anglaise que je monte, découvre un secret dans ses yeux qui n'est pas trop agréable à apprendre : elle est lunatique ; mais notre imbécille de maréchal de Bury m'avoit assuré que je n'avois rien à craindre pendant un an. Il faut avouer que c'est une de ces situations *agréables* que peu de personnes voudroient éprouver. *Ma foi !* cela marque mon bonheur ; — les voyages que les autres font pour de l'argent, sur un bon cheval, ne sont tout au plus que des occupations serviles, et je paie, moi, pour voyager sur un cheval aveugle ; — j'en éprouverai peut-être les inconvéniens, au risque de me casser le cou. — Sept lieues.

Le 10. J'arrive à Amiens ; M. Fox coucha ici la nuit dernière, et il étoit vraiment amusant d'entendre la conversation à la table d'hôte ; ils étoient surpris qu'un si grand homme ne voyageât pas avec plus de splendeur. — Je demandai comment il voyageoit : monsieur et *madame* étoient dans une chaise de poste anglaise, et la fille et le valet de chambre dans un cabriolet, avec un courier français en avant pour ordonner les chevaux. Que leur faudroit-il, outre l'aisance et le plaisir ? peste soit d'un cheval aveugle ! — mais j'ai travaillé toute ma vie ; et il SE PLAINT ENCORE !

Le 11. Je vais par Poix à Aumale, et entre en Normandie. — Huit lieues.

Le 12. Delà à Neufchâtel, par le pays le plus beau que j'aie vu depuis Calais. Je passe plusieurs maisons de plaisance des négocians de Rouen.—Treize lieues.

Le 13. Ils ont bien raison d'avoir des maisons de campagne,—pour se tirer de cette grande ville, mal bâtie, laide, puante et renfermée, où l'on ne trouve que de l'ordure et de l'industrie. Quel tableau de maisons neuves offre en Angleterre une ville de manufactures florissantes ! Le chœur de la cathédrale est environné d'une grille d'airain magnifique ; on y montre le mausolée de Rollo, premier duc de Normandie, et de son fils ; de Guillaume la longue épée, et aussi ceux de Richard cœur de lion, de son frère Henri, du duc de Bedford, régent de France ; de leur roi Henri V, du cardinal d'Amboise, ministre de Louis XII. La pièce de l'autel est l'Adoration des bergers, par Philippe de Champagne. Rouen est plus cher que Paris, c'est pourquoi il est nécessaire, pour ménager sa bourse, de ne pas avoir trop d'indulgence pour son ventre. A la table d'hôte de l'hôtel de *la Pomme de pin*, nous étions seize à dîner, et nous avions une soupe faite avec trois livres de bœuf, une volaille, un canard, une petite fricassée de poulets, un rôti de veau d'environ deux livres, et deux autres petits plats, avec une salade, à quarante-cinq sous par tête, et vingt sous de plus pour une demi-bouteille de vin. A une table d'hôte de quarante sous par tête en Angleterre, il y auroit eu une pièce de viande qui auroit pesé plus que tout ce dîner. Le canard fut sitôt enlevé que je sortis de table sans avoir à moitié dîné. De pareilles tables d'hôte sont du nombre des choses à bon marché en France! De toutes les tristes et sombres assemblées, une table d'hôte a le premier rang; il y a un silence de huit minutes, et quant à la politesse de lier conversation avec un étranger, on n'a pas besoin de s'y attendre; on ne m'a jamais dit un seul mot nulle part, à moins que ce ne fût pour répondre à une question: Rouen n'a rien de particulier en cela. La salle du parlement est fermée, et ses membres sont exilés depuis un mois à leur campagne, pour avoir refusé d'enregistrer l'édit d'un nouvel impôt territorial. Je m'informai beaucoup des sentimens du peuple, et trouvai que le roi, parce qu'il a passé dans cette ville, y est plus populaire que le parlement, à qui l'on attribue la cherté de toutes les denrées. J'allai voir M. d'Ambournay, auteur d'un traité pour faire usage de la garance verte au lieu de la faire sécher, et j'eus le plaisir d'une conversation avec lui sur différens points d'agriculture qui étoient intéressans pour moi.

Le 14. Je m'avance vers Barentin, à travers abondance de pommes et de poires, et un pays meilleur que la manière dont il est cultivé : j'arrive à Yvetot, qui est plus riche, mais plus mal administré. — Sept lieues.

Le 15. Même pays jusqu'à Bolbec ; leurs enclos me font souvenir de l'Irlande, les clôtures sont de larges parapets fort hauts, bien plantés de haies, de chênes et de hêtres. Depuis Rouen jusqu'ici, il y a des maisons de campagne çà et là, que je suis bien aise de voir; des fermes et des chaumières par-tout, et par-tout des manufactures de coton. La même chose jusqu'à Harfleur. L'approche du Havre-de-Grace annonce une ville très-florissante : les montagnes sont presque couvertes de petites maisons de plaisance nouvellement bâties, et de plusieurs autres commencées ; elles sont quelquefois si près les unes des autres, qu'elles forment pour ainsi dire des rues, et on fait des additions considérables à la ville.—Dix lieues.

Le 16. Il ne faut pas faire de recherches pour connoître la prospérité de cette ville, elle n'est pas équivoque ; elle est plus vivante qu'aucune ville que j'aie encore vue en France. Une maison qui, en 1779, se louoit sans pot-de-vin sur un bail de six ans pour 240 livres par an, vient d'être louée pour trois ans, à 600 liv. par an. L'entrée du port est étroite et formée par une jetée, mais il s'élargit graduellement et offre deux bassins plus grands de forme oblongue ; ils sont remplis de vaisseaux au nombre de plusieurs centaines, et les quais qui les environnent paroissent animés ; tout est affaires, tout est en mouvement et présente l'aspect d'un commerce bien suivi. On dit qu'il peut y entrer un vaisseau de cinquante canons, mais je suppose que c'est lorsqu'il n'a pas ses canons ; ce qui vaut mieux, ils ont des navires marchands de cinq à six cents tonneaux. L'état du port leur a cependant causé bien des alarmes et des inquiétudes ; si on n'y avoit pas travaillé, l'entrée se seroit remplie de sable, mal qui s'accroît tous les jours et sur lequel on a consulté bien des ingénieurs. Le manque d'une écluse pour balayer le banc est tel que l'on fait maintenant, aux dépens du trésor royal, un noble et magnifique ouvrage, un vaste bassin, séparé de la mer, par un mur, ou plutôt un enclos de mer de maçonnerie solide, de sept cents toises de longueur, de cinq brasses de largeur, et de dix à douze pieds au-dessus de la surface de la mer lorsque la marée est dans son plein ; et pendant un espace de quatre cents toises de plus, il a deux murs extérieurs, de trois toises de largeur chacun, soutenus par des digues de sept toises de largeur : par le moyen de cet énorme bassin ils auront, à ce qu'ils pensent, assez d'eau pour balayer toutes les obstructions du port. C'est un ouvrage qui fait honneur à la nation. La vue de la Seine, de cette jetée, est frappante ; elle a cinq milles de largeur, avec de hautes montagnes sur les rivages opposés, et les falaises et les promontoires de craie qui semblent se reculer pour lui permettre de porter son vaste tribut à l'Océan, sont nobles et hardis.

Je rendis visite à M. l'abbé Dicquemarre, célèbre naturaliste, où j'eus aussi le plaisir de rencontrer mademoiselle le Masson-le-Golft, auteur de quelques ouvrages agréables ; entr'autres, *Entretien sur le Havre*, 1781, quand le nombre d'habitans étoit estimé à 25,000. Le jour suivant, M. le Reiseicourt, capitaine du corps royal du génie, pour qui j'avois aussi des lettres, m'introduisit chez MM. Hombergs, qui sont des négocians des plus considérables de France. Je dînai avec eux à une de leurs maisons de campagne, où je trouvai une compagnie nombreuse et un banquet superbe. Ces messieurs ont des femmes et des filles, des cousins et des amis gais, agréables et bien instruits. J'étois fâché de les quitter sitôt, car ils paroissoient avoir une société qui auroit rendu une plus longue résidence assez agréable. Ce n'est sûrement pas un mauvais préjugé d'aimer les personnes qui aiment l'Angleterre ; la plupart de celles-ci y avoient été. — *Nous avons assurément en France de belles, d'agréables et de bonnes choses ; mais on trouve une telle énergie dans votre nation !*

Le 18. Je passai sur un bateau ponté à Honfleur, deux lieues et demie, que nous fîmes en une heure par un fort vent de nord, la rivière étant plus houlleuse que je n'aurois imaginé une rivière susceptible de l'être. Honfleur est une petite ville, fort industrieuse, qui a un bassin plein de vaisseaux : il s'y trouve des vaisseaux pour la traite des nègres aussi gros qu'au Havre. Je me rends à Pont-Audemer, chez M. Martin, directeur de la manufacture royale de cuir. J'y vis huit ou dix Anglais occupés (il y en a 40 en tout) ; je conversai avec l'un d'eux, qui étoit d'York-Shire, qui me dit qu'on l'avoit trompé en le faisant venir ; car, quoiqu'ils soient bien payés, ils trouvent tout fort cher, au lieu de trouver les denrées à bon compte, comme on leur avoit donné à entendre. — Sept lieues.

Le 19. Je pars pour Pont-l'Evêque. Vers cette ville la campagne est plus riche, c'est-à-dire, elle a plus de pâturages; le tout offre un singulier spectacle, composé de vergers, d'enclos, de haies si épaisses et si bonnes, quoiqu'elles soient de saules, avec un filet d'épines, que l'œil peut à peine les pénétrer. Plusieurs châteaux épars çà et là, et quelques-uns fort bons; cependant la route détestable. Pont-l'Evêque est situé dans le pays d'Auge, célèbre pour la fertilité de ses pâturages. Je m'avance vers Lisieux, toujours par ces riches campagnes, des haies admirablement bien plantées et le pays clos et bien boisé.—J'arrive à l'hôtel d'Angleterre, auberge excellente, neuve, propre et bien meublée; bien servi et bien nourri. —Neuf lieues.

Le 20. Je pars pour Caen; la route passe sur le sommet d'une montagne qui commande la riche vallée de Corbon, toujours dans le pays d'Auge, la plus fertile de toutes; elle est couverte des bœufs du Poitou, et figureroit très-bien à côté des comtés de Leicester et de Northampton. —Neuf lieues.

Le 21. Le marquis de Guerchi, que j'avois eu le plaisir de voir dans le comté de Suffolk, étant colonel du régiment d'Artois, en garnison ici, j'allai le voir; il me présenta à son épouse, et remarqua que, comme c'étoit la foire de Guibray, et qu'il y alloit, je ne pouvois mieux faire que de l'accompagner, puisque c'étoit la seconde foire de France. J'y consentis volontiers. Dans notre chemin, nous passâmes à Bons, et dînâmes avec le marquis de Turgot, frère aîné du contrôleur-général du même nom, que l'on appelle justement célèbre : ce marquis est auteur de quelques mémoires sur la manière de planter, publiés dans les *Trimestres* de la société royale de Paris ; il nous montra et nous expliqua toutes ses plantations, mais il est grand amateur des arbres étrangers ; et je fus fâché de voir que ce n'étoit pas en raison de leur utilité, mais de leur rareté. Celà est commun en France ; mais il s'en faut de beaucoup qu'il en soit de même en Angleterre. Je tâchai, toutes les fois qu'il y avoit une longue allée à traverser, de faire tomber la conversation sur l'agriculture, au lieu de parler d'arbres; mais tous mes efforts furent inutiles. Le soir nous allâmes au spectacle de la foire, c'étoit *Richard Cœur-de-Lion*; et je ne pus m'empêcher d'y remarquer un grand nombre de jolies femmes. N'y a-t-il pas d'antiquaire qui fasse dériver la beauté des Anglaises d'un mélange de sang normand? ou qui pense, comme le major Jardine, que rien n'améliore plus les races qu'en les croisant? En lisant son agréable livre de voyages, on croiroit que cela n'est pas nécessaire, et cependant en contemplant ses filles, et en entendant leur musique, il est impossible de ne pas être de son systême. Nous soupâmes chez le marquis d'Ecougal, dans son château, à la Frenaye. Si ces marquis français ne peuvent pas me montrer de bonnes récoltes de bled et de navets, ils en ont de grandes d'autres choses.—De belles et élégantes demoiselles, charmantes copies d'une mère agréable: je jugeai à la première rougeur que toute la famille étoit aimable; elles sont gaies, plaisantes et intéressantes; j'aurois voulu mieux les connoître, mais c'est le sort d'un voyageur de rencontrer des occasions de plaisir, et de ne les voir que pour les quitter. Après souper, pendant que l'on jouoit aux cartes, le marquis conversa avec moi sur des sujets analogues à mes recherches.—Sept lieues et demie.

Le 22. Il se vend, dit-on, pour six millions de marchandises à cette foire de Guibray; mais à Beaucaire pour dix millions: je trouvai une quantité considérable de marchandises anglaises, de la quincaille et de la fayance, des draps et des cotons. Une douzaine d'assiettes communes, 3 livres; et 4 livres la douzaine d'assiettes françaises en imitation de la fayance anglaise, mais beaucoup inférieures aux anglaises, que l'on ne vendoit que trois livres. Je demandai à cet homme, qui étoit français, si le traité de commerce ne seroit pas très-pernicieux, considérant la différence de prix et de marchandise?—*C'est précisément le contraire, monsieur; quelque mauvaise que soit cette imitation, on n'a encore rien fait d'aussi bien en France; l'année prochaine on fera mieux,*

— *Nous perfectionnerons.* — *Et enfin nous l'emporterons sur vous.* — Je crois que c'est un bon politique, et que sans concurrence il n'est pas possible de perfectionner aucune fabrique. Une douzaine d'assiettes anglaises avec une bordure bleue ou verte, 5 liv. 5 sols. Nous retournons à Caen; je dîne avec le marquis de Guerchi, le lieutenant-colonel, le major, etc. du régiment, et leurs femmes, qui formoient une grande et agréable compagnie. Je visite l'abbaye des Bénédictins, fondée par Guillaume-le-Conquérant. C'est un bâtiment superbe, solide et magnifique, avec de vastes appartemens, et des escaliers en pierre dignes d'un palais. Je soupe avec M. du Mesnil, capitaine du corps du génie, pour qui j'avois des lettres; il m'avoit présenté à l'ingénieur employé au nouveau port qui amènera à Caen des vaisseaux de trois ou quatre cents tonneaux, ouvrage bien beau, et un de ceux qui font honneur à la France.

Le 23. M. de Guerchi et l'abbé de *** m'accompagnèrent pour aller voir Harcourt, château du duc d'Harcourt, gouverneur

verneur de Normandie et du dauphin. J'avois entendu dire qu'il avoit le plus beau jardin anglais de France, mais Ermenonville ne lui accordera pas la palme, quoiqu'il soit inférieur comme place de résidence. Je trouvai à la fin un cheval à l'épreuve, afin de continuer ma route un peu moins en Don Quichotte, mais il ne me convint pas, c'étoit une mauvaise bête qui bronchoit à chaque instant, et qu'on vouloit me vendre aussi cher qu'une bonne; ainsi, il faut que je continue ma route avec mon compagnon aveugle. — Dix lieues.

Le 24. Je passe à Bayeux; la cathédrale a trois tours, dont une est légère, élégante et très-bien ornée.

Le 25. En allant à Carentan, je traverse un bras de mer à Issigny, qui est agréable. A Carentan je me trouvai si mal, sans doute de rhumes accumulés, que je craignis absolument d'être obligé d'y rester. — Pas un os sans douleur, et me sentant un poids terrible sur tout le corps; je me couchai de bonne heure, pris une dose de poudre d'antimoine, qui me fit assez suer

Tome I. R.

pour me permettre de continuer mon voyage. — Huit lieues.

Le 26. A Valognes; de là à Cherbourg, pays boisé comme Sussex. Le marquis de Guerchi m'avoit dit d'aller voir M. Doumerc, grand agriculteur à Pierre-Butte, près Cherbourg, ce que je fis, mais il étoit allé à Paris; cependant son intendant, M. Baillo, me montra ses terres avec beaucoup de politesse, et me donna l'explication de tout. — Dix lieues.

Le 27. A Cherbourg. J'avois des lettres pour le duc de Beuvron, commandant de la place, pour le comte de Chavagnac, et pour M. du Meusnier, de l'académie des sciences et traducteur des voyages de Cook : le comte étoit à la campagne. J'avois tant entendu parler des travaux que l'on faisoit pour former un port dans ce pays-ci, que je ne voulus pas perdre un moment sans les voir. Le duc me fit la grace de me donner un ordre pour cela; je pris donc un bateau, et traversai le port artificiel formé par ces fameux cônes. Comme il est possible que cet itinéraire soit lu par des personnes qui n'ont ni le tems, ni l'inclination de chercher d'autres livres pour y trouver l'explication de ces travaux, je vais en peu de mots en faire voir le but et l'exécution. Les Français n'ont pas de port pour les vaisseaux de guerre depuis Dunkerque jusqu'à Brest, et le premier n'est capable que de contenir des frégates. Ce manque de ports leur a souvent été funeste dans leurs guerres avec l'Angleterre, dont les côtes plus favorables lui fournissent non-seulement la Tamise, mais le beau port de Portsmouth. Pour y remédier, ils firent le projet d'une jetée en travers de la baie de Cherbourg; mais il auroit fallu une si longue muraille pour enclore un espace assez grand pour protéger une flotte de vaisseaux de ligne, et elle auroit été exposée à de si grosses mers, que la dépense qu'auroit exigé une pareille muraille parut trop considérable, et d'ailleurs le succès trop précaire pour qu'on se hasardât de l'entreprendre. L'idée d'une jetée régulière fut donc abandonnée, on en adopta une partielle et sur un nouveau plan; ce fut d'élever dans la mer une ligne de colonnes isolées de bois de charpente et de maçonnerie, d'une grosseur à pouvoir résister à la violence de l'océan, et à en rompre suffisamment les vagues pour laisser former un banc entre chaque colonne. La forme de ces colonnes les a fait nommer cônes : elles ont cent quarante pieds de diamètre à la base, soixante pieds de diamètre par le haut, et soixante pieds de hauteur verticale ; étant, lorsqu'elles sont coulées, depuis trente jusqu'à quarante pieds dans l'eau quand la marée est basse. Ces énormes cônes, construits de chêne avec toute l'attention possible pour les rendre fermes et solides, se chargeoient d'une quantité de pierres suffisante pour les couler bas, et alors chaque cône pesoit mille tonneaux. Pour les tenir à flot on leur attachoit soixante tonneaux vuides de dix pipes chacun, et dans cet état la prodigieuse machine étoit conduite au lieu de sa destination, touée par une multitude innombrable de vaisseaux, et devant des milliers de spectateurs. A un signal donné, les cordes se coupent en un instant, et le cône coule à fond : on l'emplit immédiatement de pierres, par le moyen de bateaux qui sont là tout prêts, et on en couvre le haut de maçonnerie. Ils contiennent, emplis seulement jusqu'à quatre pieds de la surface, deux mille cinq cents toises cubes de pierres. Nombre de vaisseaux sont ensuite employés à former un banc de pierres de cône à cône, que l'on voit à basse eau. Il faudra, selon quelques relations, dix-huit cônes, et selon quelques autres, trente-trois, pour compléter l'ouvrage, et alors il n'y aura que deux entrées, commandées par deux beaux forts nouvellement bâtis, appellés le fort Royal et le fort d'Artois, très-bien munis, à ce qu'on dit, car on ne les montre pas, d'un appareil pour faire rougir des boulets. Le nombre des cônes dépendra de la distance à laquelle on les placera. J'en trouvai huit de finis, et la charpente de deux autres sur le chantier ; mais tout est arrêté par l'archevêque de Toulouse, afin de favoriser le plan d'économie actuellement en spéculation. On en répare à présent quatre, des derniers coulés, parce qu'étant trop exposés, ils se sont trouvés trop foibles pour résister à la fureur des tempêtes et aux mers venant de l'ouest. Le dernier cône est le plus endommagé, et à mesure qu'on avancera, ils seront de plus en plus exposés, ce qui fait croire à plusieurs habiles ingénieurs que ce projet est inutile, à moins qu'on ne fasse sur les derniers cônes une dépense qui épuiseroit les revenus d'un royaume. Les huit qui sont déjà posés ont, depuis quelques années, donné une nouvelle apparence à Cherbourg : on y voit des maisons et même des rues neuves, et une activité qui anime tout ; de sorte que la nouvelle de suspendre les travaux fit alonger les visages de moitié. On dit qu'y compris les hommes des carrières, ce port employoit trois mille hommes. L'effet des huit cônes déjà placés, et des bancs de pierres formés dans les intervalles, a été de rendre parfaitement sûr une partie du port que l'on a dessein de faire. Il y a dix-huit mois que deux navires de quarante canons y sont à l'ancre, pour en faire l'expérience ; et quoique, pendant ce tems-là, il soit arrivé des tempêtes qui ont fait tout trembler, et qui ont même endommagé trois des cônes, comme je viens d'en faire mention, ces vaisseaux n'ont cependant pas éprouvé la moindre secousse; de sorte que, sans y travailler davantage, c'est déjà un port pour une petite flotte. S'ils continuent les autres cônes, il faut qu'ils les fassent plus forts, peut-être plus grands, et qu'ils prennent beaucoup plus de précautions pour leur donner de la solidité: on craint aussi qu'il ne faille les placer plus près l'un de l'autre. Après tout, la dépense sera de près du double; mais en cas de guerre avec l'Angleterre, les Français regardent toute dépense quelconque de moins d'importance que la possession d'un port sûr et si bien situé; au moins cette considération a tout son poids chez les habitans de Cherbourg.

Je remarquai, en traversant le port dans ma chaloupe, que tandis que la mer, au-delà du banc artificiel, étoit si rude qu'elle n'auroit pas été agréable dans une chaloupe, elle étoit parfaitement tranquille en-deçà. Je montai sur deux des cônes, sur l'un desquels on voit cette inscription: — *Louis XVI, sur ce premier cône, échoué le 6 juin 1784, a vu l'immersion de celui de l'Est, le 23 juin 1786.* — Finalement, l'entreprise est prodigieuse et fait beaucoup d'honneur à l'esprit d'industrie des

Français du siècle actuel. Le service de la marine est en faveur ; est-ce avec raison ou non ? Mais ce port démontre que lorsque cette grande nation entreprend des ouvrages célèbres qu'elle veut faire réussir, elle trouve des génies inventeurs pour projetter, et des ingénieurs d'un mérite distingué pour exécuter ce qui a été tracé d'une manière qui fait honneur au royaume qu'elle compose. Le duc de Beuvron m'avoit invité à dîner, mais je trouvai qu'en acceptant cela me retiendroit un autre jour pour voir la manufacture de glaces ; je préférai donc les affaires au plaisir, et prenant une lettre de ce seigneur, pour m'en assurer la vue, j'y allai dans l'après-midi : c'est environ à une lieue de Cherbourg. M. de Puye, directeur, m'expliqua tout de la manière la plus obligeante. Cherbourg n'est pas une place où l'on doive rester quand on n'y a plus d'affaires ; je fus ici plus indignement écorché que dans aucune autre ville de France ; les deux meilleures auberges étoient pleines ; je fus en conséquence obligé d'aller à la *Barque*, mauvais trou, un peu meilleur qu'une étable à cochons ; où, pour une misérable chambre fort mal-propre, deux soupers, consistant principalement en un plat de pommes, du beurre et du fromage, avec quelques autres bagatelles trop mauvaises pour manger, et un chétif dîner, on m'apporta un mémoire de 31 livres. Ils me firent payer non-seulement 3 livres par nuit, mais même l'écurie pour mon cheval, après d'énormes *items* pour de l'avoine, du foin et de la paille. C'est une espèce d'imposition qui avilit le caractère national. En passant, dans ma route, chez M. Baillo, je lui montrai le mémoire, sur quoi il s'écria qu'on m'en avoit imposé, et me dit que cet homme-là alloit se retirer du commerce, et qu'il n'y avoit rien de surprenant, s'il avoit toujours écorché ses pratiques de cette manière. Que personne ne prenne rien à Cherbourg, sans faire marché d'avance pour tout ce dont il a besoin, même pour l'écurie et la paille, le poivre, le sel et la nappe. —— Trois lieues.

Le 28. Je revins à Carentan, et le 29 je passai dans un pays riche et bien enclos pour aller à Coutances, capitale du Cotentin. On bâtit dans ce pays-là les meilleures maisons et granges de terres que j'aie jamais vues ; il y a d'excellentes habitations, même de trois étages, toutes de terre, avec des granges et des offices considérables. La terre (la meilleure est un riche lut brun) est bien entrelacée de paille: et étant étendue de l'épaisseur de quatre pouces, se coupe en morceaux quarrés de neuf pouces: on les prend ensuite avec une truelle, et on les jette à l'homme qui fait le bâtiment. Le mur se fait par couches de trois pieds de hauteur, comme en Irlande, afin qu'il ait le tems de sécher à mesure qu'il s'avance. Il a en général deux pieds d'épaisseur. Ils font avancer les morceaux d'environ un pouce, et les coupent ensuite couche par couche pour les rendre parfaitement unis. S'ils adoptoient la coutume anglaise de les blanchir, ces habitations auroient aussi bonne mine que nos maisons de lattes et de plâtre, et elles sont plus durables. Les bonnes maisons ont des portes et des fenêtres en pierres. —Sept lieues.

Le 30. J'eus une belle vue des îles Chaussey, à cinq lieues de distance ; ensuite de Jersey, qui paroissoit très-bien à environ treize lieues, et de la ville de Granville, située sur une haute péninsule. En entrant dans la ville, toute idée de beauté s'évanouit ; c'est un trou mal bâti, vilain, sale et puant : c'étoit un jour de marché, et il y avoit des multitudes d'oisifs, ce qui est assez commun dans un marché français. La baie de Cancalle est à droite tout le long, ainsi que le Mont - Saint - Michel, qui s'élève de la mer en forme de cône, sur le sommet duquel est un château, objet tout-à-fait singulier et pittoresque. — Dix lieues.

Le 31. A Pont-Orson, j'entre en Bretagne ; il paroît qu'ici les fermes sont plus divisées qu'ailleurs. Il y a une longue rue dans la ville, sans une seule vitre, ce qui a une apparence affreuse. Mon entrée en Bretagne me fait croire que c'est une misérable province. — Sept lieues.

Premier SEPTEMBRE. Jusqu'à Combourg, le pays a un aspect sauvage ; l'agriculture n'y est pas plus avancée que chez les Hurons, ce qui paroît incroyable dans un pays enclos ; le peuple y est presqu'aussi sauvage que le pays, et la ville de Combourg une des places les plus sales et les plus rudes que l'on puisse voir : des maisons de terre sans vitres, et un pavé si rompu qu'il arrête les passagers, mais aucune aisance. — Cependant il s'y trouve un château, et il est même habité : qui est ce M. de Châteaubriant, propriétaire de cette habitation, qui a des nerfs assez forts pour résider au milieu de tant d'ordures et de pauvreté ? Au-dessous de cet amas hideux de misère est un beau lac, environné d'enclos bien boisés.

En sortant de Hédé, il y a un superbe lac, appartenant à M. de Blassac, intendant de Poitiers, avec un bel accompagnement de bois. Si on nettoyoit un peu ici, on en feroit une scène délicieuse. Il y a un château avec quatre allées d'arbres, et c'est tout ce que l'on voit des fenêtres, tout-à-fait à la française. Dieu du goût, est-il possible que cette maison appartienne au propriétaire de cette belle pièce d'eau ! et cependant ce monsieur de Blassac a fait à Poitiers la plus belle promenade de France ! mais le goût qui trace une ligne droite, et celui qui en trace une tortueuse, sont fondés sur des idées et des sentimens aussi distincts que ceux de la peinture et de la musique, de la poésie et de la sculpture.

Le lac abonde en poissons ; il y a des brochets de trente-six livres, des carpes de vingt-quatre, des perches de quatre, et des tanches de cinq. De là jusqu'à Rennes le même singulier mélange de déserts et de pays cultivés, moitié sauvages, moitié humanisés. — Dix lieues.

Le 2. Rennes est bien bâti, et il a deux belles places, particuliérement celle de Louis XV, où est sa statue. Le parlement étant exilé, je ne pus pas voir sa salle. Le jardin des bénédictins, appellé le *Tabour*, mérite d'être vu. Mais l'objet le plus remarquable à présent, à Rennes, est un camp de quatre régimens d'infanterie et de deux de dragons, aux ordres du maréchal de Stainville, près des portes de la ville. Le peuple a deux sujets de mécontentement, d'abord le haut prix du pain, et secondement l'exil du parlement. La première cause me paroît assez naturelle ; mais je ne conçois pas pourquoi le peuple aimeroit le parlement, puisque ses membres, ainsi que ceux des Etats, sont tous nobles, et que la distinction entre la noblesse et la roture n'est nulle part plus marquée, plus offensante et plus abominable qu'en Bretagne. On m'assura cependant qu'on avoit excité la populace à la violence par tous les artifices possibles, et même en distribuant de l'argent. Les commotions étoient si grandes avant l'établissement du camp, que les troupes n'étoient pas capables de maintenir le bon ordre. M. Argentaise, pour qui j'avois des lettres, eut la bonté, pendant les quatre jours que je restai ici de me montrer et de m'expliquer tout ce qu'il y avoit à voir. Je trouve que Rennes n'est pas cher, et cela me frappe d'autant plus que je ne fais que sortir de la Normandie, où tout est extraordinairement cher. La table d'hôte à *la Grande-maison*, est fort bonne; on y donne deux services, avec abondance de plats et un ample dessert : à souper, un service avec un gros gigot de mouton, et un autre bon dessert. Chaque repas, avec le vin ordinaire, coûte quarante sols, et pour vingt sols de plus on a de bon vin; trente sols pour le cheval : de sorte qu'avec de bon vin, ce n'est que 6 livres 10 sols par jour, ou 5 livres 10 sols. Cependant un camp dont ils se plaignent a bien fait hausser le prix des denrées.

Le 5. A Montauban : le peuple paroît vraiment bien pauvre; les enfans, en haillons dégoûtans, et plus mal habillés, pour ainsi dire, que s'ils n'avoient pas du tout d'habits : quant aux bas et aux souliers c'est un luxe. Une charmante fille de six à sept ans, se jouant avec un bâton, et souriant sous ce paquet de haillons, me saigna le cœur en la voyant : ces enfans ne mendioient pas, et quand je leur donnois quelque chose, ils paroissoient plutôt surpris que contens. Le tiers de ce que j'ai vu de cette province paroît inculte, et presque le pays entier dans la misère. Quels préjugés les rois, les ministres, les parlemens et les Etats n'ont-ils pas à se reprocher, en souffrant que des millions de bras, qui ne respirent que l'industrie, périssent dans l'oisiveté et dans la misère, pour soutenir les abominables maximes du despotisme ou les préjugés également détestables de la noblesse féodale ! Je couchai à Montauban, au *Lion d'or* : mauvais trou. — Sept lieues.

Le 6. J'avance dans un pays, enclos de la même manière, vers Broons; mais près de cette ville l'œil est plus satisfait, parce que ses environs offrent plus de collines. A la petite ville de Lamballe, il y a plus de cinquante familles de noblesse dans l'hiver, qui sont dans leurs terres pendant l'été. Il y a probablement autant de fatuité et de galimatias dans leurs cercles, et peut-être autant de bonheur que parmi les nobles de Paris. Ils seroient tous beaucoup mieux employés à cultiver leurs terres, et à exciter l'industrie parmi les pauvres. —Dix lieues.

Le 7. En quittant Lamballe, le pays change. Le marquis d'Urvoy, que je rencontrai à Rennes, et qui a une belle terre à Saint-Brieuc, me donna une lettre pour son agent, qui répondit à mes questions. — Quatre lieues.

Le 8. A Guingamp, pays enclos et sombre. Je passe à Châteaulandrin, et j'entre dans la basse-Bretagne. On reconnoît tout d'un coup un autre peuple, rencontrant plusieurs individus qui ne savent de français que, *je ne sais pas ce que vous dites*, ou *je n'entends rien*. J'entre dans Guingamp par des portes, des tours, et des creneaux qui paroissent être la plus ancienne architecture militaire ; chaque

partie

partie annonçant l'antiquité, et très-bien tenue. Les habitations des pauvres gens ne sont pas en si bon état ; ce sont de tristes amas de boue, pas de vitres et même pas de fenêtres ; mais ils ont des cheminées de terre. Je dormois de mon premier sommeil à Belle-Isle-en-Terre, lorsque l'aubergiste vint au chevet de mon lit, tira un rideau que je croyois devoir me couvrir d'araignées, pour me dire que j'avois une superbe jument anglaise, et qu'il y avoit un seigneur qui vouloit me l'acheter : je répondis par une douzaine de fleurs de rhétorique à la française à son impertinence, et il jugea à propos de me laisser en repos ainsi que ses araignées. Il y avoit une grande chasse. Les seigneurs Bas-Bretons sont grands chasseurs, à ce qu'il paroît, puisqu'ils choisissent une jument aveugle pour objet d'admiration. A propos, parlons des chevaux de France. Cette jument m'avoit coûté vingt-trois guinées dans le tems que les chevaux étoient chers en Angleterre, et s'étoit vendue seize lorsque les chevaux étoient à meilleur compte ; on peut donc juger de son apparence : néanmoins elle fut fort admirée, et très-souvent, dans ce voyage ; mais en Bretagne elle ne trouva presque jamais son égale. Cette province, et c'est la même chose dans diverses parties de la Normandie, est infestée, dans presque toutes les écuries, d'une espèce de petits étalons, suffisante pour perpétuer la misérable race que l'on voit par-tout. Cette vilaine auberge, appellée *Grande-maison*, est le meilleur endroit de la poste sur la grande route de Brest, où des maréchaux de France, des ducs et pairs, des comtesses, et ainsi du reste, doivent s'être trouvés quelquefois, par les accidens auxquels sont sujets les longs voyages. Que devons-nous penser d'un pays qui, dans le dix-huitième siècle, n'a pas mieux pourvu à ses voyageurs ? — Dix lieues.

Le 9. Morlaix est le plus singulier port que j'aie vu. Il n'a qu'un seul trait, c'est une vallée précisément assez large pour un beau canal, avec deux quais et deux rangées de maisons : derrière ces maisons la montagne est escarpée et brisée d'un côté ; de l'autre, ce sont des jardins, des roches et des bois ; l'effet est romanesque et magnifique. Le commerce est mort à préçent, mais il étoit florissant pendant la guerre. — Sept lieues.

Le 10. Jour de foire à Landivisiau, ce qui me fournit une occasion de voir nombre de Bas-Bretons rassemblés, ainsi que leurs bestiaux. Les hommes ont de grandes culottes, vont les jambes nues, et la plupart avec des sabots; des traits bien marqués, comme les Gallois, avec des figures qui expriment à la fois l'énergie et la paresse; ils sont forts, gros et quarrés. Les jeunes femmes sont tellement ridées par le travail, que la douceur de leur sexe paroît absolument éteinte. Au premier coup-d'œil on s'apperçoit que c'est un peuple tout différent du Français. Il est surprenant qu'il ait conservé un langage distinct, des manières et des habillemens différens, après avoir été établi dans ce pays depuis 1300 ans. — Douze lieues.

Le 11. J'avois des lettres pour des personnes respectables à Brest, afin de voir le chantier; mais elles furent inutiles : M. le chevalier de Tredairne, en particulier, pria beaucoup le commandant en ma faveur; mais les ordres de ne le montrer, ni aux Français, ni aux étrangers, étoient trop positifs pour qu'on pût s'en écarter sans des instructions expresses du ministre de la marine, qui n'en donne que très-rarement, et auxquels on n'obéit même qu'avec répugnance. M. Tredairne m'informa cependant que Milord Pembroke l'avoit vu depuis peu, par le moyen d'un pareil ordre; et il m'observa lui-même, sachant que je ferois les mêmes observations, qu'il étoit étrange de montrer le port à un général et au gouverneur de Portsmouth, et d'en refuser la vue à un fermier. Il m'assura aussi que le duc de Chartres avoit été obligé de s'en aller quelques jours auparavant sans avoir obtenu la permission de le voir. La musique de Grétry, au théâtre, qui, quoiqu'il ne soit pas grand, est joli et même élégant, n'étoit pas calquée pour me mettre de bonne humeur ; c'étoit *Panurge*. — Brest est une ville bien bâtie, avec plusieurs rues régulières et belles; et le quai, où il y a plusieurs vaisseaux de ligne, et d'autres navires, a beaucoup de ces mouvemens et de cette activité qui animent un port de mer.

Le 12. Je retourne à Landerneau, où, comme j'allois dîner au *duc de Chartres*, qui est la meilleure auberge de la ville, l'hôte me dit qu'il y avoit un *monsieur, un homme comme il faut chez lui*, et que si je voulois me joindre avec lui, le dîner n'en seroit que meilleur : *de tout mon cœur*. C'étoit un noble Bas-Breton, avec son épée et un misérable bidet, mais assez leste. Ce seigneur ignoroit que le duc de Chartres, qui étoit l'autre jour à Brest, n'étoit pas celui qui étoit sur la flotte de M. d'Orvilliers. Je prends le chemin de Nantes. — Huit lieues.

Le 13. Le pays, jusqu'à Châteaulin, est plus montueux ; un tiers inculte. Toute cette région est fort inférieure à Saint-Pol-de-Léon et à Tréguier. Pas d'industrie, pas d'intelligence, et cependant située près de la grande navigation et du marché de Brest, et le sol est bon. Quimper, quoique siége d'un évêque, n'a rien qui mérite d'être vu, sinon ses promenades, qui sont des plus belles de France. — Huit lieues.

Le 14. Je sors de Quimper ; il paroît plus de traits d'agriculture, mais ce n'est que pour un moment ; landes, —landes,—

landes. — J'arrive à Quimperlé. — Neuf lieues.

Le 15. Le même triste pays, jusqu'à l'Orient, mais avec un mélange de culture et beaucoup de bois. — Je trouvai l'Orient si rempli d'imbécilles qui regardoient lancer un vaisseau de guerre, que je ne pus trouver de lit pour moi, ni d'écurie pour mon cheval, à *l'Épée royale*. *Au Cheval blanc*, qui étoit un misérable trou, on y entassa mon cheval au milieu de vingt autres, comme on entasse des harengs dans un baril, mais je ne pus avoir de lit. Le duc de Brissac, avec une suite d'officiers, n'eut pas plus de succès. Si le gouverneur de Paris ne put pas trouver un lit sans peine à l'Orient, il n'est pas surprenant qu'Arthur Young ait éprouvé des difficultés. J'allai sur le champ porter mes lettres ; je trouvai M. Besné, négociant, chez lui ; il me reçut avec une honnêteté franche qui vaut mieux qu'un million de complimens ; et au moment où il fut instruit de ma situation, il m'offrit un lit dans sa maison, que j'acceptai. On devoit lancer, à trois heures, le *Tourville*, de quatre-vingt-quatre canons, mais cela fut remis au lendemain, à la grande joie des aubergistes, etc. qui étoient charmés de voir cette foule d'étrangers retenue un jour de plus. J'aurois voulu leur faire avaler le vaisseau, car je ne pensois qu'à ma pauvre jument, qui devoit être étouffée et écrasée au milieu des bidets de Bretagne; cependant, douze sols que je donnai au garçon eurent un effet merveilleux pour la mettre un peu plus à l'aise. La ville est moderne et régulièrement bâtie; les rues partent en rayons de la porte, et sont croisées par d'autres à angles droits : elles sont larges et bien pavées, avec plusieurs maisons qui ont fort bonne mine. Mais ce qui rend l'Orient plus célèbre, c'est que c'est le port désigné pour le commerce de l'Inde, et qu'il contient tous les vaisseaux et magasins de la compagnie : les derniers sont vraiment beaux, et annoncent la munificence royale d'où ils dérivent; ils ont plusieurs étages, sont tous voûtés en pierres, dans un grand genre, et ont une vaste étendue; mais il leur manque au moins à présent, ainsi qu'à tant d'autres établissemens magnifiques en France, la vigueur et l'activité d'un brillant commerce. Les affaires que l'on fait ici ne paroissent pas considérables. Il y a sur le chantier trois vaisseaux de quatre-vingt-quatre canons, le *Tourville*, l'*Éole* et le *Jean-Bart*, avec une frégate de trente-deux. On m'a assuré que le *Tourville* n'avoit été que neuf mois à construire. La scène est vivante, et quinze gros vaisseaux de guerre étant ici désarmés, avec quelques vaisseaux de la compagnie des Indes, et quelques navires marchands, font que le port offre un assez joli spectacle. Il y a une superbe tour ronde, de pierres blanches, de cent pieds de hauteur, avec une galerie grillée sur le haut; les proportions en sont légères et agréables; c'est là où l'on va à la découverte, et où on fait les signaux. Je trouve que mon bon négociant est un homme sans affectation, avec quelques originalités qui ne le rendent que plus intéressant : il a une fille agréable, qui a la complaisance de chanter en s'accompagnant de la harpe. Le lendemain matin le *Tourville* fut lancé, au son de la musique des régimens et aux acclamations de milliers d'individus assemblés pour le voir. Je quitte l'Orient et arrive à Hennebon. — Deux lieues et demie.

Le 17. Je vais de là à Auray, les six plus pauvres lieues que j'aie encore vues en Bretagne. De bonnes maisons de pierres et d'ardoises, sans vitres. Auray a un petit port, et quelques *sloupes*, ce qui donne toujours un air vivant à une ville. Jusqu'à Vannes, pays varié, mais en grande partie des landes. Vannes n'est pas une mauvaise ville, mais sa plus grande beauté consiste dans son port et dans sa promenade.

Le 18. Je vais à Musillac. Belle-Isle et les petites îles de Hédic et de Houat sont en présence. Si Musillac n'a rien à faire voir, il peut au moins se vanter du bas prix de ses denrées. J'eus pour dîner deux bons poissons plats, des huîtres, de la soupe, un beau canard rôti, avec un ample dessert de raisin, de poires, de noix, de biscuits, une demi-bouteille de vin de Bordeaux, et de la liqueur ; mon cheval eut, outre le foin, trois quartiers d'avoine, le tout pour cinquante-six sols, deux sols à la fille et deux au garçon, en tout trois livres. Je passe des *landes*; — *landes*, — *landes*, — jusqu'à la Roche-Bernard. La vue de la rivière Vilaine est superbe, à cause de la hardiesse de ses rives : ce ne sont pas des bords plats et insipides ; cette rivière a deux tiers de la grandeur de la Tamise au pont de Westminster, et seroit une des plus belles du monde si ses rives étoient boisées, mais ce sont les landes sauvages de ce pays.—Onze lieues.

Le 19. Je me détourne pour aller à Auvergnac, résidence du comte de la Bourdonnaie, pour qui j'avois une lettre de la part de la duchesse d'Enville, comme étant un homme capable de me donner toutes les instructions possibles sur la Bretagne, ayant depuis vingt-cinq ans été premier syndic de la noblesse. Un concours fortuit de rochers et de montagnes auroient à peine pu former un plus mauvais chemin que ces deux lieues. Si j'avois eu autant de foi en deux petits morceaux de bois croisés qu'en ont les bonnes gens de la campagne, j'aurois fait des signes de croix ; mais mon pauvre aveugle me porta d'un pas assuré dans des endroits si difficiles que, si je n'avois pas été accoutumé à monter tous les jours à cheval, j'aurois tremblé de passer, quoique sur un coursier aussi clairvoyant que l'Eclipse ; car je suppose qu'un beau cheval de course, sur la vîtesse duquel tant d'imbécilles ont parié leur argent, doit avoir de bons yeux ainsi que de bonnes jambes. Une pareille route, pour conduire à plusieurs villages et chez un des premiers gentilshommes de la province, prouve quel doit être l'état de la société. — Pas de communication, — pas de voisinage, — pas de tentation pour les dépenses qui dérivent de la société ; une simple retraite pour épargner de l'argent afin de le dépenser en ville. Le comte me reçut avec beaucoup de politesse ; je lui expliquai mon plan et mes motifs pour voyager en France, qu'il approuva avec chaleur, exprimant sa surprise de me voir tenter une entreprise aussi considérable que cet examen de la France, sans être soutenu du gouvernement. Je lui dis qu'il connoissoit fort peu notre gouvernement s'il supposoit qu'il voulût donner un seul scheling pour aucun projet d'agriculture ;

qu'il importoit peu que le ministre fût *whig* ou *tory*, que cela n'y faisoit rien, le parti de la CHARRUE n'avoit jamais eu de ministre de son côté, et que l'Angleterre avoit eu plusieurs Colbert, mais pas un Sully. Cela nous entraîna dans une conversation intéressante sur la balance de l'agriculture, des manufactures et du commerce, et sur les moyens de les encourager ; et en réponse à ses questions, je lui fis comprendre les rapports de tous ces objets en Angleterre, et comment l'agriculture florissoit en dépit des ministres, uniquement par la protection que la liberté civile accorde à la propriété, et lui dis que conséquemment elle étoit dans un état bien différent de ce qu'elle seroit si on y avoit donné autant d'attention qu'aux manufactures et au commerce. Je dis à M. de la Bourdonnaie qu'il me paroissoit que sa province de Bretagne ne contenoit que des privilèges et de la pauvreté ; il sourit et me donna des explications qui sont importantes ; mais un noble ne peut jamais sonder cette plaie comme il faut, puisqu'elle vient de ce qu'ils ont tous les privilèges et le peuple toute la misère. Il me montra ses plantations, qui sont fort belles et en bon état, et abritées de tous les côtés, même du côté du sud-ouest, qui est si près de la mer. De ses allées on voit Belle-Isle et ses acolytes, ainsi qu'une petite île ou roche qui lui appartient, qu'il dit lui avoir été prise par les Anglais, après la victoire de *Sir* Edouard Hawke, mais que le roi d'Angleterre eut la bonté de lui remettre, après l'avoir gardée pendant une nuit. — Sept lieues.

Le 20. Je prends congé de M. et de madame de la Bourdonnaie, auxquels j'ai beaucoup d'obligations pour leur politesse et leurs attentions. Vers Saint-Nazaire il y a une belle vue de l'embouchure de la Loire, du haut des collines, mais les pointes de terre qui forment son embouchure sont basses, ce qui lui ôte de cette grandeur que les terres élevées donnent à l'embouchure de la rivière *Shannon*. On voit sur la droite le sein enflé du vaste océan. Savenay est la misère même.—Onze lieues.

Le 21. Je passe par un endroit amélioré au milieu de ces déserts : quatre bonnes maisons de pierres et d'ardoises, et quelques arpens d'herbe fort triste, qui avoient été labourés ; mais le tout étoit sauvage et presque aussi rude que le reste. Je fus ensuite informé que cette amélioration avoit été faite par des Anglais, aux dépens d'un gentilhomme qu'ils ruinèrent en se ruinant eux-mêmes. — Je demandai comment ils avoient fait ; ils avoient coupé et brûlé, semé du bled, puis du seigle, et ensuite de l'orge. Toujours la même répétition, les mêmes folies, les mêmes erreurs, la même ignorance ! et alors tous les fous du pays dirent, comme ils font aujourd'hui, que ces landes ne sont bonnes à rien : je trouve, à mon grand étonnement, qu'elles s'étendent jusqu'à une lieue de Nantes, grande ville de commerce.

Voici un problème et une leçon sur lesquels on peut travailler ; mais ce n'en est pas actuellement le moment. J'arrive à Nantes, — je me rends au spectacle : la salle est neuve, de belles pierres blanches, et a un portique magnifique de huit élégantes colonnes de l'ordre corinthien ; il y en a quatre autres en dedans pour séparer le portique d'un grand vestibule ; le dedans est tout or et peinture, et offre un coup-d'œil qui m'a singuliérement frappé. Cette salle est, je crois, deux fois aussi grande que *Drury-lane*, et cinq fois plus brillante. Il étoit dimanche, conséquemment tout étoit plein. Mon Dieu! dis-je en moi-même, toutes ces landes, ces déserts, ces bruyères, ces genêts épineux, ces trous et ces marais fangeux que je viens de parcourir pendant cent lieues, conduisent-ils à ce spectacle? Quel miracle, que toute cette splendeur et ces richesses des villes de France n'aient aucune liaison avec la campagne! Il n'y a pas de doux passage de l'état médiocre à l'aisance, de l'aisance aux richesses; on passe subitement de la pauvreté au luxe, — de la misère des chaumières chez mademoiselle Saint-Huberti, dans un spectacle superbe, où elle gagne cinq cents livres par soirée. La campagne est déserte; ou s'il y a quelque gentilhomme, on le trouve dans un trou où il épargne cet argent qu'il prodigue dans le luxe de la capitale. — Sept lieues.

Le 22. Je présente mes lettres. Quoique l'agriculture soit le principal objet de mon voyage, il est cependant nécessaire que j'acquière toutes les instructions possibles sur l'état du commerce, ce qui est très-facile, avec les négocians, car on peut obtenir beaucoup de connoissances, sans faire aucune question désagréable, et même sans en faire du tout. M. Riédy fut fort honnête et satisfit à toutes mes demandes; je dînai une fois avec lui, et fus charmé de voir que la conversation prenoit une tournure importante sur les situations relatives de la France et de l'Angleterre, en fait de commerce, particuliérement de celui des Indes occidentales.

J'avois aussi une lettre pour M. Epivent, conseiller au parlement de Rennes, dont le frère, M. Epivent, de la ville Boisnet, est grand négociant ici. Il est impossible d'être plus obligeant que ces deux messieurs; ils eurent pour moi des attentions marquées, et me rendirent quelques jours que je passai dans cette ville aussi agréables qu'instructifs. La ville a ce signe de prospérité qui ne trompe jamais, des maisons neuves; le quartier de la comédie est magnifique, toutes les rues sont coupées à angles droits et bâties de pierres blanches. Je ne sais pas si l'hôtel de Henri IV n'est pas la plus belle auberge de l'Europe; celle de Dessein, à Calais, est plus grande, mais elle n'est ni bâtie, ni arrangée, ni meublée comme celle-ci, qui est en même tems toute neuve. Elle a coûté 400,000 liv. garnie, et se loue 14,000 liv. par an; excepté la première année, qui est accordée *gratis*. Elle contient soixante lits de maîtres, et vingt-cinq écuries. Quelques-uns des appartemens de deux chambres, fort propres, se louent six francs par jour; une bonne chambre 3 livres; mais les négocians paient 5 liv. par jour pour dîner et souper, vin et chambre compris, et trente-cinq sous par cheval. C'est sans contredit la première auberge de France, et on n'y est pas cher. Elle est située dans un petit carré près du théâtre, et est aussi commode pour le plaisir que pour le commerce. La salle de spectacle a coûté 450,000 livres, et les comédiens la paient 17,000 livres par an; elle peut rapporter, quand elle est pleine, cent vingt louis. Le terrein sur lequel l'auberge est bâtie

Tome I. T.

a été acheté 9 livres par pied ; dans quelques endroits de la ville, il vaut 15 livres. La cherté du terrein est cause qu'ils font des maisons si hautes que leur élévation en détruit la beauté. Le quai n'a rien de remarquable ; la rivière est engorgée d'îles ; mais vers son embouchure, près de la mer, il y a une longue rangée de maisons avec de belles façades. Une institution commune à toutes les grandes villes de commerce de France, mais qui est particuliérement florissante à Nantes, c'est une chambre de lecture, ou ce que nous appellerions un *club* pour des livres, qui ne se partagent pas entre les abonnés, mais qui servent à former une bibliothèque. Il y a trois chambres, une pour lire, une pour la conversation, et la troisième pour la bibliothèque ; il y a dans l'hiver de bon feu et de la bougie. MM. Epivent eurent la bonté de m'accompagner dans une expédition par eau, pour voir l'établissement de M. Wilkinson, pour percer des canons, dans une île sur la Loire, au-dessous de Nantes. Avant que cet habile manufacturier vînt en France, les Français ne connoissoient pas l'art de jetter des canons massifs, et ensuite de les percer. La machine de M. Wilkinson pour percer quatre canons, marche actuellement, et est mue par des roues agitées par le flot; mais on a élevé une pompe à vapeurs, avec un nouvel appareil pour en percer sept de plus. M. de la Motte, qui a la conduite du tout, nous a aussi montré un modèle de la pompe, d'environ six pieds de longueur, cinq de hauteur, et quatre ou cinq de largeur, qu'il fit mouvoir en notre présence, en faisant un peu de feu sous la chaudière, qui n'est pas plus grande qu'un grand *bouloir* à thé; c'est une des meilleures machines que j'aie vues pour un philosophe qui voyage.

Nantes est plus enflammé de l'amour de la liberté qu'aucune ville de France; les conversations que j'entendis ici prouvent le grand changement qui s'est opéré dans l'esprit des Français, et je ne crois pas qu'il soit possible que le gouvernement actuel dure encore un demi-siècle, à moins qu'il n'y ait à la tête des affaires des gens d'un mérite décidé et de talens distingués. La révolution de l'Amérique a jetté les fondemens d'une nouvelle révolution en

France (1), si le gouvernement ne prend pas garde à lui. Le 23, un des douze prisonniers de la Bastille arriva ici ; — c'étoit le plus violent d'entr'eux, et son emprisonnement est bien loin de lui avoir imposé silence.

Le 25. Ce ne fut pas sans regrets que je quittai une société instruite et aimable, et je ne serois pas satisfait, si je n'avois pas l'espoir de revoir MM. Epivent. Il n'est guère probable que je revienne à Nantes ; mais s'ils passent une seconde fois en Angleterre, je leur ai fait promettre de venir me voir à Bradfield. Le plus jeune de ces messieurs a passé quinze jours avec milord Shelburne à Bowood, dont il se rappelle avec beaucoup de plaisir ; le colonel Barré et le docteur Priestley y étoient dans le même tems. Jusqu'à Ancenis tout est enclos : pendant deux lieues, plusieurs maisons de campagne. — Sept lieues et demie.

---

(1) Il ne falloit pas un grand esprit de prophétie pour prédire cela ; mais des événemens plus récens ont montré que j'étois bien éloigné du but, quand je parlois de cinquante ans.

Le 26. Je passe à une scène de vendange : je n'avois pas avant été témoin de tous les avantages de ce pays-ci ; l'automne dernier, les grandes pluies rendoient la vendange triste. Maintenant tout est animé. Le pays bien enclos. Superbe vue de la Loire, d'un village qui est le dernier de la Bretagne, où il se trouve une grande barrière à travers la grande route, et des douanes, pour fouiller tous ceux qui en sortent. La Loire prend ici l'apparence d'un lac assez grand pour être intéressant. Il y a des deux côtés un accompagnement de bois, qui n'est pas universel le long de cette rivière. L'addition de villes, de clochers, de moulins à vent, et d'une file de belles campagnes couvertes de vignes, rendent cet endroit gai et beau. J'entre dans l'Anjou par une longue suite de prairies. Je passe à Saint-George et prends le chemin d'Angers. Je quitte la Loire pendant trois lieues, et la retrouve à Angers. J'ai des lettres de M. Broussonnet ; mais il n'avoit pu m'informer dans quelle partie de l'Anjou résidoit M. le marquis de Turbilly. Voir la ferme de ce seigneur, où il a fait ces admirables améliorations dont il parle dans son ouvrage intitulé : *Mémoires sur les défrichemens*, étoit pour moi un objet si important, que j'étois déterminé à y aller, quelqu'en fût la distance. — Dix lieues.

Le 27. Parmi mes lettres, j'en trouvai une pour M. de la Livonière, secrétaire perpétuel de la société d'agriculture d'ici. Je fus informé qu'il étoit à sa maison de campagne à Mignianne, à deux lieues d'Angers. Lorsque j'arrivai chez lui il étoit à dîner avec sa famille : il n'étoit pas encore midi, j'aurois cru ne pas me trouver dans cet embarras ; mais son épouse et lui ne tardèrent pas à m'en tirer, en me priant sans affectation de prendre la fortune du pot avec eux, et sans faire paroître la moindre altération dans leurs regards, ou faire le moindre changement à leur table ; ils me mirent sur le champ à mon aise, en me faisant asseoir à un dîner assez indifférent, mais garni de tant d'aisance et de gaieté, que je trouvai ce repas plus à mon goût que ceux que peuvent offrir les tables les plus splendides. Une famille anglaise, surprise de cette manière, à la campagne, vous auroit reçu avec une hospitalité inquiète et une politesse pleine d'anxiété; et après vous avoir fait attendre pour un dérangement précipité de nappe, de table, d'assiettes, de buffet, de pots et de broche, vous auroit peut-être donné un dîner si bon qu'aucune personne de la maison, entre la fatigue et l'inquiétude, n'auroit pu vous accorder une seule parole de conversation, et vous vous seriez ensuite en allé avec des souhaits sincères *que vous n'y revinssiez jamais*. Cette folie, si commune en Angleterre, ne se rencontre jamais en France. Les Français sont tranquilles chez eux et font les choses sans se gêner. —— M. de la Livonière conversa beaucoup avec moi sur le plan de mes voyages, qu'il loua extrêmement, mais il trouva bien étrange que ni le gouvernement, ni l'académie des sciences, ni l'académie d'agriculture ne payât la dépense de mes voyages. Cette idée est sûrement française; ils ne peuvent pas concevoir qu'un particulier sorte de ses affaires pour le bien public, sans être payé par le public; il ne put pas même me comprendre lorsque je lui dis que tout étoit bien fait en Angleterre, excepté ce qui étoit fait avec l'argent public. Je fus extrêmement chagrin de ce qu'il ne put me donner aucune instruction sur la résidence de M. le marquis de Turbilly, parce que c'auroit été une chose bien piquante de traverser toute la province sans trouver sa maison, et d'apprendre ensuite que je n'en avois été qu'à quelques milles. Le soir je retournai à Angers. — Sept lieues.

Le 28. J'allai à la Flèche. Le château de Duretal, appartenant à la duchesse d'Estissac, est hardiment situé au-dessus de la petite ville de ce nom, et sur les rives d'une superbe rivière, dont les collines des environs qui descendent sur ses bords sont couvertes de vignes. Le pays est gai, sec et agréable. Je demandai ici à plusieurs personnes le lieu de résidence du marquis de Turbilly, mais on ne put me l'enseigner. Dans les dix lieues jusqu'à la Flèche, la route est belle; un doux gravier admirablement bien entretenu. La Flèche est une jolie petite ville propre, assez bien bâtie sur la rivière qui va à Duretal, et qui est navigable; mais le commerce n'est pas considérable. Mon premier soin ici, comme par-tout ailleurs, dans l'Anjou, fut de m'informer de la maison du marquis de Turbilly. Je répétai mes demandes tant que j'appris qu'il y avoit un endroit pas bien éloigné de la Flèche, appellé Turbily, mais ce n'étoit pas ce que je cherchois, car il n'y avoit pas là de M. de Turbilly, mais un marquis de Galway qui avoit hérité Turbilly de son père. Cela m'embarrassa de plus en plus : et je renouvellai mes recherches a... nt d'anxiété que je crois que plusie... personnes me prirent pour un fou. A la fin, je rencontrai une vieille dame qui fut en état de résoudre cette difficulté ; elle m'apprit que Turbilly, à environ quatre lieues de la Flèche, étoit la place que je cherchois ; qu'elle appartenoit au marquis de ce nom, qui, à ce qu'elle croyoit, avoit écrit quelques livres ; qu'il étoit mort insolvable il y avoit vingt ans ; que le père du présent marquis de Galway avoit acheté la terre. Cela étoit suffisant pour mon objet ; je résolus le lendemain de prendre un guide, et, comme je ne pouvois pas rendre visite au marquis, au moins de voir les restes de ses travaux, néanmoins la nouvelle de ce qu'il étoit mort insolvable me fit beaucoup de peine ; c'étoit un mauvais commentaire de son livre, et je prévis que, qui que ce fût que je trouvasse à Turbilly, il ne manqueroit pas de tourner en ridicule l'agriculture qui avoit fait la ruine de celui qui l'avoit mise en pratique.—Dix lieues.

Le 29. Ce matin j'exécutai mon projet ; mon guide étoit un homme avec de bonnes jambes, qui me conduisit à travers une file de landes dont le marquis parle dans son ouvrage. Elles paroissent ici sans bornes, et on me dit que je pouvois voyager pendant bien des jours sans voir rien autre chose : quel vaste champ à l'amélioration, pour ne pas perdre des biens ! A la fin nous arrivâmes à Turbilly, pauvre village, composé de quelques maisons éparses, dans une vallée entre deux collines, qui ne sont que des bruyères : le château est au milieu, avec des plantations de beaux peupliers qui y conduisent. Je ne puis exprimer le desir inquiet que je sentis d'examiner les plus petites particules de cette terre ; il n'y avoit pas une haie, pas un arbre, pas un buisson qui ne me fût intéressant ; j'avois lu la traduction de la relation des améliorations du marquis, dans *l'agriculture de M. Mills* ; je la regardois comme le morceau le plus intéressant que j'eusse encore vu, long-tems avant de m'être procuré *les mémoires originaux sur les défrichemens*, et j'étois résolu, en cas que j'allasse en France, d'examiner des améliorations dont la lecture m'avoit fait tant de plaisir. Je n'avois ni lettre ni recommandation pour le propriétaire actuel, le marquis de Galway ; c'est pourquoi je lui dis la vérité telle qu'elle étoit ; que la lecture de l'ouvrage de M. de Turbilly m'avoit fait tant de plaisir que j'avois un violent desir de voir les améliorations qui y étoient décrites. Il me répondit sur le champ en bon anglais, me reçut avec tant de cordialité, de politesse et d'égards, à cause de l'objet de mon voyage, qu'il me rendit content de moi-même et conséquemment de tous ceux qui m'environnoient. Il ordonna un déjeûner à l'anglaise, commanda à un homme de nous accompagner dans notre promenade. Je desirai que ce fût le plus ancien laboureur du feu marquis de Turbilly : je fus charmé d'apprendre qu'il y en avoit encore un vivant, qui avoit travaillé avec lui depuis le commencement de ses travaux. A déjeûner, M. de Galway me présenta à son frère, qui parloit aussi anglais, et fut fâché de ne pouvoir me présenter à son épouse qui étoit en couche : il me raconta ensuite la manière dont son père avoit acquis la terre et le château de Turbilly. Son aïeul étoit venu en Bretagne avec le roi Jacques II, lorsqu'il s'étoit enfui d'Angleterre ; il y a des personnes de la même famille dans le comté de Cork, particuliérement à Lotta. Son père étoit célèbre dans cette province par ses connoissances dans l'agriculture, et pour récompense d'une amélioration qu'il avoit faite dans les landes, les Etats lui avoient donné une vaste étendue de terres dans l'île de Belle-Isle, qui appartient maintenant à son fils. Apprenant que le marquis de Turbilly étoit ruiné, et que ses créanciers avoient mis sa terre d'Anjou en vente, il l'avoit été voir, et trouvant qu'on pouvoit améliorer les terres, il l'avoit achetée quinze mille louis; prix très-avantageux, quoiqu'il eût aussi acheté quelques procès avec la terre. Elle donne environ trois cents arpens presque contigus, la seigneurie de deux paroisses, haute-justice, etc.; il s'y trouve un beau château, grand et commode, des offices complets et plusieurs plantations, ouvrage de l'homme célèbre que j'avois tant cherché.

J'étois presque suffoqué lorsque je demandai comment un aussi grand cultivateur s'étoit ruiné? « Vous souffrez, me dit M. de Galway, de voir qu'un homme se soit ruiné en pratiquant un art que vous aimez tant »? Oui, lui dis-je : mais il me soulagea en un moment, en ajoutant que si le marquis n'avoit fait que le métier de cultivateur, il ne se seroit jamais ruiné. Un jour, en creusant pour trouver de la marne, sa mauvaise étoile lui fit rencontrer une veine de terre parfaitement blanche, qui ne fermentoit pas par le moyen d'acides : il s'imagina que c'étoit une bonne terre pour faire de la porcelaine ; — il la montra à un manufacturier, qui la trouva excellente. L'imagination du marquis prit feu, et il conçut le projet de transformer le pauvre village de Turbilly en ville, par le moyen d'une manufacture de porcelaine. — Il commença à faire travailler pour son compte, — éleva des bâtimens, — et rassembla tout ce qui étoit nécessaire, excepté les connoissances et les capitaux. — A la fin il fit de bonne porcelaine, fut trompé par ses agens et ses ouvriers, et finalement ruiné. Une manufacture de savon, qu'il avoit aussi établie, et quelques procès, contribuèrent également à son malheur : ses créanciers saisirent le bien, mais lui permirent de l'administrer jusqu'à sa mort, et alors le vendirent. La seule partie de la relation qui diminua mes regrets fut qu'il n'avoit pas laissé d'enfans, quoiqu'il fût marié ; de sorte que ses cendres reposeront en paix, sans que sa mémoire soit attaquée par une postérité indigente. Ses ancêtres avoient acquis ce bien par mariage dans le quatorzième siècle. M. de Galway observa que ses travaux d'agriculture n'avoient fait aucun tort à sa fortune ; ils n'étoient pas bien entendus ni bien soutenus, mais ils avoient amélioré le bien ; et il n'avoit jamais entendu dire qu'ils l'eussent mis dans aucun embarras. Je ne puis m'empêcher d'observer dans cet endroit qu'il semble qu'il y ait une fatalité pour les gentilshommes de campagne, quand ils veulent entreprendre le commerce ou les manufactures. Je n'ai jamais vu en Angleterre un propriétaire territorial, avec les habitudes et l'éducation d'un propriétaire territorial, faire aucune entreprise de ce genre sans se ruiner; ou, s'il ne se ruinoit pas, il détérioroit considérablement sa fortune. Soit que les idées ou les principes du commerce aient quelque chose qui répugne aux sentimens qui *doivent* naturellement dériver de l'éducation, soit que la négligence habituelle des gentilshommes de campagne pour les petits gains et les petites épargnes, qui sont l'ame du commerce, leur rendent les succès impossibles, ou quelqu'en soit la cause, il n'en est pas moins vrai qu'il n'y en a pas un sur un million qui réussisse. L'agriculture devroit borner la sphère de leur industrie; et quoique l'ignorance en rende quelquefois la pratique dangereuse, ils ne peuvent cependant, avec sûreté, entreprendre autre chose. Le vieux laboureur, qui se nomme Piron (dont le nom sera, j'espère, aussi propice à l'agriculture qu'à l'esprit), étant arrivé, nous sortîmes pour marcher sur des endroits qui étoient pour moi une espèce de terre classique. Je ne m'arrêterai que très-peu sur les particularités : elles sont beaucoup mieux exposées dans les *Mémoires sur les défrichemens* qu'à Turbilly. Les prairies, même près du château, sont encore fort rudes ; mais les allées de peupliers, dont il parle dans ses mémoires, sont à la vérité bien poussées et font honneur à sa mémoire ; ils sont de soixante à soixante-dix pieds de hauteur, et enclos par le pied ; les saules sont de même. Pourquoi n'est-ce pas des chênes, afin de transmettre aux voyageurs cultivateurs du siècle à venir, le plaisir que je ressens en voyant les peupliers plus périssables du siècle actuel ? La chaussée près du château a dû coûter bien du travail. Les mûriers sont négligés : le père de M. de Galway, n'aimant pas cette sorte de culture, en a détruit plusieurs, mais il en reste encore quelques centaines, et l'on m'a dit que

les

les pauvres gens avoient fait jusqu'à vingt-six livres de soie, mais on n'en fait pas actuellement. Il y a près du château cinquante ou soixante arpens de prés défrichés et améliorés; ils sont maintenant pleins de joncs, mais dans un pareil pays c'est fort bon : près de ces prairies est un bois de pins de Bordeaux, semé il y a trente-cinq ans; ils valent actuellement cinq ou six livres la pièce. J'allai dans la partie marécageuse qui produisoit les grands choux dont il fait mention; elle a un bon fond, qui est susceptible d'amélioration. Piron m'informa que le marquis en avoit coupé et brûlé environ cent arpens en tout, et qu'il avoit fait parquer deux cent cinquante moutons.

A mon retour au château, M. de Galway, voyant que j'étois un enthousiaste en agriculture, chercha dans ses papiers un manuscrit du marquis de Turbilly, écrit de sa main, dont il eut la bonté de me faire présent, et que je conserverai parmi mes curiosités d'agriculture. L'accueil honnête que j'avois éprouvé de la part de M. de Galway, et les égards qu'il avoit eus pour l'objet que j'avois en vue, entrant dans l'esprit de mes recherches, et desirant l'encourager, m'auroient fait accepter avec bien du plaisir son invitation de passer quelques jours avec lui, si je n'avois craint que le tems où madame de Turbilly étoit en couche ne fût pas favorable, et qu'une visite si inattendue ne fût incommode; c'est pourquoi, sur le soir, je pris congé et retournai à la Flèche par une autre route. — Huit lieues.

Le 30. Une quantité de marais jusqu'au Mans; on m'assura, à Guerces, qu'il y en a ici une étendue de soixante lieues de circonférence, sans beaucoup d'interruptions. Au Mans, j'eus le malheur de ne pas trouver M. Tournai, secrétaire de la société d'agriculture. — Neuf lieues et un quart.

Premier Octobre. Vers Alençon, le pays fait un contraste avec celui que je traversai hier; de bonnes terres bien encloses, bien bâties, et passablement cultivées, avec de l'engrais. Une belle route de pierres brunes, ayant une apparence de fer, bien cimentées. Près de Beaumont, des vignobles sur les côteaux, et ce sont les derniers en tirant ainsi vers le nord : tout le pays est supérieurement entrecoupé de rivières et de ruisseaux, cependant point d'arrosement.—Dix lieues.

Le 2. Jusqu'à Nouars, une lieue un quart de riches pâtures, couvertes de bœufs.—Neuf lieues un quart.

Le 3. De Gacé vers Bernai. Je passe par le château du duc de Broglie, à Broglie, qui est entouré d'une si grande multitude de haies taillées, doubles, triples, et même quadruples, qu'il doit entretenir la moitié des pauvres du bourg à les tailler. — Huit lieues.

Le 4. Je quitte Bernai, où, comme dans plusieurs autres places de ce pays-ci, il y a beaucoup de murailles de terre, faites d'un beau torchis rouge, couvertes de paille sur le haut ; elles servent à enclore des vergers bien fournis d'arbres fruitiers : c'est ce qu'on devroit bien imiter en Angleterre, où les briques et les pierres sont chères. J'arrive dans un des pays les plus riches de la France, et même de l'Europe. Il y a très-peu de perspectives aussi belles que celle d'Elbeuf, de l'éminence au-dessus de la ville, qui est fort élevée. Vous voyez la ville à vos pieds ; d'un côté la Seine offre une largeur superbe, entrecoupée d'îles, de bouquets de bois, et de l'autre un vaste amphithéâtre de côteaux couverts d'arbres qui environnent le tout.

Le 5. J'entre dans Rouen, où je trouve que l'*hôtel royal* est bien différent de ce chétif trou plein d'impertinence, de malpropreté et de trompeurs, appellé la *Pomme de pin*. Le soir je vais au spectacle : la salle n'est pas, je crois, si grande que celle de Nantes ; elle ne lui est pas non plus comparable en élégance ni en décorations ; elle est sombre et mal-propre. C'étoit la *Caravane du Caire*, de Grétry, dont la musique, quoiqu'elle soit trop bruyante, et qu'il y ait trop de chœurs, a quelques passages tendres et agréables. Je l'aime mieux qu'aucune pièce de ce célèbre compositeur. Le lendemain matin, j'allai rendre visite à M. Scanegatti, professeur de physique dans la société royale d'agriculture ; il me reçut avec politesse. Il a un cabinet considérable d'instrumens de mathématiques et de physique, ainsi que de modèles. Il m'expliqua quelques-uns des derniers qui étoient de son invention, particuliérement un fourneau pour calciner le gypsum, que l'on apporte en grandes quantités de Montmartre. J'allai chez MM. Midy, Roffec et compagnie, les plus gros marchands de laine de France, qui eurent la complaisance de me montrer une grande variété de laines, de presque tous les pays de l'Europe, et me permirent d'en prendre des échantillons. Le jour suivant je me transportai à Darnetal, où M. Curmer me fit voir sa manufacture. Je retournai à Rouen, et dînai avec M. Portier, directeur général des fermes, pour qui j'avois une lettre de M. de la Rochefoucauld. La conversation tomba, entre autres choses, sur le petit nombre de rues neuves de Rouen, en comparaison du Havre, de Nantes, et de Bordeaux; on remarqua que dans ces dernières villes un négociant fait fortune en dix ou quinze ans, et bâtit ensuite; mais à Rouen c'est un commerce d'économie, où les fortunes ne sont pas si rapides, c'est pourquoi on ne sauroit y faire les mêmes travaux. Tout le monde s'accorda sur un autre point, c'est que les pays vignobles sont les plus pauvres provinces de France: je dis que le produit d'un arpent de vignes étoit beaucoup plus considérable que celui de toute autre plante ; on accorda cela , comme un fait généralement admis et reconnu. J'allai le soir au spectacle ; madame du Fresne m'amusa beaucoup, c'est une excellente actrice qui n'outre jamais son rôle et qui fait sentir, en sentant elle-même. Plus je vois le théâtre de France, plus je suis forcé de convenir de sa supériorité sur le nôtre, par rapport au nombre des bons acteurs et au peu de mauvais, et au nombre de danseurs, de chanteurs, et de personnes du théâtre, qui sont tous établis sur un grand plan. Je remarque, dans ce que l'on applaudit, les mêmes sentimens généreux dans les spectateurs français qui m'ont quelquefois plu chez mes compatriotes. Nous ne sommes que trop portés à haïr les Français; quant à moi, j'ai bien des raisons de les aimer, en accusant leur gouvernement de bien des défauts; peut-être que dans le nôtre on doit attribuer notre rudesse et notre mauvaise humeur à la même cause.

Le 8. Mon dessein depuis quelque tems étoit d'aller droit en Angleterre en quittant Rouen, car la poste étoit bien incertaine. Je n'avois reçu depuis long-tems aucune lettre de ma famille, quoique j'eusse plusieurs fois écrit pour demander de ses nouvelles ; elles étoient adressées à Paris à une personne qui devoit me les faire passer, mais sa négligence, ou quelqu'autre cause, avoit tout arrêté ; tandis que celles que j'avois fait adresser aux villes par lesquelles je passois m'étoient toutes parvenues. Je craignois que quelqu'un de ma famille ne fût malade, et qu'on ne voulût pas m'apprendre de mauvaises nouvelles dans une situation où l'on savoit que cela ne pouvoit rien changer. Néanmoins le desir que j'eus d'accepter l'invitation de la duchesse d'Enville et du duc de la Rochefoucauld, d'aller à la Roche-Guyon, prolongea mon voyage, et je partis pour cette autre excursion. Une superbe vue de la route au-dessus de Rouen ; la ville à un bout de la vallée, avec la rivière qui y coule, entrecoupée d'îles et de bouquets de bois : celle-ci se divise en deux grands canaux, entre lesquels la vallée est toute parsemée d'îles, de terres labourables, de prairies, le tout bien boisé. Je passe à Pont-de-l'Arche pour aller à Louviers. J'avois des lettres pour le célèbre manufacturier M. Décretot, qui me reçut avec une amitié à laquelle on doit donner une épithète plus énergique que celle d'*honnête*; il me montra sa fabrique, qui est indubitablement la première fabrique de laine du monde, si le succès, la beauté, et une invention inépuisable pour satisfaire avec goût toutes les fantaisies de l'imagination, peuvent lui donner le mérite de cette supériorité. La perfection ne sauroit atteindre plus loin que les draps de Vigogne de M. Décretot, qui valent 110 livres l'aune. Il me montra aussi ses moulins à coton, dirigés par deux Anglais. Près de Louviers, il y a une manufacture de planches de cuivre pour doubler en cuivre les vaisseaux de ligne; c'est une colonie d'Anglais. Je soupai avec M. Décretot et passai une soirée fort agréable, dans la compagnie de dames aimables. — Six lieues.

Le 9. J'allai par Gaillon à Vernon; une vallée plate, riche et labourable. Dans les notes des objets que j'avois à voir en France, étoit la plantation de mûriers, et l'établissement de soie du maréchal de Belle-Isle, à Bissy, près de Vernon. Les tentatives si souvent répétées par la société pour l'encouragement des arts de Londres, pour introduire la soie en Angleterre, m'avoient rendu les mêmes entreprises dans le nord de la France plus intéressantes. Je fis donc toutes les recherches nécessaires pour découvrir le succès de cette entreprise vraiment louable. Bissy est un bel endroit, acheté, après la mort du duc de Belle-Isle, par le duc de Penthièvre, qui n'a qu'un seul amusement, qui est celui de changer de résidence en parcourant les nombreux châteaux qu'il possède dans le royaume. Il y a dans ce goût-là quelque chose de raisonnable; j'aimerois bien moi-même d'avoir une vingtaine de fermes depuis la vallée de Valence jusqu'aux montagnes d'Écosse, de les visiter et d'en diriger tour-à-tour la culture. De Vernon je passe la Seine et monte de nouveau les montagnes de craie; je continue toujours de monter et arrive à la Roche-Guyon, le plus singulier endroit que j'aie vu. Madame d'Enville et le duc de la Rochefoucauld me reçurent d'une manière à me faire aimer ce lieu, quand il auroit été au milieu d'un marais fangeux. Je fus charmé d'y trouver aussi la duchesse de la Rochefoucauld, avec qui j'avois passé des jours si agréables à Bagnères de Luchon, une excellente femme, avec cette simplicité de mœurs qui exclut tout orgueil de famille et toute fatuité de rang : l'abbé Rochon, célèbre astronome de l'académie des sciences, avec plusieurs autres personnes, étoient ici; ce qui, avec toute la suite d'un grand seigneur, donnoit à la Roche-Guyon exactement l'apparence de la résidence d'un lord en Angleterre. L'Europe se ressemble tant actuellement, que lorsqu'on va dans une maison de quinze à vingt mille louis de rente, un jeune voyageur y trouve une plus grande ressemblance dans la manière de vivre qu'il n'auroit cru, et en est même étonné. — Huit lieues moins un quart.

Le 10. C'est un des plus singuliers endroits que j'aie vu. La roche de craie a été coupée perpendiculairement pour faire place au château ; la cuisine, qui est fort grande, de vastes voûtes et des caves très-étendues, bien remplies (soit dit en passant), avec une variété d'offices, sont toutes taillées dans le roc, et n'ont qu'un frontispice de briques; la maison est vaste, contenant trente-huit appartemens. La duchesse actuelle y a ajouté un beau sallon de quarante-huit pieds de long, bien proportionné, avec quatre belles pièces de tapisseries des Gobelins, et une bibliothèque bien garnie. On me montra ici l'encrier qui appartenoit au fameux Louvois, ministre de Louis XIV, connu pour être le même dans lequel il trempa sa plume pour signer la révocation de l'édit de Nantes, et sans doute aussi l'ordre donné à Turenne de brûler le Palatinat. Ce marquis de Louvois étoit grand-père des deux duchesses d'Enville et d'Estissac, qui ont hérité toute sa fortune, ainsi que celle de la Rochefoucauld, leur propre famille, d'où je m'imagine ils tirent leur caractère et leurs bonnes dispositions, et non pas de celle de Louvois. Du principal appartement il y a un balcon qui conduit aux promenades qui vont en serpentant sur le haut de la montagne. Semblable à toutes les maisons de campagne françaises, il faudroit ôter une ville et un grand jardin potager avant de la rendre analogue aux idées anglaises.

Bissy, maison du duc de Penthièvre, est exactement de même. Devant le château il y a une douce colline qui aboutit dans une vallée, avec une petite rivière dont on pourroit faire les choses les plus agréables, soit en pelouses ou en canaux; mais précisément dans cet endroit, en face du château, ils ont mis un grand jardin potager, avec autant de murailles qu'il en faudroit pour une forteresse. Ici les maisons des pauvres sont, comme en Touraine, taillées dans le roc, et ont une apparence singulière: il y en a deux rues l'une sur l'autre; on assure qu'elles sont saines, chaudes en hiver et fraîches en été, mais plusieurs personnes pensent différemment, et croient qu'elles nuisent à la santé des habitans. Le duc de la Rochefoucauld eut la bonté d'ordonner à son intendant de me donner tous les renseignemens dont j'avois besoin touchant l'agriculture du pays, et de parler à ceux qu'il faudroit pour connoître les particularités qu'il pourroit ignorer. Chez un seigneur anglais on auroit fait venir trois ou quatre fermiers qui auroient dîné avec la famille, avec des dames du premier rang. Je n'exagère pas quand je dis que j'ai vu cela au moins cent fois dans les premières maisons de nos îles : c'est cependant une chose que l'on ne rencontreroit pas depuis Calais jusqu'à Bayonne, selon les usages actuels de France, sinon par hasard chez un grand qui a été long-tems en Angleterre (1), et alors il faut le demander. La noblesse de France n'a pas plus d'idée de pratiquer l'agriculture, et d'en faire un objet de conversation, sinon en théorie, comme elle parleroit d'un métier ou d'un beau pré, que de l'objet le plus éloigné de ses habitudes et de ses recherches. Je ne la blâme pas tant de cette négligence que cette troupe de visionnaires et d'écrivains absurdes sur l'agriculture, qui, du milieu des cités, ont, avec une impertinence inconcevable, inondé la France de leur galimatias et de leur théorie, de manière à dégoûter et à ruiner toute la noblesse du royaume.

Le 12. Je quitte à regret une société avec laquelle j'avois toutes les raisons du

---

(1) Je l'ai une fois vu chez le duc de Liancourt.

monde de me plaire. — Douze lieues moins un quart.

Le 13. Les sept lieues pour gagner Rouen ont les mêmes traits. La première vue de Rouen soudaine et frappante, mais la route se doublant pour ainsi dire, afin de descendre plus facilement la montagne, forme un coude d'où l'on a la plus belle vue d'une ville qu'il soit possible d'imaginer ; la ville entière, toutes ses églises, ses couvens, et sa cathédrale, qui s'élève fièrement dans le milieu, remplissent la vallée. La rivière offre une étendue de ses eaux coupée par le pont, et alors, se divisant en deux beaux canaux, forme une grande île bien boisée ; le reste de la vallée couvert de pâturages et de terres cultivées, de jardins et de plantations, ferme la scène, parfaitement d'accord avec la grande ville qui en forme le trait principal. Je vais voir M. d'Ambournay, secrétaire de la société d'agriculture, qui étoit absent lorsque je passai par ici ; nous avons une conversation très-intéressante sur l'agriculture et sur les moyens de l'encourager. Cet homme ingénieux m'informa que son plan de faire usage de la garance verte, qui avoit fait tant de bruit il y a quelques années dans le monde cultivateur, n'étoit suivi nulle part; mais il continue de penser qu'il est très-praticable. Le soir j'allai à la comédie, où madame Crétal, de Paris, joua Nina, et ce fut le meilleur amusement que me procura le théâtre français. Elle joua avec une expression inimitable, avec une tendresse, une naïveté, et en même tems une élégance qui captivèrent tous les sentimens du cœur, contre lequel cette pièce est écrite. Son expression est aussi charmante que sa figure est attrayante; dans son jeu, il n'y a rien d'outré, mais tout se renferme dans la simplicité de la nature. La salle étoit toute pleine, on jetta sur le théâtre des couronnes de fleurs et de laurier, et elle fut couronnée par les autres acteurs; mais elle les ôtoit modestement de sa tête à mesure qu'on les y plaçoit. — Sept lieues.

Le 14. Je prends la route de Dieppe : des prairies dans la vallée bien arrosées. Je couche à Totes. — Six lieues.

Le 15. A Dieppe. J'eus assez de bonheur pour trouver le paquebot prêt à partir;

je me transportai à bord avec mon bon ami aveugle, mais bien sûr; je ne le monterai probablement pas davantage, mais ma sensibilité m'empêche de le vendre en France. — Cette jument m'a porté sain et sauf, sans voir clair, plus de cinq cents lieues; et elle n'aura jamais d'autre maître que moi : si j'étois assez riche, ce seroit là son dernier travail; je crois cependant qu'elle labourera encore un peu sur ma ferme avec plaisir.

En débarquant à la ville nouvellement bâtie, de Brigthelmstone, on trouve un plus grand contraste entre cette place et Dieppe, qui est vieux et mal-propre, qu'entre Douvres et Calais; et à l'auberge du Château (*Castle-inn*), je me crus pendant quelque tems dans la terre des Fées, mais je payai l'enchantement. Le jour suivant j'allai chez milord Sheffield, où je ne vais jamais sans recevoir autant de plaisir que d'instruction. J'aurois voulu rester quelques jours pour profiter de la société littéraire qui s'y assemble tous les soirs, mais je me mis dans la tête, à cause d'une ou deux expressions purement accidentelles dans la conversation, joint à

mon

Dieppe—Retour en Angleterre. — … mon manque de lettres en France, que j'avois sûrement perdu un enfant pendant mon absence ; et je me pressai de partir le lendemain matin pour Londres, où j'eus le plaisir d'apprendre que ce n'étoit qu'une fausse alarme. On m'avoit écrit assez de lettres, mais aucune ne m'étoit parvenue. A Bradfield. —— Soixante-sept lieues un quart.

Départ d'Angleterre.

1789.

DANS mes deux voyages précédens, j'avois traversé toute la partie occidentale du royaume de France dans diverses directions ; et les instructions que j'avois reçues m'avoient fait connoître en général l'agriculture, le sol, la méthode et les productions du pays avec autant d'exactitude que cela est possible, sans pénétrer dans tous les coins, et sans résider longtems dans différens endroits du royaume, manière d'examiner la France qui exigeroit la vie entière de plusieurs individus au lieu de quelques années. Il restoit D partie orientale. La grande masse du pays formée par le triangle, dont les trois points sont Paris, Strasbourg et Moulins, et la région montueuse au Sud-Est de cette dernière ville, offroient dans la carte un vaste espace qu'il seroit nécessaire de parcourir avant de pouvoir obtenir une idée du royaume telle que je l'avois projettée; je résolus de faire ce dernier effort pour accomplir un dessein dont l'importance paroissoit s'accroître à mesure que j'y réfléchissois, et qu'il étoit peu vraisemblable que des personnes dont les facultés sont plus analogues à leur intelligence que les miennes, eussent exécuté. Les États-généraux, qui étoient alors assemblés, me forçoient aussi à ne pas perdre de tems; car, selon toutes les probabilités humaines, cette assemblée sera l'époque d'une nouvelle constitution, qui aura de nouveaux effets, et qui pourra produire une nouvelle agriculture: et tout homme qui desire acquérir des connoissances politiques, seroit sûrement fâché de voir le soleil royal se lever et se coucher dans un pareil royaume, sans en connoître le territoire. Les événemens d'un siècle et demi, ni comprenant le règne brillant de Louis XIV, rendront à jamais intéressantes les sources de la puissance de France ; c'est pourquoi il est particulièrement nécessaire que son état soit connu avant l'établissement d'un meilleur gouvernement, parce que la comparaison des effets de l'ancien et du nouveau régime ne sera pas peu curieuse pour l'avenir.

2 Juin. A Londres. Le soir, au spectacle, *Il generosite d'Allessandro*, par Tarchi, dans laquelle signor Marchesi exerça ses talens et chanta un *duo* qui me fit oublier pendant quelques momens tous les moutons et les cochons de Bradfield. J'eus cependant plus de plaisir, après la pièce, à souper chez mon ami le docteur Burney, où je trouvai mademoiselle Burney : qu'il est rare de rencontrer deux caractères à la fois, auxquels la grande célébrité n'ôte rien de leur amabilité ! combien se trouve-t-il de gens étonnans, avec lesquels nous ne nous soucierions pas de vivre ! Donnez-moi des êtres qui, aux grands talens, joignent les qualités qui nous font désirer de *nous enfermer* avec eux.

Le 3. Mes oreilles sont rebattues de la

fête donnée hier au soir par l'ambassadeur d'Espagne. La meilleure fête de la période actuelle est celle que se donnent dix millions d'ames : *la fête de la raison, et l'épanchement de l'ame.*

La sensibilité animée de cœurs battant de reconnoissance d'avoir échappé à une calamité, et l'espoir voltigeant de la continuation d'une félicité commune. Je rencontre le comte de Berchtold chez M. Songa, homme qui a de grandes vues et beaucoup de génie : — pourquoi l'empereur ne l'appelle-t-il pas chez lui, et ne le fait-il pas son premier ministre ? Le monde ne sera jamais bien gouverné, tant que les princes ne connoîtront pas leurs sujets.

Le 4. Je pars pour Douvres, dans la machine, avec deux négocians de Stockolm, l'un allemand et l'autre suédois ; nous serons compagnons de voyage jusqu'à Paris. Il est plus probable que j'apprendrai quelque chose dans la conversation d'un Suédois et d'un Allemand que dans une compagnie mêlée d'Anglais, telle qu'on les rencontre dans les voitures publiques. — Vingt-quatre lieues

Le 5. Nous passons à Calais ; quatorze heures de réflexions dans un véhicule qui ne vous laisse pas la faculté de réfléchir. — Sept lieues.

Le 6. Un Français et sa femme, et une maitresse d'école d'Irlande, pleine de fatuité et d'affectation, que sa nation ne lui a certainement pas données, furent toute notre compagnie, avec un jeune Irlandais, tout neuf et bon enfant, auquel notre élégante faisoit les yeux doux et étaloit ses graces. Le Français et sa femme tâchèrent de se procurer un jeu de cartes pour bannir, dirent-ils, l'ennui du voyage ; mais ils trouvèrent aussi moyen de dévaliser le jeune homme de cinq louis. C'est la première diligence française dans laquelle je me suis trouvé, et ce sera la dernière ; elles sont détestables. Nous couchons à Abbeville. —— Vingt-six lieues.

Ces hommes et ces femmes, garçons et filles, se croient tous fort gais (excepté le Suédois) parce qu'ils font beaucoup de bruit ; ils m'ont étourdi de leur chant ; mes oreilles ont tellement été fatiguées d'airs français que j'aurois autant aimé faire le voyage les yeux bandés sur un âne : c'est ce que les Français appellent gaieté ; il n'y avoit pas dans leur sein une seule émotion de joie, qu'ils chantassent ou qu'ils se tussent ; mais ils n'avoient pas de conversation. Je suis hors de moi dans de pareilles compagnies. Que le ciel m'envoie une jument aveugle, plutôt qu'une autre diligence ! Nous fûmes toute la nuit et tout le jour sur la route, et nous arrivâmes à Paris à neuf heures du matin. — Trente-quatre lieues.

Le 8. J'allai chez mon ami Lazowsky, pour savoir où étoient les logemens que je lui avois écrit de me prendre ; mais ma bonne duchesse d'Estissac ne voulut pas lui permettre d'exécuter ma commission : je trouvai dans son hôtel un appartement prêt pour moi. Paris est à présent dans un tel état de fermentation touchant les États-généraux, qui se tiennent à Versailles, que cela absorbe absolument toutes les conversations. On ne parle pas d'autre chose. Tout est considéré, et avec juste raison, comme important dans une crise d'où va dépendre le sort de vingt-quatre millions d'individus. Il y a actuellement une grande contestation, pour savoir si les représentans seront appellés les *communes* ou le *tiers-état*; ils se donnent constamment cette appellation, tandis que la cour et les grands seigneurs rejettent cette expression avec une espèce d'appréhension, comme si elle impliquoit un sens trop profond. Mais ce point est de peu d'importance, en comparaison d'un autre qui a, depuis quelque tems, tenu les États en action; savoir, si la vérification des pouvoirs doit se faire en commun, ou par les Ordres séparés. La noblesse et le clergé veulent cette dernière méthode, mais les communes s'y opposent avec fermeté : la raison pour laquelle une circonstance, qui en apparence n'est pas de grande importance, est contestée avec tant d'opiniâtreté, c'est que de là peut dépendre la question de savoir si par la suite les trois ordres siégeront dans la même chambre, ou dans des chambres séparées. Ceux qui sont zélés pour les intérêts du peuple, déclarent qu'il sera impossible de réformer quelques-uns des plus grands abus de l'État, si la noblesse, en siégeant dans une chambre séparée, a une négative sur le vœu du peuple; et qu'en accordant un pareil *veto* au clergé, ce seroit encore plus ridicule : si donc ils se réunissent une fois dans une seule chambre pour la vérification des pouvoirs, le parti populaire espère qu'ils ne seront plus en liberté de se séparer. La noblesse et le clergé apperçoivent le même résultat, et ne veulent pas s'y soumettre.

Dans cette crise, il est curieux d'observer les sentimens du moment. Mon projet n'est pas d'écrire des mémoires de ce qui se passe, mais je desire saisir autant que possible l'opinion dominante du jour : tant que je resterai à Paris, je verrai des gens de toutes les conditions, depuis les politiques des cafés jusqu'aux premiers de l'État ; et le principal objet des notes que je jetterai sur le papier, sera de saisir les idées du moment ; il sera au moins amusant par la suite de les comparer avec les événemens qui pourront arriver. Le trait le plus marquant qui paroît à présent, est que l'idée d'un intérêt et d'un danger communs ne semble pas réunir ceux qui, s'ils restent désunis, se trouveront trop foibles pour s'opposer au danger qui pourra résulter de la connoissance que le peuple aura de sa force et de leur foiblesse.

le roi, la cour, la noblesse, le clergé, l'armée et les parlemens, sont presque dans la même situation. Ils regardent tous, avec les mêmes appréhensions, les idées de liberté qui prévalent aujourd'hui, excepté le premier, qui, pour des raisons bien évidentes à ceux qui connoissent son caractère, s'inquiète fort peu, même des circonstances qui concernent le plus immédiatement son pouvoir. Parmi les autres, le sentiment du danger est commun, et ils se réuniroient pour se passer des États-généraux, s'il se trouvoit un chef qui rendît cette réunion facile. Il paroît que les communes elles-mêmes regardent une pareille réunion hostile comme plus que probable, par une idée qui se répand qu'elles seront obligées, en cas que les deux autres ordres continuent de refuser de siéger avec elles, de se déclarer hardiment les représentans de tout le royaume, et de sommer la noblesse et le clergé de venir prendre leurs places, et, sur leurs refus, de commencer à délibérer sur les affaires de l'État. Toute la conversation roule à présent sur ce sujet, mais les opinions sont plus divisées que je ne l'aurois cru. Il paroît qu'il y en a plusieurs qui détestent tellement le clergé, qu'ils aimeroient mieux hasarder un nouveau systême de gouvernement, quelque dangereuse qu'en soit l'expérience, que de souffrir qu'il forme une chambre à part.

Le 9. Les affaires qui se font à présent chez les marchands de nouveautés sont incroyables. J'allai au Palais-Royal pour voir ce qu'il y avoit de nouveau, et pour me procurer un catalogue de livres. Chaque moment produit une brochure nouvelle; il en a paru treize aujourd'hui, seize hier, et quatre-vingt-douze la semaine dernière. Nous nous imaginons quelquefois que les boutiques de Debret et de Stockdale, à Londres sont bien pleines, mais ce ne sont que des déserts en comparaison de celles de Desenne et de plusieurs autres, où l'on peut à peine se pousser de la porte au comptoir. Le prix de l'impression étoit, il y a deux ans, depuis 27 jusqu'à 30 liv. par feuille, mais à présent il est depuis 60 jusqu'à 80 livres. On dit que l'esprit de politique se répand dans les provinces, de sorte que toutes les presses de France sont également bien employées. Les dix-neuf vingtièmes de ces productions sont en faveur de la liberté, et en général très-fortes contre la noblesse et le clergé : j'en ai aujourd'hui retenu plusieurs de ce genre qui ont de la réputation ; mais quand je m'informai de celles qui avoient paru pour l'autre parti, je trouvai, à mon grand étonnement, qu'il n'y en avoit que deux ou trois qui eussent assez de mérite pour être connues. N'est-il pas étonnant que tandis que la presse regorge de principes de nivellement, et même séditieux, tellement que si on les mettoit à exécution, ils renverseroient la monarchie, il n'y paroisse pas de réponse, et que la cour ne fasse pas la moindre démarche pour restreindre cette extrême licence ? Il est aisé de concevoir quels sentimens ils inspireront au peuple.

Mais les cafés du Palais-Royal offrent des spectacles encore plus singuliers et plus étonnans ; ils ne sont pas seulement pleins au dedans, mais il se tient des foules de monde aux portes et aux fenêtres pour écouter certains orateurs, montés sur des tables ou sur des chaises, qui haranguent chacun sa petite audience : l'ardeur avec laquelle on les écoute, et les nombreux applaudissemens qu'ils reçoivent pour des expressions hardies contre le présent gouvernement, peuvent à peine se concevoir. Je suis réellement stupéfait de voir que le ministère souffre de pareils nids de sédition et de révolte, qui répandent continuellement parmi le peuple des sentimens auxquels il faudra bientôt s'opposer avec vigueur, c'est pourquoi il faut être fou pour en permettre maintenant la propagation.

Le 10. Tout conspire à rendre la période actuelle critique en France : la disette de pain est terrible ; il arrive à chaque instant des provinces des relations d'émeutes et de troubles, et on est obligé d'avoir recours aux troupes pour maintenir la paix dans les marchés. Les prix communs sont les mêmes que je les trouvai à Abbeville et à Amiens, cinq sols la livre le pain blanc, de trois sols et demi à quatre sols le pain bis, mangé par les pauvres : ces prix sont au-dessus de leurs facultés et occasionnent une grande misère. A Meudon, la police, ou plutôt l'intendant, a ordonné qu'on ne vendroit pas de bled dans le marché, à moins que l'acheteur de prit une égale quantité d'orge. Quel sot et ridicule réglement de mettre des entraves aux provisions afin d'en faire prendre davantage, et de faire connoître au peuple les craintes du gouvernement, causant par ce moyen des alarmes, et haussant par là les prix au moment où l'on voudroit les faire baisser. J'ai eu sur ce sujet des conversations avec des gens instruits, qui m'ont assuré que le prix étoit, comme à l'ordinaire, beaucoup plus haut que la proportion de la récolte ne l'exigeoit; qu'il n'y auroit pas eu de disette si M. Necker ne s'étoit pas mêlé du commerce des grains; mais ses édits de restriction, qui n'étoient que des commentaires sur son livre de la législation des grains, ont plus contribué à hausser le prix du bled que toutes les autres causes ensemble. Il me paroît évident que les chauds amis des communes ne sont pas fâchés du haut prix du bled, ce qui seconde grandement leurs vues, et fait que tout appel aux sentimens du peuple est plus facile et plus avantageux pour leurs desseins que si le prix étoit bas. Il y a trois jours, la chambre du clergé fit une démarche rusée ; ce fut d'envoyer une députation aux communes, pour leur proposer de nommer une commission des trois ordres, afin de prendre en considération la misère du peuple, et délibérer sur les moyens de faire baisser le prix du pain ; cela auroit conduit à la délibération par ordre et non par tête, et conséquemment devoit être rejetté, mais ce rejet n'étoit pas populaire, à cause de la situation du peuple. Les communes mirent autant d'adresse dans leur réponse, elles prièrent et conjurèrent le clergé de vouloir bien se joindre à elles dans la salle commune des États pour délibérer, ce qui ne fut pas plutôt su à Paris que le clergé devint doublement l'objet de la haine publique ; et il fut mis en discussion par les politiques du café de Foi, s'il n'étoit pas permis aux communes de décréter que leurs biens fussent employés à soulager la misère du peuple ?

Le 11. J'ai été dans bien des compagnies, toute la journée, et il paroît qu'il n'y a aucune idée fixe sur les meilleurs moyens de former une nouvelle constitution. Hier l'abbé Syeyés fit la motion, dans la châbre des communes, de déclarer aux ordres privilégiés, que s'ils ne vouloient pas joindre les communes, celles-ci travailleroient aux affaires de la nation sans eux; et cette proposition fut décrétée avec un petit amendement. Cela occasionne bien des discussions sur les conséquences d'une pareille démarche, et sur ce qui peut arriver en cas que la noblesse et le clergé continuent de refuser de se joindre aux communes, et qu'ils protestent contre tout ce qu'elles décréteront, en appellant au roi pour dissoudre les États, et pour les reconvoquer d'une manière où l'on puisse s'occuper des affaires. Dans les discussions les plus intéressantes, je trouve une ignorance générale des principes du gouvernement; d'un côté un appel étrange et inconcevable aux droits chimériques de la nature, et de l'autre aucun plan fixe pour assurer au peuple un meilleur sort pour l'avenir que celui qu'il a eu jusqu'ici; chose absolument nécessaire; mais les nobles avec qui je converse, qui ont les principes de grands seigneurs, me dégoûtent par leur opiniâtreté à vouloir conserver leurs anciens droits, quelque onéreux qu'ils puissent être pour le peuple ; ils ne veulent pas du tout entendre parler de faire la moindre concession à l'esprit de liberté, autre que celle de payer également l'impôt, et ils soutiennent que c'est tout ce que l'on peut raisonnablement demander. Le parti populaire, au contraire, semble croire que la liberté ne peut pas exister à moins que les classes privilégiées ne soient confondues, et toujours dans la minorité, dans l'ordre des communes, au moins pour faire la nouvelle constitution ; et quand je dis qu'il est très-probable que si les ordres se réunissent, il n'y aura plus moyen de jamais les séparer, et qu'en pareil cas on n'aura qu'une constitution très-équivoque et peut-être même fort mauvaise, on me répond toujours que le premier objet du peuple doit être d'obtenir le pouvoir de faire le bien, et que le mauvais usage qu'il en peut faire n'est pas un argument qui puisse détruire ce premier principe. Mais parmi les gens qui pensent de cette manière, l'idée commune est que tout ce qui tend à avoir des ordres séparés, comme notre chambre des pairs, est incompatible avec

la

la liberté, ce qui paroît tout-à-fait vague et sans fondement.

Le 12. J'allai à la société royale d'agriculture dont je suis membre, qui s'assemble à l'Hôtel-de-Ville : je votai et reçus un jeton, qui est une petite médaille donnée aux membres toutes les fois qu'ils y vont, afin de les engager à s'occuper des affaires de leur institution ; c'est la même chose dans toutes les académies royales, etc. et ces jetons causent tous les ans une dépense considérable et fort mal employée, car quel bien peut-on attendre d'hommes qui ne vont là que pour recevoir des jetons ? Quel que soit leur motif, la société paroît bien suivie : il y avoit trente personnes présentes ; entre elles étoient MM. Parmentier, vice-président, Cadet de Vaux, Fourcroy, Tillet, Desmarets, Broussonnet, secrétaire, et Creté de Paluel, à la ferme duquel je fus il y a deux ans, et qui est le seul de la société qui pratique l'agriculture. Le secrétaire lit les titres des mémoires présentés et en rend quelque compte, mais on ne les lit pas, à moins qu'ils ne soient particuliérement intéressans ; alors les membres lisent des mémoires ou font des rapports, et quand ils discutent ou délibèrent, il n'y a point d'ordre, mais ils parlent tous ensemble, comme dans une chaude conversation particulière. L'abbé Raynal leur a donné 1200 livres pour un prix sur quelque sujet important, et on me demanda mon opinion pour savoir ce que l'on proposeroit : donnez-le, repliquai-je, pour l'introduction des navets ; mais ils pensent que c'est un objet que l'on ne sauroit atteindre ; ils ont tant fait, et le gouvernement a tant fait en vain, qu'ils regardent cela comme impossible. Je ne leur dis pas que tout ce que l'on avoit fait jusqu'ici étoit une véritable folie, et que le meilleur moyen de commencer seroit de défaire tout ce qui avoit été fait. Je n'assiste jamais à aucune société d'agriculture, soit en Angleterre, soit en France, sans avoir des doutes si ces sociétés ne font pas plus de mal que de bien ; c'est-à-dire, si les avantages dont l'agriculture nationale peut, par le plus grand hasard, leur être redevable, ne sont pas plus que contrebalancés par le mal qu'elles occasionnent, en tournant l'attention du public vers des objets frivoles, ou en traitant des sujets importans de manière à les faire regarder comme des bagatelles? La seule société qui pourroit être vraiment utile, seroit celle qui, en cultivant une grande ferme, offriroit un exemple parfait de bonne culture, pour ceux qui voudroient la venir voir; qui conséquemment ne devroit consister que d'hommes-pratiques; et alors, demandez si plusieurs bons cuisiniers ne gâteroient pas un bon plat?

Les idées du public sur la grande affaire que l'on traite à Versailles changent tous les jours, et même à tout moment. L'opinion actuelle est que les communes, dans leur dernier décret, ont été trop loin, et que la réunion de la noblesse, du clergé, de l'armée, du parlement et du roi, sera trop forte pour elles; on dit qu'une pareille réunion est sur le tapis, et que le comte d'Artois, la reine et le parti généralement connu pour être le sien, s'occupent de cela, pour le moment où les procédés des communes rendront cette mesure nécessaire et exigeront qu'on agisse avec union et vigueur. Les chefs populaires parlent de l'abolition des parlemens, parce que tant qu'ils existeront, ce sont des tribunaux auxquels la cour pourra avoir recours en cas qu'ils soient enclins à agir contre l'existence des États : ces corps sont alarmés, et voient avec beaucoup de regret que leur refus d'enregistrer les édits du roi a créé un pouvoir dans la nation dangereux pour leur existence ; il est maintenant connu que si le roi se débarrasse des États et gouverne selon des principes tolérables, ses édits seront enregistrés par tous les parlemens. Dans ce dilemme, le peuple jette les yeux sur le duc d'Orléans, comme devant être chef de parti, mais avec des idées évidentes de méfiance : les patriotes sont fâchés de sa mauvaise réputation, et regrettent de ne pouvoir se fier à lui dans des cas difficiles : ils croient qu'il n'a point de fermeté, et que sa plus grande crainte est d'être exilé et privé par ce moyen des plaisirs de la capitale : ils racontent plusieurs petitesses dont il s'est autrefois rendu coupable pour être rappellé de son exil ; ils sont cependant si dépourvus de chefs, qu'ils regardent vers lui avec espoir, et sont très-contens des bruits qui courent qu'il est déterminé à aller, à la tête d'une partie de la noblesse, vérifier ses pouvoirs dans la chambre des communes ; tout le monde convient que s'il avoit de la fermeté, en proportion de ses grands revenus, qui consistent en sept millions de rente, et quatre millions de plus, reversibles sur sa tête après la mort de son beau-père, le duc de Penthièvre, il pourroit tout faire à la tête du parti populaire.

Le 13. Le matin j'allai à la bibliothèque du roi, que je n'avois pas vue la dernière fois que je vins à Paris ; c'est un vaste appartement, qui, comme tout le monde sait, est noblement rempli. Il s'y trouve de tout, pour la commodité de ceux qui veulent lire ou transcrire. — Il y avoit alors soixante ou soixante-dix personnes occupées à cela : le long du milieu des chambres, il y a des cases de verre, contenant des modèles d'instrumens de plusieurs métiers, conservés pour l'avantage de la postérité, faits dans les plus exactes proportions ; entr'autres sont les outils du potier, du fondeur, du faiseur de briques, du chimiste, etc. etc. et on y a derniérement ajouté un grand modèle de jardin anglais, très-mal imaginé ; mais avec tout cela, il ne s'y trouve pas une charrue, ni le moindre instrument d'agriculture ; cependant il seroit beaucoup plus aisé de représenter une ferme, ce qui seroit infiniment plus utile que le jardin qu'ils ont voulu faire : je ne doute pas qu'il n'existe plusieurs circonstances dans lesquelles la conservation des instrumens, tels qu'ils étoient dans l'origine, puisse être d'une grande utilité ; je pense voir clairement qu'une telle pratique seroit fort avantageuse à l'agriculture, et si cela est, pourquoi ne le seroit-il pas dans les autres arts ? Les cases de modèles ont cependant tellement l'air de joujous d'enfant, que je ne répondrois pas que ma petite fille ne pleurât pour les avoir si elle étoit ici. Je me rends chez la duchesse d'Enville, où je trouve l'archevêque d'Aix, l'évêque de Blois, le prince de Léon, et le duc et la duchesse de la Rochefoucauld, les trois derniers mes anciennes connoissances de Bagnères de Luchon, Milord et Miladi Camelsford, le lord Eyre, etc. etc.

Pendant cette journée, je ne vois qu'inquiétude et anxiété, pour savoir ce qui résultera de la grande crise où se trouve l'État : l'embarras du moment est extrême. Tout le monde convient qu'il n'y a point de ministère : la reine se lie étroitement avec le parti des princes, le comte d'Artois à leur tête, qui sont tous si contraires à M. Necker, que tout paroît dans le plus grand désordre. Mais le roi, qui est le plus honnête homme du monde, n'a qu'un desir, celui de faire le bien ; cependant, manquant de cette habileté nécessaire pour prévoir les difficultés et les éviter, il se trouve dans une telle perplexité, qu'il ne sait à quel conseil se fier. On dit que M. Necker craint pour sa place, et la chronique scandaleuse fait courir des bruits désavantageux sur son compte, qui ne sont probablement pas vrais ; — qu'il a tenté de se lier avec l'abbé de Vermont, lecteur de la reine, et qui a beaucoup d'influence dans les affaires dont il veut se mêler : cela est à peine croyable, parce qu'on sait que ce parti est extrêmement contraire à M. Necker ; et l'on rapporte même que le comte d'Artois, madame de Polignac et quelques autres, étant il y a deux jours à se promener dans le jardin privé de Versailles, et ayant rencontré madame Necker, eurent la petitesse de la siffler : si la moitié de tout cela est vrai, il est évident que le ministre ne tardera pas à se retirer. Tous ceux qui sont pour l'ancienne constitution, ou plutôt pour l'ancien régime, le regardent comme leur mortel ennemi ; ils soutiennent, et avec vérité, qu'il vint au ministère dans des circonstances qui le mettoient à même de faire ce qu'il auroit voulu, qu'il pouvoit commander au roi et au royaume ; — mais que les erreurs dont il fut coupable, faute d'un plan fixe, ont été la cause de toutes les difficultés que l'on a éprouvées depuis. Ils l'accusent violemment d'avoir assemblé les notables, comme d'une fausse mesure qui ne produisit que du mal, et assurent que laisser aller le roi aux États-généraux, avant que leurs pouvoirs fussent vérifiés, et que l'on eût pris les mesures nécessaires pour conserver la séparation des ordres, après avoir donné une double représentation au tiers, étoit une folie. Ils prétendent qu'il auroit dû nommer des commissaires pour la vérification avant d'admettre les députés : ils disent, outre cela, qu'il n'a agi de cette manière que par une vanité excessive, s'imaginant diriger les délibérations des États par ses connoissances et sa réputation.

Le portrait d'un homme fait par ses ennemis est sans doute trop chargé ; mais ce sont ici ses traits principaux, et tous les partis y reconnoissent quelque vérité, quelque satisfaits qu'ils puissent être qu'il ait eu un mélange d'erreur dans sa composition. Les partisans de M. Necker soutiennent qu'il a agi avec bonne foi, et qu'il a été également porté pour le maintien de l'autorité royale et pour une amélioration de l'état du peuple. Ce que je sais de pis à son sujet, c'est son discours aux États-généraux au moment de leur assemblée ; — belle occasion, mais qui fut perdue ; — pas de grandes vues, pas de plans de maître, point de décision sur les moyens de soulager le peuple ; point de nouveaux principes de gouvernement à adopter : — c'est un discours tel qu'on pourroit l'attendre d'un commis de banquier un peu instruit. Il s'y trouve une anecdote digne de remarque : il savoit que sa voix ne lui permettroit pas de le lire tout entier dans une si grande salle et à une assemblée si nombreuse; c'est pourquoi il avoit parlé à M. Broussonnet, de l'académie des sciences, et secrétaire de la société royale d'agriculture, pour qu'il se tînt prêt à le lire pour lui. Il avoit assisté à une assemblée générale de cette société, quand M. Broussonnet avoit lu un discours de manière à être entendu distinctement à la plus grande distance : celui-ci l'avoit vu plusieurs fois, pour prendre ses instructions, et pour s'assurer qu'il comprenoit toutes les interlignes et toutes les ratures, même après avoir achevé le discours. M. Broussonnet étoit encore avec lui à neuf heures du soir, la veille de l'assemblée des États; et le lendemain, quand il vint pour lire son discours en public, il trouva encore plus de corrections et de changemens, que M. Necker avoit faits après l'avoir quitté ; c'étoit principalement dans le style, et cela montre combien il attachoit d'importance à la forme et à l'ornement de son sujet : selon moi, c'est plutôt aux idées qu'au style qu'il devoit donner son attention ; c'est M. Broussonnet lui-même qui m'a rapporté cette petite anecdote. Dans la matinée d'aujourd'hui, trois curés du Poitou se sont réunis aux communes pour vérifier leurs pouvoirs, et ont été reçus avec enthousiasme, et ce soir on ne parle d'autre chose à Paris. Les nobles ont été en discussion toute la journée, et n'ont rien décidé ; ils ont ajourné à lundi.

Le 14. J'allai au jardin du roi, où M. Thouin eut la bonté de me faire voir quelques petites expériences qu'il avoit faites sur des plantes qui promettent beaucoup pour le cultivateur, particuliérement sur le *lathyrus biennis* et le *melilotos syberica* (1), qui ont actuellement l'apparence d'être un bon article de fourrage : ce sont des plantes biennales, mais elles durent trois ou quatre ans, quand on ne les laisse pas monter en semence. L'*achillea syberica* promet beaucoup, ainsi qu'un *astragalus* : il m'en a promis des semences. Le chanvre de la Chine est actuellement en semence, degré de perfection

---

(1) J'ai depuis cultivé ces plantes en petites quantités, et je crois que c'est un objet fort important.

où il n'étoit pas encore parvenu en France. Plus je vois M. Thouin, plus il me plaît; c'est l'homme le plus aimable que je connoisse.

J'allai au dépôt des machines royales, que M. Vandermonde me montra et m'expliqua avec beaucoup de politesse et de précision. Ce qui me frappa davantage, fut la machine de M. Vaucanson pour faire une chaîne qui a, dit-on, été fort admirée par M. Watt de Birmingham, ce dont mes compagnons n'étoient pas fâchés; une autre pour faire les dents des roues de fer. Il y a aussi un coupe-paille fait sur un modèle anglais, et un modèle de charrue qui marche sans chevaux : ce sont les deux seuls instrumens d'agriculture que j'y aie trouvés. Je vis plusieurs machines ingénieuses pour devider la soie, etc. Sur le soir, je me rendis au théâtre français, où l'on donnoit le Siége de Calais, par M. du Belloy, pièce populaire, mais qui n'est pas trop bonne. Il est actuellement décidé, par les chefs populaires, de faire demain la motion de déclarer illégales toutes les taxes qui ne sont point levées par l'autorité des États-généraux, mais de les continuer pour un tems fixe, soit pour deux ans ou pendant la durée de la session actuelle. Ce projet est fort approuvé à Paris par tous les amis de la liberté, et c'est certainement une méthode raisonnable de procéder, fondée sur de justes principes, et qui jettera la cour dans un grand embarras.

Le 15. Ce jour-ci est un grand jour, et tel qu'on n'auroit pas cru, il y a dix ans, voir jamais arriver en France, une discussion fort importante sur ce qui, en Angleterre, seroit appellé l'état de la nation, devant avoir lieu. Mon ami Lazowsky et moi fûmes à Versailles, dès huit heures du matin. Nous allâmes immédiatement à la salle des États, pour y avoir de bonnes places dans les tribunes; nous y trouvâmes déjà quelques députés et une audience nombreuse. La salle est trop grande, il faut avoir les poumons de Stentor, ou une voix bien claire, pour se faire entendre; cependant la grandeur même de l'appartement, qui peut contenir deux mille personnes, ajoute à la dignité de la scène. Elle fut vraiment fort intéressante : le spectacle des représentans de vingt-cinq millions d'hommes, qui viennent de s'affranchir des liens de deux cents ans d'esclavage, pour s'élever à la félicité d'une constitution plus libre, assemblés les portes ouvertes, sous l'œil du public, étoit fait pour exciter dans toute ame sensible toutes les émotions d'un cœur généreux. Je ne pouvois donc que bannir toute idée qui pouvoit me rappeller que c'étoit un peuple qui avoit été trop souvent ennemi de ma patrie, et demeurer avec plaisir sur l'idée glorieuse du bonheur qui se préparoit pour une grande nation, — et pour la félicité de millions d'êtres qui n'étoient pas encore nés.

M. l'abbé Syeyes ouvrit la discussion : c'est un des plus grands partisans de la cause du peuple ; il porte ses idées plus loin que la réforme du gouvernement actuel, qu'il regarde comme trop mauvais pour pouvoir être corrigé ; mais il voudroit le voir entiérement renversé, étant violent républicain : c'est le caractère qu'il a en général, et ses brochures semblent justifier cette idée. Il parle sans grace et sans éloquence, mais avec beaucoup de logique, ou plutôt il lit, car il lut son discours, qui étoit préparé.

Sa motion, ou plutôt sa série de motions, tendoit à déclarer l'assemblée : *les représentans connus et vérifiés du peuple français*, en admettant le droit de tous les députés absens de la noblesse et du clergé qui voudront se réunir à eux après la vérification de leurs pouvoirs. M. de Mirabeau parla pendant près d'une heure, sans notes, avec une chaleur et une éloquence qui lui donnent des droits à la réputation d'orateur; il s'opposa fortement, et avec beaucoup de logique, aux mots, *connus et vérifiés*, dans la motion de l'abbé Syeyes, et proposa de se déclarer simplement, représentans du *peuple français*, afin qu'on ne pût mettre aucun *veto* sur leurs décrets dans aucune autre assemblée; que tous les impôts fussent déclarés illégaux, mais continués pendant la présente session des États, et pas plus longtems; que la dette du roi devînt la dette de la nation, et fût assurée sur des fonds accordés pour cet objet. M. de Mirabeau fut écouté avec attention, et sa proposition fort applaudie. M. Mounier, député du Dauphiné, d'une grande réputation, et qui a aussi publié des pamphlets fort approuvés du public, fit une motion différente, qui étoit de se déclarer les représentans légitimes de la majorité de la nation ; de voter par tête et non par ordre, et de ne jamais reconnoître aucun droit de la noblesse ou du clergé, de voter séparément. M. Rabaut de Saint-Etienne, protestant du Languedoc, auteur qui a aussi écrit sur les affaires du tems, et qui a beaucoup de talens, fit la proposition de se déclarer, représentans du peuple français ; d'annuller toutes les taxes, de les recréer pendant la session actuelle ; de vérifier et de consolider la dette, et de voter un emprunt : tout cela fut adopté, excepté l'emprunt, qui n'étoit pas du tout du goût de l'assemblée. Ce député parle avec clarté et précision, et il ne se sert que de notes. M. Barnave, jeune homme de Grenoble, parla sans notes, avec beaucoup de chaleur. Quelques-unes de ses périodes étoient si bien arrondies, et délivrées avec tant d'éloquence, qu'il fut fort applaudi, plusieurs membres de l'assemblée criant *bravo!*

Quant à leur méthode générale de procéder, il y a deux points dans lesquels ils

sont

sont fort imparfaits : les spectateurs des tribunes se mêlent des discussions en battant des mains ou par d'autres expressions bruyantes d'approbation ; cela est très-indécent, et est aussi fort dangereux ; car s'il leur est permis d'exprimer leur approbation, il leur sera aussi, par la même raison, permis de témoigner leur désapprobation ; et ils pourront siffler aussi bien qu'applaudir ; c'est, dit-on, ce qu'ils ont fait quelquefois : — ce seroit diriger les discussions, et influencer les délibérations.

Une autre circonstance, c'est le manque d'ordre parmi eux : j'ai vu plus d'une fois aujourd'hui plus de cent membres debout à la fois, et M. Bailly absolument incapable de maintenir l'ordre ; cela provient en grande partie de ce que l'on fait des motions compliquées : proposer à la fois une déclaration de leurs titres, de leurs pouvoirs, de taxes, d'emprunts, etc. paroît ridicule à des Anglais, et ce l'est effectivement. Il n'y a que des motions spécifiques, fondées sur de simples propositions, qui puissent conserver l'ordre dans un débat ; car il n'y a point de fin lorsque cinq cents membres offrent les raisons de leur assentiment à une partie d'une proposition compliquée, et leur dissentiment à une autre partie. Une assemblée délibérante ne devroit entamer aucune affaire quelconque sans avoir posé les règles et l'ordre de sa marche, ce qui ne sauroit se faire à moins de suivre celles d'autres assemblées expérimentées, en confirmant celles qu'elle trouvera utiles, et en changeant celles qui doivent être appliquées à des circonstances différentes.

Les députés auroient pu prendre tout d'un coup, dans le livre de M. Hastel, les règles et l'ordre des débats du parlement d'Angleterre, comme je pris ensuite la liberté de le dire à M. Rabaut de Saint-Etienne; et cela leur auroit épargné au moins un quart de leur tems. Ils s'ajournèrent pour dîner. Nous dînâmes nous-mêmes avec le duc de Liancourt, dans ses appartemens au château, avec vingt-cinq députés. — J'étois assis auprès de M. Rabaut de Saint Etienne, et eus une longue conversation avec lui; ils parlent tous avec une égale confiance de la chûte du despotisme; ils prévoient que l'on attaquera de plusieurs manières l'esprit de liberté; mais l'esprit du peuple est maintenant trop élevé pour être encore asservi. Voyant que la question du débat d'aujourd'hui ne peut point être terminée dans la journée, et que probablement elle ne le sera pas même demain, comme le nombre de ceux qui doivent parler est fort grand, je revins sur le soir à Paris.

Le 16. J'allai à Dugny, à trois lieues de Paris, avec M. Broussonnet, pour voir M. Creté de Paluel, le seul cultivateur-pratique de la société d'agriculture. M. Broussonnet, qui est très-ardent pour l'honneur et les progrès de l'agriculture, vouloit me rendre témoin de la pratique et des améliorations d'un homme qui a un si haut rang dans le catalogue des cultivateurs français. Nous passâmes d'abord chez le frère de M. Creté, qui tient actuellement la poste, et qui a conséquemment cent quarante chevaux ; nous allâmes par toute la ferme, et les récoltes de bleds et d'avoine qu'il me montra étoient en général fort belles, et quelques-unes supérieures : mais j'avoue que j'en aurois été plus satisfait si ses écuries n'avoient pas été aussi bien remplies pour des vues bien différentes de celles de l'agriculteur. Chercher un cours suivi de récolte en France est une chose inutile; on y sème deux et trois fois, et même quatre fois de suite, du bled blanc. A dîner, j'eus une longue conversation avec les deux frères et avec quelques autres cultivateurs du voisinage sur cet article, dans laquelle je recommandai des navets ou des choux, selon la nature du sol, pour couper la continuation du bled blanc; mais ils furent tous contre moi, excepté M. Broussonnet : ils demandèrent, pouvons-nous resemer du bled après des navets et des choux ? Vous le pouvez sur une petite partie du terrein, et avec grand succès ; mais le tems de consommer la plus grande partie de la récolte rend cela impossible ; *cela est suffisant; si on ne peut pas semer du bled après, cette culture n'est pas bonne pour la France.* Cette idée est universellement la même dans le royaume; je leur dis alors qu'ils pourroient avoir la moitié de leurs terres en bled, et cependant être bons cultivateurs ; ainsi un — fèves ; deux — bled ; — trois — yvraie ; —

quatre — bled ; — cinq — trèfle ; — six — bled ; — ils approuvèrent cela davantage, mais crurent que leurs procédés valoient mieux. Mais la circonstance la plus intéressante de leurs fermes, c'est la chicorée (*cichoreum intybus*). J'eus la satisfaction de trouver que M. Creté de Paluel en avoit une aussi grande opinion qu'autrefois ; que son frère l'avoit adoptée ; qu'elle étoit dans un état florissant dans leurs deux fermes et dans celles de leurs voisins. Je ne vois jamais cette plante sans me féliciter d'avoir voyagé pour quelque chose de plus que pour écrire dans mon cabinet, et que son introduction en Angleterre, si un lord n'avoit rien fait autre chose pendant sa vie, seroit suffisante pour prouver qu'il n'a pas vécu en vain ; je parlerai davantage de cette excellente plante, et des expériences qu'en a faites M. Creté, dans un autre lieu.

Le 17. Toute la conversation roule sur ce que la motion de l'abbé Syeyes a été acceptée, tandis que celle de Mirabeau plaisoit davantage ; mais son caractère est furieusement contre lui : il y a des soupçons qu'il a reçu cent mille francs de la reine, bruit vague et incroyable; car sa conduite seroit probablement bien différente s'il y avoit eu quelque transaction de cette nature; mais quand la vie d'un homme n'a pas été exempte de grosses erreurs, pour me servir du langage le plus doux, on est toujours prêt à le soupçonner, quand même il seroit aussi innocent que le plus intact des patriotes. Ce bruit en fait naître d'autres; on dit que c'est à son instigation qu'il publia les anecdotes de la cour de Berlin, et que le roi de Prusse, instruit des causes de cette publication, a fait circuler les mémoires de madame la Motte dans toute l'Allemagne. Tels sont les contes éternels, les soupçons et les improbabilités pour lesquels Paris a toujours été si fameux; cependant dans la conversation, même sur les choses les plus ridicules, pourvu qu'elles soient d'une nature publique, on voit clairement jusqu'à quel point et pour quelle raison certains hommes ont acquis la confiance.

Dans toutes les compagnies on entend parler des talens de Mirabeau; c'est une des meilleures plumes de France, un des premiers orateurs, et cependant on affirme qu'il a si peu la confiance qu'il ne seroit pas en état d'avoir six voix pour aucune question. Ses écrits sont cependant répandus dans Paris et dans les provinces ; il a publié un journal des Etats, écrit pendant quelques jours avec tant de force et de sévérité qu'il fut défendu par un ordre exprès du gouvernement. Cela est attribué à M. Necker, qui y étoit traité avec si peu de cérémonie que sa vanité en fut piquée jusqu'au vif. Le nombre d'abonnés au journal étoit si grand que j'ai entendu dire que Mirabeau en retiroit pour sa part 80,000 livres par an ; depuis qu'il est supprimé, il publie une ou deux fois par semaine une petite brochure pour remplir le même but, de rendre compte des débats, ou plutôt pour en faire la critique, intitulée : *première, seconde, troisième lettre du comte de Mirabeau à ses commettans*, qui, quoique violente, pleine de sarcasmes et sévère, n'a pas encore été défendue, la cour respectant, je crois, son titre. C'est une conduite petite et foible de choisir une publication particulière pour la défendre, tandis que la presse fourmille de productions innombrables qui ne tendent à rien moins qu'à renverser le gouvernement actuel. Permettre que de pareils pamphlets circulent dans tout le royaume, même par le moyen des postes et des messageries, qui sont entre les mains du gouvernement, est un aveuglement et une folie dont on ne sauroit calculer les effets. Le soir, à l'opéra comique; musique italienne, paroles italiennes, acteurs italiens, et les applaudissement si continus, qu'il faut que les oreilles des Français changent avec bien de la rapidité. Qu'auroit dit Jean - Jacques, s'il avoit pu être témoin d'un pareil spectacle à Paris?

Le 18. Hier, sur la motion amendée de M. l'abbé Syeyes, les communes prirent le titre d'ASSEMBLÉE NATIONALE; et se regardant alors en état d'activité, décrétèrent aussi l'illégalité de tous les impôts, mais les continuèrent pendant leur session, en déclarant qu'elles s'occuperoient sans délai des moyens de consolider la dette et de soulager la misère du peuple. Cette démarche fait grand plaisir aux violens partisans d'une nouvelle constitution; mais je vois évidemment que les gens modérés craignent que ce ne soit une

mesure précipitée. C'est une démarche violente dont la cour peut tirer parti pour la tourner au désavantage du peuple. Les argumens de M. Mirabeau contre cette mesure étoient prépondérans et justes : « Si
» je voulois employer contre les autres
» motions les armes dont on se sert pour
» attaquer la mienne, ne pourrois-je pas
» dire à mon tour : de quelque manière
» que vous vous qualifiez, que vous soyez
» les représentans connus et vérifiés de la
» nation, les représentans de vingt-cinq
» millions d'hommes, les représentans de
» la majorité du peuple ; dussiez-vous
» même vous appeller, l'Assemblée natio-
» nale, les Etats généraux, empêcherez-
» vous les classes privilégiées de continuer
» des assemblées que sa majesté a recon-
» nues? les empêcherez-vous de prendre
» des délibérations? les empêcherez-vous
» de prétendre au *veto?* empêcherez-vous
» le roi de les recevoir, de les recon-
» noître, de leur continuer les mêmes ti-
» tres qu'il leur a donnés jusqu'à présent?
» Enfin, empêcherez-vous la nation d'ap-
» peller le clergé *le clergé*, la noblesse *la*
» *noblesse ?* »

La société royale d'agriculture, où je donnai ma voix avec les autres, élut unanimement le général Washington comme membre honoraire ; ce fut sur la proposition de M. Broussonnet, parce que je lui avois certifié que le général étoit un excellent cultivateur, et qu'il avoit eu une correspondance avec moi sur ce sujet : l'abbé Commerel étoit présent ; il donna une brochure sur un nouveau projet, le *choux à faucher*, et un papier rempli de semences.

Le 19. J'accompagnai M. Broussonnet pour aller dîner chez M. Parmentier, à l'Hôtel des Invalides. Il s'y trouvoit un président du parlement, M. Mailly, beau-frère du chancelier, l'abbé Commerel, etc. etc. Je remarquai, il y a deux ans, que M. Parmentier étoit le meilleur homme du monde, et qu'indubitablement il entendoit tous les détails de la boulangerie mieux que personne, comme ses ouvrages le démontrent clairement. Après dîner, nous allâmes à la plaine des Sablons, pour voir les pommes de terre de la société et les préparatifs qu'elle fait pour des navets ; à cela je dirai que je conseille à mes confrères de s'en tenir à leur agriculture scientifique, et d'en laisser la pratique à ceux qui l'entendent. Quel malheur pour des cultivateurs philosophes, que Dieu ait créé du chien-dent (*triticum repens*)!

Le 20. Nouvelles! nouvelles! — Tout le monde est étonné de ce que tout le monde auroit dû prévoir : un message du roi aux présidens des trois ordres, pour leur annoncer qu'il viendroit à l'assemblée lundi prochain ; et, sous prétexte de préparer la salle pour la *séance royale*, on plaça des gardes aux portes pour empêcher les députés d'entrer. Les circonstances qui ont accompagné cet acte imprudent de violence ont été aussi imprudentes que l'acte lui-même. M. Bailly n'en fut averti que par une lettre du marquis de Brézé, et les députés arrivèrent à la porte de la salle, sans savoir qu'elle étoit fermée. Ainsi, on jetta inutilement les semences du mécontentement par la manière de faire une chose qui étoit en elle-même également désagréable et inconstitutionnelle. La résolution prise sur le champ fut noble et ferme ; ce fut de s'assembler immédiatement au *jeu de paume*, et là, tous les membres de l'assemblée s'engagèrent, par un serment solemnel, à ne jamais se séparer que de leur propre consentement, et à se regarder et à agir comme assemblée nationale, par-tout où la violence ou le sort pourroit les conduire ; ils avoient une perspective si peu favorable, qu'on envoya des exprès à Nantes, pour faire savoir que l'assemblée nationale seroit peut-être obligée de se réfugier dans quelque ville éloignée. Ce message, et la résolution de mettre des gardes à la porte de la salle des Etats, furent le résultat de nombre de conseils tenus en présence du roi à Marly, où il est enfermé depuis quelques jours, sans voir personne, et où l'on n'est pas même admis aux officiers de la cour, sans jalousie et sans circonspection. Les frères du roi ne siégent pas au conseil ; mais le comte d'Artois en sait immédiatement toutes les décisions, qu'il rapporte aussi-tôt à la reine, et a de longues conférences avec elle. Quand cette nouvelle fut parvenue à Paris, le Palais-Royal fut tout en feu ; les cafés, les boutiques de libraires, les galeries et le jardin furent remplis ; —l'alarme et la consternation étoient peintes dans les yeux de tous les individus ; — les bruits qui se répandirent aussi-tôt, tendant à démontrer les mauvaises intentions de la cour, comme si elle avoit voulu l'extirpation totale de la nation française, excepté du parti de la reine, sont tout-à-fait incroyables par leur absurdité grossière : mais il n'y avoit rien de trop ridicule pour la populace, qui avaloit tout avec avidité. Il étoit cependant curieux de remarquer, chez les gens d'une autre classe (car je fus dans différentes compagnies après l'arrivée de cette nouvelle) que la balance des opinions penchoit pour convenir que l'assemblée nationale avoit été trop loin, qu'elle avoit agi avec trop de précipitation et de violence, — et fait des démarches que la masse du peuple ne soutiendroit pas. D'où l'on peut conclure que si la cour, prévoyant les conséquences des derniers arrêtés de l'assemblée, adopte un plan ferme et politique, la cause populaire n'aura pas beau jeu.

Le 21. Il est impossible de faire autre chose, dans un moment si critique, que de courir de maison en maison pour demander des nouvelles, et de remarquer les opinions et les idées dominantes. Le moment présent est peut-être celui qui va décider de la destinée future de la France. La démarche des communes, en se déclarant Assemblée nationale, indépendante des autres ordres et du roi lui-même, et en déclarant qu'aucun pouvoir ne les dissoudroit, est dans le fait s'emparer de toute l'autorité du royaume. Elles sont, par un seul décret, rendues semblables au long parlement de Charles Ier. Il ne faut pas beaucoup de pénétration pour s'appercevoir que si ces prétentions et cette déclaration ne sont pas anéanties, le roi, la noblesse et le clergé, sont privés de leur part dans la législation de France. Une démarche aussi hardie et aussi désespérée, contraire à tous les autres intérêts du royaume, également funeste à l'autorité royale, aux parlemens et à l'armée, ne peut être accordée. Si l'on ne s'y oppose, tous les autres pouvoirs ne seront plus qu'un amas de ruines autour de celui des communes. Avec quelle anxiété donc n'attend-on pas la démarche du roi, pour voir s'il se comportera avec fermeté dans cette occasion, et avec les égards qu'il doit avoir pour un système de liberté bien entendu, ce qui est absolument nécessaire dans le moment actuel. Tout considéré, c'est en général le caractère de ceux qui sont en possession de l'autorité; on ne doit pas s'attendre de leur part à un plan bien digéré et à beaucoup de fermeté dans son exécution. Le soir, au spectacle, madame Raucourt joua le rôle de reine dans *Hamlet*. On peut bien s'imaginer comment la pièce de Shakespear est morcelée; les grands talens de cette actrice la firent cependant paroître avec avantage.

Le 22. Je partis pour Versailles à six heures du matin, afin d'être présent à la séance royale. En déjeûnant avec le duc de Liancourt, nous fûmes informés que le roi avoit remis à demain matin pour aller aux Etats-généraux. Il s'étoit tenu, hier soir, un comité du conseil, auquel Monsieur et le comte d'Artois avoient assisté pour la première fois; événement regardé comme extraordinaire, et attribué à l'influence de la reine. Le comte d'Artois, ennemi juré de M. Necker, s'opposa à son plan, et parvint à faire remettre la séance,

afin d'avoir le tems de tenir aujourd'hui un conseil en présence du roi. Du château nous allâmes à la recherche des députés ; il y avoit différens rapports sur le lieu où ils étoient assemblés. Ils avoient été aux Récollets ; mais trouvant le local incommode, ils allèrent à l'église de Saint-Louis, où nous les suivîmes, et nous arrivâmes à tems pour voir M. Bailly ouvrir l'assemblée et lire la lettre du roi, qui remettoit la séance à demain. Le spectacle de cette assemblée étoit singulier.—La foule qui étoit dans l'église et dans ses environs étoit considérable, et l'anxiété et l'expectation dans tous les yeux, avec cette variété d'expressions provenant de différentes vues et de différens caractères, donnoient à tous les visages une impression dont je n'avois jamais avant été témoin. La seule affaire d'importance qui eut lieu, mais qui dura jusqu'à trois heures, fut de recevoir le serment et les adhésions de quelques députés qui n'étoient pas au jeu de paume, et la réunion de trois évêques et de cent cinquante députés du clergé qui vinrent vérifier leurs pouvoirs, et qui furent reçus avec des
applaudissemens

applaudissemens et des acclamations qui firent retentir l'église. Il paroît que les habitans de Versailles, dont la population est de soixante mille ames, et qui a conséquemment une nombreuse populace, sont, jusqu'au dernier, dans les intérêts des communes ; ce qui est remarquable, puisque ces gens-là tirent leurs principaux moyens d'existence du château ; et si la cause de la cour n'est pas populaire dans cet endroit, on peut juger de ce qu'elle est dans le reste du royaume.

Je dînai avec le duc de Liancourt, au château, avec un grand nombre de députés de la noblesse et des communes, entr'autres le duc d'Orléans, l'évêque de Rodez, l'abbé Syeyes et M. Rabaut de Saint-Étienne. Je vis ici un exemple frappant de l'impression que les grands événemens font sur les hommes de différens rangs. Dans les rues et dans l'église de Saint-Louis, il y avoit une telle anxiété sur tous les visages, que l'importance du moment y étoit peinte ; et toutes les formes ordinaires de civilité se trouvoient absorbées par l'attention ; mais chez une classe aussi élevée que celle avec laquelle je me trouvois, c'étoit bien différent : sur trente personnes il n'y en avoit pas cinq sur les physionomies desquelles on pût distinguer qu'il y eût de grands événemens en agitation. Il y eut beaucoup plus de la conversation qui fut indifférente, que je ne me le serois imaginé. Si elle avoit été toute de même, il n'y auroit pas eu lieu de s'étonner ; mais on fit des observations avec la liberté la plus illimitée, et elles furent reçues de manière à marquer qu'il n'y avoit pas d'indécence à les énoncer. En ce cas-là ne se seroit-on pas attendu à plus d'énergie dans les sentimens et dans l'expression, et la conversation n'auroit-elle pas dû principalement rouler sur la crise qui doit naturellement occuper tous les esprits ? Cependant ils mangèrent, burent, s'assirent, se promenèrent, s'amusèrent, sourirent et babillèrent avec tant d'insouciance que j'admirai leur insipidité. Peut-être y a-t-il une espèce de nonchalance chez les gens du bon ton, qu'une longue habitude leur a rendu naturelle, et qui les distingue du vulgaire, qui a mille aigreurs dans l'expression de ses sentimens, que l'on ne sauroit appercevoir sur la surface polie de ceux dont les manières sont adoucies par l'usage du monde, sans être usées par l'attrition. Une pareille observation seroit donc injuste dans tous les cas ordinaires ; mais j'avoue que le moment actuel, qui est indubitablement le plus critique que la France ait éprouvé depuis le fondement de la monarchie, puisqu'on tient maintenant le conseil qui doit finalement déterminer la conduite du roi, étoit de nature à faire attendre une conduite bien différente. La présence du duc d'Orléans pouvoit y contribuer de quelque chose, mais pas beaucoup; ses manières pouvoient faire davantage, car ce ne fut pas sans dégoût que je le vis plusieurs fois faire usage de cette petite sorte d'esprit et de cette aptitude à rire sous cape qui fait sans doute une partie de son caractère, autrement il ne l'auroit pas laissé paroître aujourd'hui ; ses manières annonçoient qu'il étoit assez satisfait.

L'abbé Syeyes a une physionomie remarquable, l'œil extrêmement vif, pénétrant les idées des autres, mais il est tellement réservé qu'il ne laisse pas connoître les siennes. Il y a autant de caractère dans son air et dans ses manières qu'il y a de vuide dans la physionomie de M. Rabaut de Saint-Etienne, dont la figure néanmoins ne lui rend pas justice, car il a vraiment du talent. Il paroît convenu que si le comte d'Artois l'emporte dans le conseil, MM. Necker, Montmorin et de Saint-Priest donneront leur démission; et dans ce cas-là il arrivera que M. Necker sera sûrement rappellé avec triomphe. Cela doit cependant dépendre des événemens. — Le soir : — le plan du comte d'Artois est accepté ; le roi le déclarera demain dans son discours. M. Necker offrit sa démission, mais le roi la refusa. Tout le monde est maintenant dans l'anxiété pour connoître ce plan.

Le 23. Le jour important est passé : dans la matinée, Versailles paroissoit rempli de troupes ; vers dix heures ses rues furent bordées de gardes françaises, de quelques régimens Suisses, etc. : la salle des Etats fut environnée, et des sentinelles furent placées à toutes les avenues et aux portes ; il n'y eut que les députés d'admis. Ces préparatifs militaires étoient mal avisés, car ils sembloient indiquer que la mesure à proposer n'étoit pas populaire, et annonçoient des craintes d'une insurrection du peuple. On prédit, avant que le roi quittât le château, que son plan étoit contraire aux intérêts du peuple par la parade militaire avec laquelle il étoit introduit : cependant ce fut tout le contraire ; tout le monde connoît les propositions faites par le roi ; le plan étoit bon, on accordoit beaucoup au peuple sur des points essentiels ; et comme elles ont été faites avant que les Etats aient pourvu au rétablissement des finances, première cause de leur convocation, et que, conséquemment, ils ont encore plein pouvoir de procurer par la suite, au peuple, tout ce que l'occasion pourra offrir, ils doivent provisoirement les accepter, pourvu qu'on donne quelque garantie pour la convocation périodique des Etats, sans quoi tout le reste ne seroit pas sûr ; mais comme on peut s'assurer de ce dernier point par le moyen d'une négociation, je crois que les députés les accepteront conditionnellement. L'emploi des soldats, et quelques imprudences commises dans la manière de présenter le plan du roi, relatif à la constitution intérieure, et d'assembler les députés, ainsi que la mauvaise humeur qui fermentoit depuis trois jours dans leur esprit, firent que les communes reçurent le roi sans aucune marque d'approbation ; le clergé et quelques nobles crièrent : *vive le roi !* mais trois fois autant d'individus, ne disant rien, cela produisit un fort mauvais effet.

Il semble que les communes avoient auparavant résolu de ne point céder à la violence. Quand le roi fut sorti, et le clergé et la noblesse retirés, le marquis de Brézé attendit un moment pour voir si elles avoient dessein d'obéir aux ordres du roi, qui étoient, qu'elles se retirassent dans une autre chambre préparée pour elles ; s'appercevant qu'aucun député ne bougeoit, il leur dit : — *messieurs, vous connoissez les intentions du roi.* Il s'ensuivit un morne silence, et ce fut alors que les talens supérieurs prirent cet empire qui, dans les momens critiques, absorbe toute autre considération. Tous les yeux se tournèrent vers le comte de Mirabeau, qui répliqua sur le champ au marquis de Brézé : — *Oui, monsieur,* nous avons entendu les intentions qu'on a suggérées au roi ; et vous, qui ne sauriez être son organe auprès des États-généraux, vous, qui n'avez ici ni place, ni voix, ni droit de parler, vous n'êtes pas fait pour nous rappeller son discours : cependant, pour éviter toute équivoque et tout délai, je vous déclare que si l'on vous a chargé de nous faire sortir d'ici, vous devez demander des ordres pour employer la force, car nous ne quitterons nos places que par la puissance de la bayonnette. — Sur quoi il y eut un cri général de : — *tel est le vœu de l'assemblée.* Les communes confirmèrent alors leurs précédens arrêtés, et, sur la motion du comte de Mirabeau, il fut déclaré que les députés étoient inviolables individuellement et collectivement, et que ceux qui attenteroient à la liberté de leurs personnes seroient regardés comme traîtres à la patrie.

Le 24. La fermentation de Paris est au-dessus de tout ce que l'on peut imaginer. Il y a eu aujourd'hui, toute la journée, dix mille personnes au Palais-Royal ; on y a porté ce matin un long détail de tout ce qui s'étoit passé hier, qui fut lu au peuple par plusieurs chefs de petits partis, avec des commentaires. A mon grand étonnement, les propositions du roi sont généralement vues de mauvais œil; il n'a rien dit de positif sur la tenue périodique des Etats; il a déclaré que tous les anciens droits féodaux seroient conservés comme des propriétés. Cela, et le changement dans la représentation des assemblées provinciales, sont les articles qui offensent le plus; mais au lieu d'attendre et d'espérer de plus grandes concessions sur ces articles, pour les rendre plus conformes au vœu général, le peuple paroît rejetter, avec une espèce de frénésie, toute idée d'accommodement, et insister sur la nécessité de la réunion des trois ordres, pour que toute l'autorité réside en conséquence dans les communes, afin d'effectuer ce qu'il appelle la régénération du royaume; expression favorite, à laquelle il n'attache aucune idée précise, sinon l'explication vague et indéfinie d'une réforme générale de tous les abus; il a aussi de violens soupçons, parce que M. Necker a voulu donner sa démission, circonstance à laquelle il paroît faire plus d'attention qu'à des choses plus importantes. Il semble évident, par plusieurs conversations et discours dont j'ai été témoin, que les constantes assemblées du Palais-Royal, qui se portent à un degré de licence et de fureur pour la liberté qui est à peine croyable, jointes aux innombrables pamphlets incendiaires qui paroissent à chaque instant depuis la tenue des Etats, ont tellement échauffé les têtes, et donné au peuple de si grandes idées d'un changement universel, que tout ce que le roi ou la cour pourroit à présent lui offrir ne le satisferoit pas ; c'est pourquoi ce seroit une folie de faire des concessions qui ne seroient pas acceptées ; il faudroit non-seulement que le roi les observât, mais qu'on forçât outre cela le peuple à les recevoir pour rétablir le bon ordre : mais la pierre d'achoppement pour un plan de cette nature ou tout autre plan quelconque, comme on le répète dans tous les coins de Paris, c'est l'état des finances, qui ne peut se rétablir que par de grandes concessions de la part des Etats ou par une banqueroute. Il est bien connu que cette question a été agitée avec chaleur dans le conseil ; M. Necker y a prouvé que la banqueroute étoit inévitable, si on rompoit avec les Etats avant la restauration des finances ; et la crainte d'une pareille mesure, qu'aucun ministre n'oseroit maintenant hasarder, est la difficulté qui s'oppose aux projets de la reine et du comte d'Artois. La mesure qu'ils ont adoptée est modérée ; ils espèrent par-là se faire un parti parmi le peuple, et donner assez de défaveur aux députés pour pouvoir s'en débarrasser ; mais ils seront infailliblement trompés dans cette attente.

Si du côté populaire on soutient que les vices de l'ancien gouvernement rendent un nouveau système nécessaire, et que ce n'est que par les mesures les plus fermes que la nation peut obtenir la possession d'un gouvernement libre, on peut repliquer de l'autre côté que le caractère personnel du roi est une garantie certaine que l'on ne se portera pas à des mesures de violence ; que l'état des finances, sous tout régime quelconque, fondé sur la confiance ou sur la banqueroute, assure l'existence des Etats, au moins pour un tems suffisant pour obtenir par des négociations ce qui seroit hasardé par trop de violence : en poussant les choses à l'extrémité, les communes courent risque de produire une réunion entre les autres ordres de l'Etat, entre les parlemens, l'armée, et même une grande partie du peuple, qui doit désapprouver toutes les extrémités; et, quand à cela on ajoute la possibilité de plonger le royaume dans une guerre civile, dont on parle à présent si familiérement qu'elle est dans la bouche de tous les individus, il faut avouer qu'en refusant opiniâtrement ce qu'on leur propose, elles abandonneront au hasard des avantages certains et immenses ; à ce hasard qui fera peut-être que la postérité les maudira au lieu de bénir leur mémoire comme celle de vrais patriotes, qui n'avoient d'autre objet en vue que le bonheur de leur patrie. J'ai tellement les oreilles étourdies de politique depuis quelques jours, que je suis allé ce soir à l'opéra pour me délasser. Rien ne pouvoit être plus propre à cet effet que la pièce que l'on joua, *la Villanella Rapita*, par Bianchi, pièce charmante. Pourroit-on croire que ce peuple, qui, il y a si peu de tems, n'estimoit rien de l'opéra que la danse, et ne se plaisoit qu'à entendre brailler, — écoute actuellement avec sensibilité la mélodie italienne, applaudit avec goût et transport, et cela, sans le secours séducteur d'une seule danse ! La musique de cette pièce est charmante, d'un jeu élégant et agréable, avec un duo entre la signora Mandini et Vigagnoni, de la plus grande beauté : la première captive par son chant ; — sa voix est peu de chose, mais sa grace, son expression, son ame, tout excite des sensations délicieuses.

Le 25. La critique que bien des gens font de la conduite de M. Necker, et même ses amis qui sont au-dessus du commun, est fort sévère. On assure positivement que l'abbé Syeyes, MM. Mounier, Chapelier, Barnave, Target, Thouret, Rabaut, et d'autres principaux députés, se mirent presque à genoux pour le prier d'insister sur l'acceptation de sa démission, parce qu'ils étoient convaincus que sa retraite jetteroit le parti de la reine dans de plus grandes difficultés et dans un plus grand embarras que toute autre circonstance ; mais sa vanité résista à tous leurs efforts pour écouter les persuasions insidieuses de la reine, qui lui parla de manière à lui faire croire qu'il étoit nécessaire pour conserver la couronne sur la tête du roi. En cédant à sa demande contre les intérêts de la liberté, il tâcha de s'attirer les applaudissemens de la populace de Versailles, d'une manière qui fit beaucoup de mal. Les ministres ne vont jamais chez le roi et ne sortent jamais de chez lui à pied, même pour traverser la cour, ce que M. Necker prit occasion de faire, quoique cela ne lui fût jamais arrivé dans des tems tranquilles, afin de se faire appeller le père du peuple, et de marcher suivi d'une immense multitude, poussant des cris d'approbation. A-peu-près dans le tems que la reine venoit de parler de la sorte à M. Necker, dans une audience pour ainsi dire particulière, elle reçut une députation de la noblesse, tenant le dauphin par la main, qu'elle leur présenta, en réclamant de leur honneur la protection des droits de son fils, faisant entendre clairement que si la démarche que le roi avoit faite n'étoit pas fortement soutenue, la monarchie étoit perdue et la noblesse anéantie. Tandis que de tous les appartemens du château on entendoit les cris de la populace autour de M. Necker, le roi passa dans son carrosse pour aller à Marli, il régna un morne silence, — et cela au moment où il venoit d'accorder à son peuple et à la cause de la liberté, plus peut-être qu'aucun monarque n'avoit fait avant lui ; tant les populaces sont singulièrement organisées, tant il est difficile de plaire dans des momens comme ceux-ci, lorsque l'imagination échauffée représente tous les objets chimériques du cerveau sous les couleurs enchanteresses de la liberté.

Je suis fort impatient d'apprendre quel sera le résultat des délibérations des communes, lorsqu'elles auront fini leur première protestation contre les forces militaires, que l'on a si mal à propos et si imprudemment employées. Si la proposition du roi étoit venue après les subsides votés, et lorsqu'on auroit agité une question moins capitale, ce seroit toute autre chose ; mais faire ces concessions avant qu'on ait accordé un écu, ou qu'on ait fait la moindre démarche pour cela, rend l'affaire bien différente. — Le soir. — La conduite de la cour est inexplicable, elle n'a aucun plan. Tandis qu'on prenoit la dernière mesure pour assurer la séparation des ordres, on permit à un grand nombre de députés du clergé de se réunir aux communes, et le duc d'Orléans, à la tête de quarante-sept nobles, faisoit la même chose ; et ce qui prouve également le peu de fermeté de la cour, c'est que les communes siégent dans la salle des Etats ; désobéissance formelle aux ordres positifs du roi. Le fait est que la séance royale étoit tout-à-fait contraire aux sentimens du roi, et qu'il y avoit été engagé avec beaucoup de difficulté par le conseil ; et quand il devint ensuite nécessaire d'obtenir de nouveaux ordres, ce qui arrivoit à chaque moment, afin de soutenir le système que l'on venoit de mettre en avant, il fallut batailler sur tous les points ; par ce moyen ce système ne fut que connu sans être suivi. — Ceci n'est qu'un bruit, mais qui paroît authentique : il est aisé de voir qu'il auroit mieux valu, pour mille raisons, ne pas avoir fait une pareille démarche, car le gouvernement perdra toute son énergie, et le peuple sera plus osé que jamais.

Hier la populace fut violente à Versailles : — elle insulta et attaqua même tous les membres du clergé et de la noblesse connus pour être les grands avocats de la séparation des ordres ; l'évêque de Beauvais reçut un coup de pierre sur la tête qui le jetta presque par terre (1) ; l'archevêque de Paris eut toutes ses vitres cassées, et fut obligé de changer de logement ; le cardinal de la Rochefoucauld fut sifflé et hué. Le désordre est si grand, que la cour ne peut compter que sur les troupes, et l'on assure même aujourd'hui que si l'on ordonne aux Gardes-Françaises de tirer sur le peuple, elles refuseront d'obéir : cela étonne tout le monde, excepté ceux qui savent combien ces soldats sont mécontens du traitement, de la conduite et des manœuvres de M. Duchâtelet leur colonel ; tant les affaires de la cour ont été mal administrées dans tous les points ;

---

(1) Quand on l'auroit jetté par terre, il n'eût pas été plaint. A une assemblée des membres de la société d'Agriculture, à la campagne, où des fermiers furent admis à dîner avec des personnes du premier rang, cet orgueilleux imbécille fit des difficultés pour s'asseoir dans une pareille compagnie.

tant

tant est misérable le choix qu'elle fait des hommes en place, même de ceux de qui dépend sa sûreté immédiate et même son existence. Quelle leçon pour les princes, qui souffrent que des intrigans, des femmes et des imbécilles, prennent une autorité qui ne devroit être confiée qu'à l'habileté et à l'expérience. On prétend que cette populace a été excitée par les meneurs des communes, et même payée par le duc d'Orléans. Le ministère ne sait plus où il en est. — Le soir, je fus au théâtre français, où je vis le *Comte d'Essex* et la *Maison de Molière*.

Le 26. Chaque moment semble donner au peuple une nouvelle vigueur. Les assemblées du Palais-Royal sont plus nombreuses, plus violentes et plus hardies; et dans l'assemblée des électeurs de Paris, où il fut question d'envoyer une députation à l'assemblée nationale, le langage tenu par chaque individu ne tendoit à rien moins qu'à faire une révolution dans le gouvernement et à établir une constitution libre : il est aisé de comprendre ce qu'ils veulent dire par une constitution libre, — une *république*; car la doctrine du jour se

porte de plus en plus vers ce point; ils font cependant profession de déclarer que le gouvernement doit être monarchique, ou qu'il doit y avoir un roi. On est étourdi dans les rues par les colporteurs de pamphlets séditieux, et par des descriptions d'événemens supposés, qui tendent tous à tenir le peuple dans l'ignorance et dans les alarmes. L'indolence et la stupidité de la cour sont sans exemple : le moment exige la plus grande résolution.
— Hier, pendant qu'on agitoit la question de savoir si on feroit de Louis XVI un roi de France ou un doge de Venise, il étoit à la chasse. Le spectacle qu'offrit le Palais-Royal, jusqu'à onze heures du soir, et même, comme nous l'avons appris depuis, jusqu'au matin, est curieux. La foule étoit prodigieuse, on y fit des feux d'artifice, et toutes les maisons furent illuminées : on dit que c'étoit des réjouissances à cause de la réunion du duc d'Orléans et des autres nobles aux communes; mais il se joignoit à cela la liberté excessive, et même la licence des orateurs qui haranguent le peuple. Tout ce bruit et ce remuement, qui ne lui

laissent pas un moment de tranquillité, joint au mouvement qui menaçoit déjà, ont un effet singulier pour le préparer à tous les desseins que les meneurs des communes auront en vue; conséquemment ils sont diamétralement opposés aux intérêts de la cour; —mais ils sont aveugles et insensés : tout le monde sait, à présent, qu'il n'est plus question des offres du roi dans la séance royale.

Du moment où les communes trouvèrent que la cour se relâchoit, même sur l'article peu important de s'assembler dans la grande salle, elles n'eurent aucun égard pour le reste, et regardèrent le tout comme nul et inadmissible, à moins qu'il ne fût présenté sous une autre forme. Elles posèrent pour maxime qu'elles ont droit à beaucoup plus de choses que le roi ne leur en a offertes, mais qu'elles n'accepteront rien comme une concession de l'autorité; elles prendront et s'arrogeront tout elles-mêmes, comme matière de droit. Plusieurs personnes, avec lesquelles j'ai parlé, semblent penser qu'il n'y a rien d'extraordinaire en cela ; —— mais il paroît que de pareilles prétentions sont également dangereuses et inadmissibles, et conduisent nécessairement à une guerre civile, ce qui seroit le comble de la folie, lorsqu'on peut assurer la liberté sans aller jusqu'à ces extrémités. Si les communes veulent tout prendre comme de droit, que reste-t-il à l'État, hors les armes, pour les empêcher de prendre ce qui n'est pas leur droit? Elles flattent le peuple des plus grandes espérances, et si ces espérances ne sont pas remplies, tout doit être dans le désordre ; et le roi lui-même, tout insensible qu'il paroît à l'autorité, sera sérieusement alarmé, et prêtera alors l'oreille à des mesures auxquelles il ne donne pas à présent un moment d'attention. Tout ceci semble fort annoncer de grands désordres et même des commotions, et prouver que la conduite la plus sage auroit été d'accepter les offres du roi et d'en faire les bases d'une négociation future. Je quitterai Paris avec cette opinion.

Le 27. Tout semble maintenant déterminé, et la révolution complette. Le roi a été épouvanté par la populace, de manière à détruire lui-même son système de la séance royale, en écrivant aux présidens des ordres de la noblesse et du clergé pour leur enjoindre de se réunir aux communes, — contradictoirement à ce qu'il avoit ordonné auparavant. On lui représenta que le manque de pain étoit si considérable dans toutes les parties du royaume, qu'il n'y avoit aucune extrémité à laquelle le peuple ne pût se porter; qu'il mouroit presque de faim, et qu'il étoit conséquemment prêt à tout, et sur le point de commettre tous les excès; que Paris et Versailles seroient inévitablement brûlés; et, en un mot, qu'en persistant dans le système annoncé dans la séance royale, il occasionneroit toutes sortes de misères et de désordres. Ses craintes l'emportèrent sur les persuasions du parti qui l'avoit dirigé depuis quelques jours; et il fut induit à faire cette démarche, qui est d'une telle importance, qu'il ne saura plus où s'arrêter, ni ce qu'il devra refuser, ou plutôt il trouvera que dans l'arrangement futur du royaume, sa situation sera à peu près semblable à celle de Charles Ier, spectateur sans pouvoir des résolutions d'un long parlement. La joie que cette démarche occasionna, fut extrême ; l'assemblée se mêlant au peuple, tous marchèrent avec précipitation vers le château. On auroit pu entendre les cris de *vive le roi* jusqu'à Marly : le roi et la reine parurent au balcon et furent reçus avec des acclamations réitérées ; les meneurs, qui excitoient ces applaudissemens, connoissoient mieux le prix de cette concession que ceux qui la faisoient. J'ai aujourd'hui conversé avec plusieurs personnes sur ce sujet ; et, à mon grand étonnement, il y a des gens, et même des nobles, qui pensent que ce n'est que pour la vérification des pouvoirs, et pour *faire une Constitution*, nouvelle expression qu'ils ont adoptée et dont ils font usage, comme si une constitution étoit un boudin que l'on dût faire par le moyen d'une recette.

C'est en vain que je leur demandai où étoit le pouvoir qui pourroit les séparer quand ils seroient une fois réunis, si les communes vouloient absolument rester ensemble, ce que l'on doit supposer, puisque cet arrangement leur laissera tout le pouvoir? C'est en vain que, pour les convaincre de la vérité de mon assertion, je leur cite ces pamphlets écrits par les principaux personnages de l'assemblée, dans lesquels ils regardent la constitution anglaise comme peu de chose, parce que le peuple n'a pas assez de pouvoir, disent-ils, à cause de celui du roi et des pairs. L'événement paroît maintenant si évident, qu'il n'est pas difficile à prédire. Tout le pouvoir sera désormais dans les communes ; après avoir excité ainsi le peuple à l'exercer, il ne sera pas en état d'en user avec modération : la cour ne peut pas se laisser lier les mains derrière le dos; le clergé, la noblesse, les parlemens et l'armée se réuniront pour leur propre défense, quand ils se verront en danger d'être anéantis ; mais comme cette réunion demandera nécessairement du tems, ils trouveront le peuple armé, et il en résultera une cruelle guerre civile. J'ai plusieurs fois déclaré cette opinion, mais je ne trouve pas qu'elle soit conforme au sentiment des autres (1). Quoi qu'il en

---

(1) Je puis maintenant remarquer que quoique je me sois totalement trompé dans mes prédictions, cependant en revisant toutes les circonstances, je

soit, le courant est aujourd'hui si fort en faveur du peuple, et la conduite de la cour paroît si foible, si indécise et si aveugle, qu'il n'arrivera que très-peu de choses par la suite, qui n'auront pas pris leur origine dans le moment actuel : de la vigueur et de l'habileté auroient tourné le courant du côté de la cour, car la grande masse de la noblesse, le haut clergé, les parlemens et l'armée étoient pour le roi ; mais ce manque de conduite nécessaire pour assurer son autorité dans un moment si critique, doit mener à toutes sortes de prétentions. Le soir, les feux d'artifice, les illuminations, la populace et le bruit redoublèrent au Palais-Royal ; la dépense que l'on fait pour cela est excessive, et cependant personne

---

crois qu'elles étoient bien fondées, et que le cours ordinaire des événemens auroit produit une guerre civile, à laquelle tout tendoit depuis le moment où les communes eurent rejetté les propositions du roi à la séance royale, que, je pense plus que jamais, elles auroient dû accepter avec des modifications. On devoit aussi peu s'attendre aux événemens qui ont suivi, que moi à être roi de France.

ne sait avec certitude d'où elle provient : il y a néanmoins des boutiques qui donnent pour douze sols, des fusées et des pétards qui devroient au moins coûter 5 l.; il n'est pas douteux que ce ne soit l'argent du duc d'Orléans. Le peuple est ainsi tenu dans une fermentation continuelle, est toujours assemblé, et toujours prêt à se porter à une insurrection, quand les hommes en qui il a confiance jugeront à propos de le faire agir.

Autrefois une compagnie de Suisses auroit appaisé tout cela ; un régiment le feroit à présent, s'il étoit conduit avec fermeté; mais si cela continue encore quinze jours, il faudra une armée. — A la comédie, mademoiselle Contat, dans le *Misanthrope* de Molière, me fit grand plaisir : c'est vraiment une charmante actrice ; elle a de l'aisance, des graces, de la beauté, de l'esprit et de l'ame. Molé joua le rôle du Misanthrope admirablement bien. Je ne prendrai pas congé du théâtre français sans dire encore une fois que je lui donne la préférence à tout ce que j'ai encore vu dans ce genre. Je quitterai cependant Paris, charmé de voir que les représentans du peuple ont en main des moyens d'améliorer la constitution de leur pays, de manière à rendre, sinon impossibles, du moins très-difficiles pour l'avenir, les grands abus de l'État, et conséquemment d'établir une liberté politique certaine pour toutes les fins utiles; et s'ils l'effectuent, il est indubitable qu'ils auront mille occasions d'assurer aussi à leurs concitoyens le bien inestimable de la liberté civile. L'état des finances est tel qu'on peut aisément rendre le gouvernement virtuellement dépendant des États, et assurer leur existence périodique. De pareils avantages feront le bonheur de vingt-cinq-millions d'hommes; idée belle et agréable, qui doit ravir l'ame de tout citoyen du monde, quel que soit son pays, sa religion ou ses recherches. Je ne me permettrai pas de penser un instant que les représentans du peuple oublient jamais ce qu'ils doivent à la nation française, à l'humanité et à leur propre réputation, jusqu'au point de souffrir qu'aucune vue désordonnée et impraticable, aucun système chimérique ou théorique,—aucune idée frivole d'une perfection spéculative, encore moins aucune vue particulière d'ambition, puisse jamais arrêter leurs progrès, ou détourner leurs efforts de ces moyens sûrs qu'ils ont entre les mains, pour confier au hasard d'un soulèvement public ou d'une guerre civile les biens inestimables qu'ils ont en leur pouvoir. Je ne m'imagine pas qu'il soit possible que des hommes à qui il est facile d'acquérir une gloire immortelle, veuillent risquer ce noble héritage sur un coup de dez, et, en cas de perte, être mis au rang des aventuriers les plus pervers et les plus indignes qui aient jamais dégradé l'humanité.

Le duc de Liancourt ayant une immense collection de brochures, achetant tout ce qui est analogue aux affaires du tems, et entre autres choses les cahiers des trois ordres de tous les districts et de toutes les villes de France, ce fut pour moi un objet important de lire tout cela, étant sûr d'y trouver une copie des griefs des trois ordres, et une explication des changemens demandés dans le gouvernement et dans l'administration. Ces cahiers étant des instructions données aux députés, je les ai tous lus, la plume à la main, pour en faire des extraits; c'est pourquoi je quitterai demain Paris.

Le 28. M'étant procuré un léger cabriolet français, ou une *gig* anglaise, à un cheval, je partis de Paris, après avoir pris congé de mon cher ami M. Lazowsky, dont l'anxiété pour le sort de sa patrie me fit autant respecter le caractère, que j'avois raison de l'aimer pour les nombreuses marques d'amitié qu'il me donnoit tous les jours. Ma bonne protectrice, la duchesse d'Estissac, me fit promettre de revenir à son hôtel lorsque j'aurois fini le voyage que j'allois entreprendre. J'ai oublié le nom de l'endroit où j'ai dîné sur la route de Nangis, mais c'est à la poste, sur la gauche, à une petite distance de la grande route. On me donna une mauvaise chambre, où il n'y avoit que les quatre murailles, et point de feu, quoiqu'il fît un tems froid, car lorsqu'il étoit allumé il fumoit trop pour qu'on pût le souffrir. — J'étois hors de moi-même; j'avois passé quelque tems à Paris, au milieu du feu, de l'énergie et de l'esprit d'une grande révolution, et les momens qui n'avoient pas été occupés d'événemens politiques, s'étoient trouvés remplis par une conversation libérale et instructive ; les amusemens du premier théâtre du monde, et les accens enchanteurs de Mandini, avoient tour-à-tour fourni de la nourriture à mes heures d'oisiveté. Le changement de scène en auberges, et en auberges de cette espèce ; l'ignorance où étoient tous les individus des événemens qui se passoient, et qui les regardoient de si près ; la circonstance affreuse de ne point avoir de journaux, avec une plus grande liberté de la presse que l'Angleterre, formoient tout à la fois un tel contraste que mon cœur en étoit accablé. A Guignes, je rencontrai un maître de danse ambulant qui faisoit danser quelques enfans d'ouvriers ; pour me tirer de ma tristesse, je devins spectateur de leurs plaisirs innocens, et, avec beaucoup de magnificence, je donnai quatre pièces de douze sols pour acheter des gâteaux pour les enfans, ce qui les fit danser avec plus de courage ; mais mon hôte, le maître de poste, qui est un filou bien grec, pensa que, puisque j'étois si riche, il devoit aussi en profiter, et me fit payer 9 l. 10 s. pour un misérable poulet très-dur, une côtelette, une salade, et une bouteille de pauvre vin. Un caractère si bas et si voleur ne contribua pas à me rendre de meilleure humeur. — Dix lieues.

Le 29. J'arrivai à Nangis, dont le château appartient au marquis de Guerchy, qui m'avoit fait promettre, l'année dernière, à Caen, d'y passer quelques jours. Une maison presque remplie d'une nombreuse compagnie, dont quelques personnes étoient agréables, le zèle de M. de Guerchy pour l'agriculture, et l'aimable naïveté de la marquise, soit dans les choses ordinaires de la vie, soit dans la politique ou dans l'agriculture, étoient bien calqués pour me remettre en mesure. Néanmoins je me trouvai dans un cercle de politiques, avec lesquels je ne pouvois m'accorder sur un seul point, excepté sur le principal, de desirer cordialement que la France pût établir un système indestructible de liberté; mais quant aux moyens de l'obtenir, nous étions aussi éloignés que les deux poles. Le chapelain du régiment de M. de Guerchy, qui est ici curé, et que j'avois connu à Caen sous le nom de M. l'abbé de —, étoit de l'opinion de ce que l'on appelle la régénération du royaume, et il est impossible d'entendre autre chose par-là, sinon une perfection théorique du gouvernement, douteuse dans son origine, dangereuse dans ses progrès, et chimérique dans ses fins, mais se présentant toujours à mes yeux sous une apparence suspecte, parce que ses avocats, depuis les pamphlets des meneurs de l'assemblée nationale, jusqu'à ces messieurs qui en font maintenant l'éloge, affectent tous de regarder la constitution d'Angleterre comme peu de chose en fait de liberté; et comme c'est indubitablement, et même de leur propre aveu, la meilleure que l'on ait encore vue, ils font donc profession d'en appeller de la pratique à la théorie, ce qui, dans l'arrangement d'une question scientifique, pourroit être admis (quoiqu'avec précaution), mais ce qui, en traitant des intérêts compliqués d'un vaste empire, en voulant *assurer* la liberté de vingt-cinq millions d'hommes, me paroît être le comble de l'imprudence, la quintessence même de la folie. Mes argumens furent un appel à la constitution anglaise ; adoptez-la, leur dis-je, tout d'un coup, c'est l'affaire d'un simple décret ; en vous mettant en possession d'une vraie et égale représentation du peuple, vous lui ôterez la plus grande objection que l'on puisse faire contr'elle. Dans les autres circonstances, qui ne sont que peu importantes, améliorez-la ; — mais améliorez-la avec précaution, car on ne doit sûrement toucher qu'avec précaution à une chose qui, depuis son établissement, a fait le bonheur d'une grande nation ; qui a donné de la grandeur à un peuple destiné par la nature à être petit, et qui, d'humble copiste de tous ses voisins, l'a rendu, dans l'espace d'un siècle, rival des nations les plus célèbres dans les arts qui font l'ornement de la vie humaine, et supérieur au reste du monde connu dans ceux qui contribuent à ses aisances.

On loua mon attachement pour *ce que je croyois être la liberté*, mais on me répondit qu'il ne falloit pas que le roi de France eût de *veto* sur la volonté de la nation, et qu'il falloit que l'armée fût
entre

entre les mains des provinces, avec cent idées aussi absurdes et aussi impraticables. Cependant ce sont là les sentimens que la cour a taché de répandre dans tout le royaume ; car la postérité pourra-t-elle jamais croire que, tandis que la presse vomissoit à grands flots des écrits incendiaires, tendant à prouver le bonheur d'un désordre théorique et d'une licence spéculative, aucun habile écrivain n'ait été employé pour réfuter et pour confondre ces doctrines à la mode ; on n'a pas pris le moindre soin de répandre des ouvrages d'un autre genre ? Soit dit en passant, quand la cour s'apperçut qu'elle ne pouvoit pas assembler les Etats sur l'ancien pied, et qu'il falloit en conséquence faire de grandes innovations, elle auroit dû prendre la constitution anglaise pour modèle, et mettre les nobles et le clergé dans une chambre, avec un trône pour le roi quand il auroit été présent. Les communes se seroient assemblées dans une autre, et chaque chambre auroit vérifié les pouvoirs de ses membres, comme en Angleterre. Quand le roi auroit tenu une séance royale, il auroit fait venir les communes à la barre des pairs, où il y auroit eu des siéges pour ses membres; et le roi, en émettant l'édit qui constituoit les Etats, auroit dû imiter quelques-uns des réglemens et des usages de l'Angleterre, de manière à éviter ces discussions préliminaires qui firent perdre deux mois en France, et donnèrent le tems aux têtes échauffées de trop travailler le peuple. En prenant de pareilles mesures, on auroit été sûr, que s'il étoit survenu des changemens ou des événemens imprévus, ils n'auroient cependant pas été si dangereux qu'en adoptant une conduite différente. — Quinze lieues.

Le 30. Le château de mon ami est considérable, et beaucoup mieux bâti qu'on bâtissoit en Angleterre à la même époque, il y a deux cents ans : je crois cependant que la France avoit en général cette supériorité dans tous les arts; je m'imagine que du tems d'Henri IV, les Français nous surpassoient en villes, maisons, rues, grandes routes, en un mot, en tout. Nous avons depuis, graces à la liberté, fait en sorte de leur donner le change. Semblable à tous les châteaux que j'ai vus en France, il étoit près de la ville, et même il y touchoit; mais le derrière, par le moyen de quelques plantations fort bien placées, a tout-à-fait l'air de la campagne; on ne peut en appercevoir aucun bâtiment. Le présent marquis y a formé un tapis de verdure, avec quelques agréables allées de gravier qui vont en serpentant, et qui sont bordées d'autres ornemens et plantes agréables. Ils sont à faire du foin dans ce tapis de verdure, et j'ai mis M. le marquis, M. l'abbé et quelques autres sur les rangs pour leur apprendre à le faire et à le presser : de si chauds politiques ! — c'est un grand bonheur que le foin n'ait pas pris feu. Nangis est assez près de Paris pour que le peuple soit politique; mon perruquier me dit ce matin que tout le monde est déterminé à refuser l'impôt, si l'assemblée nationale ordonne cette mesure. Mais les soldats vous parleront. Non, monsieur, jamais : —— soyez sûr que les soldats français ne tireront jamais sur le peuple; mais en cas qu'ils le fassent, il vaut mieux être tué d'un coup de fusil que de mourir de faim. Il me fit une relation affreuse de la misère du peuple ; il y a des familles dans la plus grande détresse ; ceux qui travaillent ne gagnent pas assez pour pouvoir se nourrir, et il y a bien des gens qui ne trouvent pas du tout d'ouvrage. Je m'informai de cela à M. de Guerchy, et je trouvai que c'étoit la vérité. Par ordre des magistrats, personne ne peut acheter plus de deux boisseaux de bled dans un marché, afin d'empêcher le monopole. Il ne faut qu'avoir le sens commun pour s'appercevoir que tous les réglemens de cette nature tendent à augmenter le mal, mais il est inutile de raisonner avec des gens dont les idées sont invariablement fixées.

Me trouvant ici un jour de marché, j'y allai et examinai comment on vendoit le bled, selon ce réglement, avec un parti de dragons en bataille sur la place, pour prévenir le désordre. Le peuple se querelle avec les boulangers, disant que le prix qu'ils demandent pour le pain n'est pas proportionné au prix du bled, et passant des paroles aux coups, excite souvent des émeutes, et s'enfuit avec du pain et du bled qu'il ne paie pas. Cela est arrivé à Nangis et dans plusieurs autres marchés; il en résulta que ni les fermiers ni les boulangers ne voulurent plus lui fournir de pain, tellement qu'il courut risque de mourir de faim; et quand ils revinrent, dans de pareilles circonstances, le prix devoit nécessairement être haussé considérablement, ce qui augmenta encore le mal, jusqu'à ce qu'il fallût des troupes pour protéger ceux qui fournissoient les marchés. J'ai sondé madame de Guerchy sur les dépenses d'une maison; notre ami M. l'abbé se joignit à la conversation, et le résultat de mes recherches fut qu'on pouvoit vivre dans un château comme celui-ci, avec six laquais, cinq servantes, huit chevaux, un jardin, une table régulière et de la compagnie, mais ne pas aller à Paris, pour mille louis par an. Il en coûteroit deux mille en Angleterre; il y a donc une différence de cent pour cent dans la manière de vivre (mais non pas dans le prix des denrées). Il y a des gentilshommes qui, avec six ou huit mille livres de rente, ont deux laquais, deux servantes, trois chevaux et un cabriolet. Il y en a aussi en Angleterre, mais ce sont des insensés.

Entr'autres voisins qui visitèrent Nangis, fut M. Trudaine de Montigny, avec sa nouvelle et jolie épouse, pour rendre la première visite de cérémonie : il a un beau château à Montigny, et un revenu de quatre mille louis. Cette dame étoit mademoiselle de Cour - Breton, nièce de madame Calonne; elle devoit épouser le fils de M. Lamoignon, mais c'étoit contre son gré; voyant que les refus ordinaires avoient été inutiles, elle se détermina à une démarche fort extraordinaire, ce fut d'aller à l'église, conformément aux ordres de son père, et de dire NON d'une manière solemnelle en place du OUI auquel on s'attendoit. Elle fut, après cela, conduite à Dijon, et ne sortit pas de la maison, mais elle fut reçue avec acclamation par le peuple, pour avoir refusé de s'allier avec la *cour plénière*, et par-tout on parla fort avantageusement de sa fermeté. M. la Luzerne, neveu de l'ambassadeur de France à Londres, étoit avec eux : il m'informa, en mauvais anglais, qu'il avoit pris à Londres des leçons de Mendoza pour se battre à coups de poings : on ne peut pas dire qu'il ait voyagé sans rien apprendre. M. d'Orléans auroit-il aussi appris à se battre à coups de poings ? Les nouvelles de Paris sont mauvaises ; les commotions augmentent, et l'alarme s'est tellement répandue, que la reine a fait venir le maréchal de Broglie dans le cabinet du roi ; il a eu plusieurs conférences : il court le bruit qu'on va rassembler une armée sous ses ordres. Cela est peut-être nécessaire aujourd'hui ; mais il est terrible que le manque de conduite du gouvernement ait occasionné cette nécessité.

Le 2 Juillet. Je pars pour Meaux. M. de Guerchy eut la complaisance de m'accompagner jusqu'à Coulomiers ; j'avois une lettre pour M. Huvier-Dumée. Je passe par Rosoy pour aller à Maupertuis, à travers une campagne couverte d'une variété de bois, de villages épars et de fermes, comme dans les environs de Nangis. Il paroît que Maupertuis a été créé par le marquis de Montesquiou, qui a ici un fort beau château qu'il a bâti, un grand jardin anglais fait par le jardinier du comte d'Artois ; en un mot, la ville et tout ce qui se trouve ici sont ses créatures. Je vis le jardin avec plaisir; on a tiré bon parti d'un ruisseau et de plusieurs belles sources qui sortent de la terre; elles sont fort bien conduites, et le tout est exécuté avec goût. Dans le jardin potager, qui est sur le penchant d'une colline, on a fait un excellent usage d'une de ces sources : on l'a fait serpenter plusieurs fois sur un lit pavé, qui forme différens bassins pour arroser le jardin, et on peut, sans difficulté, la conduire alternativement dans chaque lit comme en Espagne. Cette idée peut être utile à ceux qui forment des jardins sur le penchant des collines ; car arroser avec des pots et des seaux n'est qu'une méthode dispendieuse et misérable, adoptée faute de celle-ci. Il ne se trouve qu'une faute dans ce jardin, c'est qu'il est placé près de la maison, où il ne devroit y avoir que de la verdure et des arbres épars, vus du château. On pourroit cacher la grande route par une plantation judicieuse. La route de Coulomiers est admirablement bien faite de pierres cassées comme du gravier ; le marquis de Montesquiou l'a faite en partie à ses dépens.

Avant que je quitte ce seigneur, qu'il

me soit permis d'observer qu'il est de la seconde famille de France, et même de la première, selon ceux qui admettent ses prétentions. Il prétend descendre de la maison d'Armagnac, qui venoit certainement de Charlemagne : lorsque le présent roi de France signa quelques papiers relatifs à cette famille, pour admettre cette prétention, ou pour quelque chose qui y avoit rapport, il remarqua que c'étoit déclarer qu'un de ses sujets étoit meilleur gentilhomme que lui ; mais la maison de Montmorenci, dont sont les ducs de Luxembourg, de Laval et le prince de Robec, est généralement reconnue comme la première. M. de Montesquiou est député aux Etats, l'un des quarante de l'académie française, et a écrit plusieurs ouvrages ; il est aussi premier ministre de Monsieur, frère du roi, place qui vaut 100,000 l. par an. Je dînai avec M. et madame Dumée : la conversation ici, comme dans toutes les autres villes de province, paroît absorbée par la cherté du bled ; c'étoit hier jour de marché, il y eut une émeute, malgré les troupes qui étoient en bataille pour protéger le grain : il vaut 46 l.

le septier, et il y en a même de plus cher. Je pars pour Meaux. — Onze lieues.

Le 3. Meaux n'étoit pas du tout dans ma route; mais son district, la Brie, est si célèbre par sa fertilité, que c'étoit un objet que je ne pouvois pas omettre. J'avois des lettres pour M. Bernier, fermier considérable à Chaucaunin, près de Meaux; et pour M. Gibert de Neufmoutier, grand cultivateur, dont le père et lui avoient fait fortune par l'agriculture. Le premier n'étoit pas à la maison; je fus reçu avec beaucoup d'hospitalité par le dernier, et je trouvai en lui le plus grand desir de me donner toutes les instructions dont je pourrois avoir besoin. M. Gibert a fait bâtir une très-belle maison fort commode, avec des écuries et des granges, et tout ce qui peut être utile à un cultivateur en grand; je fus très-content d'apprendre que sa fortune, qui est considérable, provenoit entièrement de la charrue. Il n'oublia pas de me faire connoître qu'il étoit noble et exempt de taille, et qu'il avoit droit de chasse, son père ayant acheté une place de secrétaire du roi; mais il vit fort sagement en fermier. Sa femme fit préparer la table pour dîner, et son homme d'affaires, ainsi que la femme chargée de la laiterie, dînèrent avec nous : c'est là le vrai genre de fermier; il a plusieurs avantages, démontre un plan de vie fixe, qui ne laisse aucune crainte de dissiper sa fortune par une fausse honte ou des prétentions ridicules, telles que celles de nos petits fats de campagne. Je ne trouve autre chose à redire à son système, sinon qu'il a bâti une maison beaucoup trop grande pour le plan qu'il a adopté, qui ne peut avoir d'autre effet que celui de tenter un successeur moins prudent que lui, et l'entraîner dans des dépenses capables de dissiper sa fortune et les épargnes de son père. Cela ne manqueroit pas d'arriver en Angleterre : le danger n'est cependant pas si grand en France.

Le 4. Je pars pour Château-Thierry, en suivant le cours de la Marne. Le pays est agréablement varié et assez montueux pour le rendre constamment pittoresque par-tout où il est enclos. Thierry est admirablement bien situé sur cette rivière. J'y arrivai à cinq heures du soir, et j'aurois desiré, dans un tems si intéressant pour la France, et vraiment pour toute l'Europe, voir un journal. Je demandai où il y avoit un café; mais on me répondit qu'il n'y en avoit pas dans toute la ville. Il y a ici deux paroisses et quelques milliers d'habitans, et pas une seule feuille périodique pour satisfaire un voyageur, dans un moment où tout doit être dans l'anxiété. — Quelle stupidité, quelle pauvreté, quel manque de circulation! Ce peuple ne mérite pas d'être libre; et si l'on montroit la moindre vigueur pour le retenir dans ses fers, on seroit presque sûr de réussir. Il n'est pas possible de décrire, d'une manière assez expressive, l'indolence et la stupidité de la France à ceux qui ont été accoutumés à voyager au milieu de ce remuement et de cette circulation rapide de richesses et de nouvelles si connues en Angleterre. J'ai passé aujourd'hui sur une de leurs plus belles routes, à la distance de six lieues de Paris, et cependant je n'ai pas vu une seule diligence, et n'ai rencontré qu'une chaise de poste, mais pas d'autre voyageur qui eût l'apparence d'un homme comme il faut. —Dix lieues.

Le 5. A Mareuil. La Marne, qui a environ vingt-cinq perches de largeur, coule dans une vallée fertile, à droite. Le pays montueux et en partie agréable; du haut d'une éminence on a une superbe vue de la rivière. Mareuil est la résidence de M. le Blanc, de l'agriculture et des améliorations duquel M. Broussonnet a parlé fort avantageusement, particuliérement en moutons d'Espagne et en vaches de Suisse. C'étoit aussi la personne sur laquelle je comptois pour me donner des renseignemens touchant les fameux vignobles d'Epernay, qui produisent le bon vin de Champagne. Je fus donc bien trompé quand ses domestiques m'apprirent qu'il étoit allé à neuf lieues de là pour affaires. Madame le Blanc est-elle à la maison? *Non, elle est à Dormans.* Mes expressions de chagrin furent interrompues par l'approche d'une jolie petite demoiselle, qui se trouva être mademoiselle le Blanc: *sa maman reviendra pour dîner, son papa sur le soir, et si j'avois envie de le voir je ferois bien de rester.* Quand la persuasion paroît sous une forme si agréable, il n'est pas facile d'y résister; il y a une manière de faire les choses qui les rend absolument indifférentes ou qui intéresse. La bonne humeur et la naïveté de mademoiselle le Blanc m'amusèrent jusqu'au retour de sa maman, et je dis à moi-même : *vous ferez une bonne femme de fermier.* Lorsque madame le Blanc fut de retour, elle confirma l'hospitalité naturelle de sa fille, m'assura que son mari reviendroit le lendemain de bon matin, parce qu'il falloit qu'elle lui envoyât un exprès pour d'autres affaires. Le soir nous soupâmes avec M. B..., dans le même village, qui a épousé la nièce de madame le Blanc : en passant par Mareuil, il a l'apparence d'un petit hameau de médiocres fermiers, avec les chaumières de leurs ouvriers ; et le sentiment qu'il feroit naître, dans la plupart des hommes, seroit de plaindre ceux qui sont condamnés à y vivre : qui se seroit jamais imaginé d'y trouver deux familles opulentes, et dans l'une d'elles mademoiselle le Blanc, qui chante et s'accompagne sur le cistre ; et dans l'autre madame B., jeune, belle, et jouant sur un excellent *forte-piano* d'Angleterre ? Nous fîmes la comparaison, entre la dépense de vivre en Champagne ou dans le comté de Suffolk : il fut convenu que cent louis par an en Champagne équivaloient à un revenu de cent quatre-vingts louis en Angleterre, ce que je crois vrai. M. le Blanc, à son retour, satisfit à toutes mes demandes de la manière la plus obligeante, et me donna des lettres pour les plus célèbres cantons de vignobles.

Le 7. J'arrivai à Epernay, célèbre par ses vins. J'avois des lettres pour M. Parelitain, l'un des plus considérables négocians, qui eut la complaisance, ainsi que deux autres messieurs, d'entrer dans les plus petits détails sur le produit et les bénéfices des beaux vignobles. L'hôtel de Rohan dans cette ville est une fort bonne auberge, où je me régalai pour quarante sols d'une bouteille d'excellent vin mousseux, et bus à la réussite de la *vraie* liberté en France. — Quatre lieues.

Le 8. A Ay, village qui n'est pas éloigné de la route de Rheims, et qui est fameux pour ses vins. J'avois une lettre pour M. Lasnier, qui a soixante mille bouteilles dans sa cave, mais malheureusement il n'étoit pas chez lui. M. Dorsé en a depuis trente jusqu'à quarante mille. Les vignobles ne promettent pas beaucoup dans ce pays-ci, non pas à cause des grandes gelées, mais à cause du mauvais tems de la semaine dernière.

Je m'avançai vers Rheims, par une forêt de cinq milles, sur le haut de la colline qui sépare la vallée étroite d'Epernay de la grande plaine de Rheims. La première vue de la ville, du haut de cette colline, un peu avant de la descendre, est magnifique. La cathédrale fait une superbe figure, et l'église de Saint-Remi termine fièrement la ville. J'ai souvent eu de pareilles perspectives en France; mais en entrant dans ces villes, elles n'offroient plus qu'un amas de rues étroites, sales, tortueuses et sombres. Rheims est bien différent : ses rues sont presque toutes larges, droites et bien bâties; il ne le cède en cela à aucune des villes que j'ai visitées, et l'*hôtel du Moulinet* est aussi vaste et bien servi, et n'est pas susceptible de déprimer les émotions excitées par des objets agréables, en donnant une impulsion à des vibrations contraires dans le sein du voyageur ; ce qui n'arrive que

trop

trop souvent dans les auberges de France. On me donna aussi à dîner une bouteille d'excellent vin. Je suppose que l'air fixe est bon pour le rhumatisme; j'en avois quelques attaques avant d'entrer en Champagne, et le vin mousseux les a absolument dissipées. J'avois des lettres pour M. Cadot l'aîné, manufacturier considérable, et propriétaire d'un grand vignoble qu'il cultive lui-même; c'est pourquoi ce fut pour moi une double acquisition. Il me reçut fort poliment, répondit à mes questions, et me montra sa fabrique. La cathédrale est grande, mais elle ne me frappe pas comme celle d'Amiens; cependant elle est ornée, et a plusieurs fenêtres de verre peint. On me montra l'endroit où les rois étoient couronnés. On entre dans Rheims et on en sort par de superbes et élégantes grilles de fer : pour toutes ces décorations publiques, les promenades, etc. les villes de France sont supérieures à celles d'Angleterre. Je m'arrêtai à Sillery, pour voir les presses du marquis de Sillery; c'est le plus grand cultivateur de vignes de toute la Champagne, ayant entre ses mains cent quatre-vingts arpens. Je n'appris qu'en arrivant à Sillery que cette terre appartenoit au mari de madame Genlis; mais lorsque je le sus, je résolus de recueillir assez de hardiesse pour m'introduire chez le marquis, en cas qu'il fût chez lui : je n'aimois pas à passer devant la maison de madame Genlis sans la voir; ses écrits sont trop célèbres.

La petite Loge, où je couchai, est une assez mauvaise auberge; mais une pareille réflexion me l'auroit fait paroître cent fois pire : néanmoins l'absence de monsieur et de madame appaisèrent mes desirs et mes inquiétudes. Il est aux États. — Neuf lieues.

Le 9. Je parvins à Châlons, à travers un pauvre pays et de pauvres récoltes. M. Broussonnet m'avoit donné une lettre pour M. Sabbatier, secrétaire de l'académie des sciences, mais il étoit absent. Un régiment, passant par cette ville pour aller à Paris, un officier à l'auberge m'adressa la parole en anglais. Il l'avoit appris, dit-il, en Amérique, *dieu me damne!* — Il avoit pris milord Cornwallis, *dieu me damne!* — Le maréchal de Broglie étoit nommé pour commander une armée de cinquante mille hommes, près de Paris.— C'étoit nécessaire. — *Le tiers-état deve-noit fort, et méritoit une bonne correction ; — il veut établir une république,—* c'est absurde ! De grace, monsieur, pourquoi avez-vous combattu en Amérique ? pour établir une république. Ce qui étoit si bon pour les Américains, est-il donc si mauvais pour les Français ? Oui, dieu me damne ! voilà comme les Anglais veulent se venger. Il est certain que l'occasion n'est pas mauvaise. Les Anglais peuvent-ils suivre un meilleur exemple ? Il me fit alors plusieurs questions sur ce qu'on en pensoit, et sur ce qu'on en disoit en Angleterre ; et je remarquerai ici que presque tous ceux que j'ai rencontrés ont la même idée. — *Les Anglais doivent être bien contens de nos troubles.* Ils sentent fort bien ce qu'ils méritent. — Quatre lieues.

Le 10. A Auve. Je passe par Courtisseau, petit village, avec une grande église ; et quoiqu'il y ait un bon ruisseau, on ne pense pas à s'en servir pour arroser. Des toits de maisons presque plats, avec des caves qui s'avancent en dehors, semblables à celles depuis Pau jusqu'à Bayonne.

A Sainte-Menehould, j'essuyai une tempête affreuse après un jour brûlant, et il tomba une si grande quantité de pluie que j'eus de la peine à me rendre chez M. l'abbé Saint-Michel, pour qui j'avois une lettre. Quand je l'eus trouvé, les éclairs continus ne me permirent pas de converser; car toutes les femmes de la maison accoururent dans la chambre de l'abbé, sans doute pour se mettre sous sa protection; ainsi je pris congé. Le vin de Champagne, qui vaut 40 sols à Rheims, vaut 3 liv. à Châlons et ici, et est extrêmement mauvais; ainsi voilà mon remède pour le rhumatisme épuisé. — Huit lieues un quart.

Le 11. Je passai aux Islettes, ville (ou plutôt amas de boue et de fumier) qui a de nouveaux traits qui semblent annoncer, ainsi que les visages des habitans, qu'elle n'est pas française. — Huit lieues.

Le 12. En montant une montagne à pied, pour soulager mon cheval, je fus accosté par une pauvre femme qui se plaignoit de la dureté du tems, et qui me dit que c'étoit un triste pays : je lui en demandai la raison ; elle me dit que son mari n'avoit qu'un morceau de terre, une vache et un pauvre bidet, et cependant il étoit obligé de payer un *franchar* de bled et trois poulets à un seigneur, et quatre *franchars* d'avoine, un poulet et un sol à un autre, outre la taille et d'autres impôts. Elle avoit plusieurs enfans, et le lait de la vache aidoit à faire la soupe. Mais pourquoi, au lieu d'un bidet, n'avez-vous pas une autre vache ? Oh ! son mari ne pouvoit pas si bien porter ses denrées au marché, sans un cheval; et on fait peu d'usage d'ânes dans le pays. On disoit que *de grands personnages alloient faire quelque chose pour soulager les griefs des pauvres, mais elle ne savoit ni qui ni comment; cependant, que Dieu nous envoie de meilleurs tems, car les tailles et les droits nous écrasent.* — Cette femme, à très-peu de distance, paroissoit avoir soixante ou soixante-dix ans ; elle étoit si courbée, et le travail avoit tellement ridé son visage ; — mais elle me dit n'avoir que vingt-huit ans. Un Anglais qui n'a pas voyagé, ne sauroit s'imaginer les figures de la plupart des paysannes de France ; elles annoncent des travaux durs et pénibles : je pense qu'elles travaillent plus durement que les hommes, et cela, joint au travail plus misérable de mettre au monde une race d'esclaves, détruit absolument toute la symmétrie de leurs personnes et toute apparence de femme. A quoi doit-on attribuer cette différence de mœurs et d'usages chez les basses classes des deux royaumes ? AU GOUVERNEMENT. — Huit lieues.

Le 13. Je quitte Mars-la-Tour, à quatre heures du matin : le berger du village faisoit entendre sa corne, et il étoit assez drôle de voir chaque porte vomir ses moutons ou cochons, ou des chèvres, le troupeau s'augmentant à mesure qu'il avançoit. C'étoient de pauvres moutons, et les cochons avoient des dos mathématiques, représentant des segmens de petits cercles. Ils doivent avoir ici grand nombre de communes ; mais à en juger par la maigreur de leurs bestiaux, elles paroissent surchargées. J'arrive à Metz, une des plus fortes villes de France ; je passe par trois ponts-levis, mais les eaux qu'elle peut lâcher lui donnent une force égale à celle de ses ouvrages. Sa garnison doit être de dix mille hommes, mais il y en a moins à présent. J'allai voir M. Payen, secrétaire de l'académie des sciences; il me demanda mon plan, que je lui expliquai; il me donna rendez-vous à quatre heures de l'après-midi à l'académie, où il y avoit séance, et il promit de me présenter à quelques personnes qui répondroient aux questions que je pourrois leur faire. Je m'y rendis en conséquence, et trouvai les membres assemblés. M. Payen me présenta aux membres, et avant de commencer leurs affaires, ils eurent la complaisance d'entendre ensemble mes questions, et d'en résoudre plusieurs. Il est dit dans l'almanach des Trois-Evêchés, 1789, que cette académie a principalement été instituée pour l'agriculture; j'examinai la liste de leurs membres honoraires, pour voir quelle attention ils avoient donnée aux hommes de ce siècle qui ont amélioré cet art. J'y trouvai le nom d'un Anglais de Londres, appellé dom Cowley. Qui est ce dom Cowley ? — Je dînai à table d'hôte avec sept officiers, de la bouche desquels, dans ce moment critique, où la conversation est aussi libre que la presse, il ne sortit pas un mot qui valût une obole ; les choses les plus intéressantes de la conversation furent un habit ou un petit chien. A une table d'hôte d'officiers, on n'y entend que des obscénités ou du galimatias : à celle des marchands, il y règne un morne et insipide silence. Réunissez toute la masse du genre humain, et vous trouverez en Angleterre plus de bon sens dans une demi-heure, que dans une demi-année en France. — Le gouvernement ! encore, — tout, — tout — vient du gouvernement. — Cinq lieues.

Le 14. Il y a à Metz un cabinet littéraire tel que celui de Nantes, mais pas sur un plan aussi étendu, et on y admet tout le monde à la lecture pour 4 sols par jour. Je m'y transportai avec ardeur, et j'appris, par les papiers publics et par les informations que me donna un des lecteurs, que les nouvelles de Paris étoient intéressantes. Versailles et Paris sont environnés de troupes : il y a trente-cinq mille hommes de rassemblés, et vingt mille de plus sur la route, de grands trains d'artillerie, et tous les préparatifs de la guerre. Le rassemblement d'un si grand nombre de troupes, a augmenté la disette de pain, et le peuple ne distingue pas aisément les magasins faits pour le nourrir de ceux qu'il soupçonne appartenir à des monopoleurs. Cela l'a presque rendu enragé; de sorte que le tumulte et le désordre de la capitale sont extrêmes. Un homme de beaucoup d'esprit, et en apparence de considération, par les égards que l'on avoit pour lui, avec lequel je conversai sur ce sujet, déplora, dans les termes les plus pathétiques, la situation de sa patrie : il regarde une guerre civile comme inévitable. Il n'y a aucun doute, ajouta-t-il, que la cour, trouvant qu'il est impossible de composer avec l'assemblée nationale, ne cherche les moyens de s'en défaire; la banqueroute est alors infaillible : la réunion de tant de désordres doit nécessairement amener la guerre civile, et ce n'est maintenant que par des torrens de sang que nous pouvons espérer d'établir une constitution plus libre, et cependant il faut l'établir; car l'ancien gouvernement est rempli d'abus insupportables. Il convint avec moi que les propositions de la séance royale, quoiqu'elles ne fussent pas tout-à-fait satisfaisantes, pouvoient néanmoins servir de bases à une négociation qui auroit peu à peu obtenu *tout ce que l'épée peut donner, quand même elle auroit le plus grand succès.* L'argent, dit-il, *le pouvoir de l'argent est tout; en le ménageant avec habileté, avec un gouvernement aussi nécessiteux que le nôtre, on auroit obtenu, l'un après l'autre, tous les objets que nous devrons. Quant à une guerre, Dieu sait quel en sera l'événement; et si nous avons des succès, les succès même peuvent nous ruiner; la France peut avoir un Cromwell dans son sein, ainsi que l'Angleterre.* Metz est, sans exception, la ville où l'on vive à meilleur marché. La table d'hôte est de 36 sols par tête, y compris abondance de bon vin. Nous étions dix, et nous eûmes deux services et un dessert, de dix plats chacun, et ces services étoient complets. Le souper est la même chose; j'eus le mien, qui consistoit en une demi-bouteille de vin et un grand plat d'échaudés, dans ma chambre; il me coûta dix sols: un cheval y a du foin et de l'avoine pour vingt-cinq sols, et on ne paie rien pour l'écurie. Ma dépense étoit donc de 3 livres

11 sols par jour ; et si j'avois soupé à la table d'hôte, cela n'auroit fait que 4 liv. 17 sols. — Outre cela, les gens sont fort honnêtes et servent bien. C'est au Faisan. Pourquoi les meilleures auberges sont-elles, en France, les moins chères ? — Le pays, jusqu'à Pont-à-Mousson, est plein de traits hardis. — La Moselle, qui est considérable, coule dans la vallée, et les montagnes des deux côtés sont fort élevées. Près de Metz il y a les restes d'un ancien aqueduc pour conduire les eaux d'une source à travers la Moselle : il y a encore de ce côté-ci plusieurs arches, avec les maisons de pauvres gens bâties dans les intervalles. A **Pont-à-Mousson**, M. Pichon, subdélégué de l'intendant, pour qui j'avois des lettres, me reçut poliment, me satisfit sur ce que je lui demandai, ce que sa place le mettoit à portée de faire, et me mena voir tout ce qu'il y avoit de curieux dans la ville. Elle ne contient pas grand'chose ; une école militaire pour les enfans de la pauvre noblesse et le couvent des Prémontrés, qui a une fort belle bibliothèque de cent sept pieds de longueur et de vingt-cinq de largeur. Je fus présenté

à l'abbé, comme à un homme qui avoit des connoissances en agriculture. — Six lieues.

Le 15. J'allai à Nancy avec de grandes espérances ; car on m'avoit représenté cette place comme la plus jolie ville de France. Je pense, tout considéré, qu'elle mérite bien cette réputation en fait de bâtimens, de la distribution et de la largeur de ses rues. — Bordeaux est plus splendide, Bayonne et Nantes plus gais ; mais dans Nancy il s'y trouve plus d'uniformité ; presque tout y est bon, et les édifices publics sont nombreux. La place royale et la carrière adjacente sont superbes. Des lettres de Paris ! Tout est dans la confusion ! Le ministère est bouleversé, et M. Necker a ordre de quitter le royaume sans bruit. L'effet que cette nouvelle fit sur les habitans de Nancy est considérable. — J'étois chez M. Willemet quand ces lettres arrivèrent, et sa maison fut pendant quelque tems remplie de curieux ; ils convinrent tous que c'étoit de fâcheuses nouvelles, et qu'elles exciteroient de grandes commotions ; *quel en sera le résultat à Nancy ?* La réponse fut par-tout la même :

Nous ne sommes qu'une ville de province ; il faut voir ce que l'on fera à Paris ; mais tout est à craindre de la part du peuple, parce que le pain est si cher, qu'il meurt de faim, et est en conséquence mûr pour une insurrection. — Voici le sentiment général ; ils sont aussi touchés que Paris, mais ils n'osent pas bouger, ils n'osent pas même avoir une opinion jusqu'à ce qu'ils sachent ce que pense Paris ; de sorte que si la misère du peuple n'existoit pas, personne ne songeroit à bouger. Cela confirme ce que j'ai souvent remarqué, que le *déficit* ne pouvoit produire la révolution que concurremment avec la cherté du pain. Cela ne démontre-t-il pas l'importance des grandes villes pour la liberté du genre humain ? Sans Paris, je doute que la révolution, qui s'avance à grands pas en France, eût pu avoir un commencement. Ce n'est pas dans les villages de la Syrie ou de Diarbékir que la volonté du grand-seigneur rencontre des murmures, c'est à Constantinople qu'il est obligé d'avoir des égards, et de mêler la précaution au despotisme. M. Willemet, qui est professeur de botanique, me montra le jardin des plantes, mais il est dans un état qui annonce un manque de fonds. Il me présenta à M. Durival, qui a écrit sur les vignobles, et me donna un de ses traités, ainsi que deux de ses propres ouvrages sur la botanique. Il me mena aussi chez M. l'abbé Grandpère, homme curieux en fait de jardinage, qui, aussi-tôt qu'il sut que j'étois Anglais, se mit dans la tête qu'il devoit me présenter à une dame de mon pays qui occupoit, à ce qu'il me dit, la plus grande partie de sa maison. Je lui représentai le peu de convenance de cette démarche, mais tout fut inutile; l'abbé n'avoit jamais voyagé, et pensoit que s'il étoit en Angleterre il seroit bien aise de voir un Français, et qu'en conséquence cette dame devoit aussi être bien aise de rencontrer un compatriote qu'elle n'avoit jamais ni vu ni connu; il partit et ne resta pas tranquille que je ne fusse dans son appartement. C'étoit la douairière lady Douglas; elle me reçut sans affectation et eut la bonté de ne pas s'offenser d'une pareille intrusion. — Il n'y avoit que quelques jours qu'elle étoit à Nancy, elle avoit avec elle ses deux charmantes filles et un superbe chien de Kamchatka; elle étoit fort agitée des nouvelles que ses amis venoient de lui donner, qu'elle seroit probablement forcée de quitter cette ville, parce que le renvoi de M. Necker et la nomination du nouveau ministère occasionneroient de telles commotions, qu'une famille étrangère la trouveroit également dangereuse et désagréable. — Six lieues.

Le 16. Toutes les maisons de Nancy ont des gouttières et des tuyaux de fer-blanc, ce qui fait qu'il est plus facile et plus agréable de marcher dans les rues; c'est aussi une consommation de plus, qui est politiquement utile. Cette place et Lunéville sont toutes deux éclairées à l'anglaise, au lieu d'avoir des réverbères suspendus au milieu des rues, comme dans les autres villes de France. Avant de quitter Nancy, qu'il me soit permis de précautionner le voyageur, à moins que ce ne soit un grand seigneur qui ne sait que faire de son argent, contre l'*Hôtel d'Angleterre*; un mauvais dîner, 3 livres, et autant pour la chambre; une demi-bouteille de vin et un plat d'échaudés, vingt sous, ce qui ne valoit que dix sous à Metz; outre cela, on y est si mal servi, que je changeai de logement, et me transportai à l'Hôtel de la Halle, où j'eus, à la table d'hôte, la compagnie de quelques officiers fort aimables, deux bons services et un dessert pour trente-six sous, avec une bouteille de vin. — La chambre vingt sous. L'Hôtel d'Angleterre est cependant mieux bâti, et est la première auberge. Le soir j'arrivai à Lunéville. Le pays des environs de Nancy est agréable. — Six lieues moins un quart.

Le 17. Lunéville étant la résidence de M. Lazowsky, père de mon bon ami, qui étoit informé de mon voyage, j'allai chez lui dans la matinée : il me reçut, non-seulement avec politesse, mais même avec hospitalité, — avec une hospitalité que je ne croyois pas rencontrer dans cette partie du royaume. — Depuis Mareuil jusqu'ici, j'avois reçu si peu de marques d'attention de cette nature, que cela fit renaître en moi de nouvelles sensations assez agréables. — On m'avoit préparé un appartement, que l'on me pria instamment d'accepter, on me retint à dîner, et on désira que

que je voulusse bien rester quelques jours. M. Lazowsky me présenta à sa femme et à sa famille, et en particulier à M. l'abbé Lazowsky, qui, avec la meilleure volonté imaginable, entreprit de me montrer ce qui valoit la peine d'être vu.

Dans une promenade que nous fîmes avant dîner, nous visitâmes l'établissement des orphelins, qui est bien réglé et bien administré. Lunéville a besoin de pareils établissemens; car il n'a pas d'industrie, et conséquemment est très-pauvre : on m'a assuré que la moitié de la ville, composée de dix mille ames, est réduite à la plus grande pauvreté. Lunéville est un endroit où tout est à bon marché. Un cuisinier gagne deux, trois et quatre louis ; une femme-de-chambre qui sait coëffer, trois ou quatre louis ; une femme de charge, un louis ; un laquais ordinaire ou un garçon de maison, trois louis. Une bonne maison se loue seize ou dix-sept louis. Des appartemens de quatre ou cinq pièces, dont quelques-unes sont petites, neuf louis. Après dîner, nous allâmes chez M. Vaux dit Pompone, ami intime de mon ami; j'y fus aussi reçu avec un mélange d'hospitalité et de politesse, et tellement pressé de dîner avec lui le lendemain, que j'aurois certainement accepté, quand ce n'auroit été que pour avoir le plaisir de converser plus long-tems avec un homme sensé et d'un esprit cultivé, qui, quoiqu'avancé en âge, a le talent de rendre sa compagnie universellement agréable, si je n'avois pas été incommodé toute la journée. La chaleur d'hier fut suivie, après quelques éclairs, par une nuit froide, et j'avois couché, sans le savoir, avec les fenêtres ouvertes, et attrapé du froid, au moins tel étoit l'indice que me donnoient mes os. Je fais connoissance avec les étrangers aussi-tôt que qui que ce soit, habitude que l'on ne sauroit s'empêcher de contracter en voyageant long-tems; mais il seroit ennuyeux d'être malade au milieu d'eux, cela exige trop d'attention et fatigue l'humanité; c'est ce qui m'engagea à refuser les offres obligeantes de MM. Lazowsky, de M. Pompone, et même d'une jolie dame américaine, que je trouvai chez ce dernier. Son histoire est singulière, et cependant fort naturelle;

c'étoit mademoiselle Blake, de la Nouvelle-Yorck ; je ne sais ce qui l'avoit menée à la Dominique, mais le soleil n'avoit pas gâté son teint. M. Tibalié, officier français, en prenant l'île, l'avoit fait sa prisonnière; mais il ne tarda pas à devenir son captif, en devint amoureux et l'épousa, amena sa prise en France, et l'établit dans la ville où il étoit né, Lunéville. Le régiment dont il est major, étant en garnison dans une province éloignée, elle se plaignoit de n'avoir vu son mari que six mois en deux ans. Il y a quatre ans qu'elle est à Lunéville ; et comme elle a trois enfans pour lui tenir compagnie, elle est réconciliée avec une scène qui est tout-à-fait neuve pour elle : elle me dit que M. Pompone, qui est le meilleur homme du monde, a tous les jours compagnie chez lui, ce qui sert autant à le satisfaire qu'à procurer de l'amusement à madame Tibalié.—Ce gentilhomme fournit, avec le major, un second exemple d'attachement pour la ville de sa naissance : il est né à Lunéville, a accompagné le roi Stanislas, ayant une place considérable auprès de sa personne ; a beaucoup vécu à Paris, avec les grands et dans l'intimité des ministres d'Etat ; mais l'amour du pays l'a ramené à Lunéville, où il réside depuis plusieurs années, aimé et respecté, environné d'une belle collection de livres, parmi lesquels les poëtes ne sont pas oubliés, car M. Pompone met aussi avec facilité des sentimens agréables en jolis vers. Il y a quelques couplets de sa composition pour mettre au bas des portraits de ses amis, qui sont faciles et très-jolis. J'aurois eu beaucoup de plaisir à passer quelques jours à Lunéville ; j'avois une agréable invitation dans deux maisons, où j'aurois éprouvé un accueil amical ; mais le mal des voyages sont peut-être les accidens qui traversent les momens préparés pour la jouissance ; et d'ailleurs, le systême d'un voyage ne s'accorde pas avec le plan des jouissances fixes.

Le 13. J'allai à Haming, à travers un pays sans intérêt. — Neuf lieues.

Le 19. A Saverne, en Alsace : le pays jusqu'à Phalsbourg, petite ville fortifiée, sur les frontières, paroît le même que celui que je viens de passer. Les femmes, en

Alsace, portent des chapeaux de paille aussi grands que ceux d'Angleterre ; ils couvrent le visage, et devroient conserver quelques jolies paysannes, mais je n'en ai pas encore vu. En sortant de Phalsbourg, il y a quelques chaumières assez misérables ; cependant elles ont des cheminées et des fenêtres, mais les paysans sont dans la plus grande pauvreté. Depuis cette ville jusqu'à Saverne, c'est une montagne couverte de chênes, dont la descente est escarpée, et le chemin tortueux. Dans Saverne, je me trouvai, selon toutes les apparences, en Allemagne. Pendant les deux derniers jours, tout tendoit à un changement ; mais ici il n'y a pas une personne sur cent qui parle français ; les chambres sont chauffées par le moyen de poêles ; la cheminée a trois ou quatre pieds de hauteur ; une infinité d'autres choses démontrent que l'on est chez un autre peuple. En regardant une carte de France, et en lisant l'histoire de Louis XIV, on ne sauroit se former une idée de la conquête ou de la prise de l'Alsace telle qu'en voyageant dans le pays : traverser une longue chaîne de montagnes pour entrer dans une plaine habitée par un peuple tout-à-fait différent des Français, en mœurs, en langage, en pensées, en préjugés et en coutumes, fait une impression beaucoup plus grande de l'injustice et de l'ambition d'une pareille conduite que la lecture de ces faits n'en est susceptible ; tant les choses ont de force en comparaison des paroles ! —Sept lieues.

Le 20. Je m'avance vers Strasbourg à travers une des plus belles scènes d'agriculture qu'il y ait en France, qui ne peut être rivalisée que par la Flandre, qui cependant la surpasse. J'y arrivai dans un moment critique, qui pensa me faire rompre le cou : un détachement de cavalerie avec ses trompettes d'un côté, un corps d'infanterie avec ses tambours de l'autre, et une grande populace faisant retentir l'air de ses cris, épouvantèrent tellement mon cheval, que j'eus de la peine à l'empêcher de passer sur le corps à MM. du *tiers-état*. En arrivant à l'auberge, j'appris la nouvelle intéressante de la révolte de Paris : — que les gardes-françaises s'étoient jointes au peuple ; que l'on ne pouvoit pas compter sur le reste des troupes ; que la Bastille étoit prise ; que l'on avoit formé une milice bourgeoise ; en un mot, que l'ancien gouvernement étoit absolument culbuté. Tout étant ainsi décidé, et le royaume se trouvant entre les mains de l'assemblée, elle a le pouvoir de faire une nouvelle constitution, telle qu'elle le jugera à propos ; et ce sera un grand spectacle pour le monde entier, de voir, dans ce siècle de lumières, les représentans de vingt-cinq millions d'hommes travailler à la constitution d'une nouvelle fabrique de liberté meilleure qu'aucune de celles que l'Europe ait encore offerte. On verra maintenant s'ils copieront la constitution anglaise en élaguant ses défauts, ou s'ils s'en rapporteront à la théorie, pour former simplement quelque chose de spéculatif. Dans le premier cas, ils feront le bonheur de leur pays ; dans le second, ils l'entraîneront probablement dans des désordres et dans des guerres civiles interminables, peut-être pas au moment actuel, mais sûrement à quelqu'époque future. Je n'ai pas encore appris qu'ils aient quitté Versailles ;

s'ils y restent sous la domination d'une populace armée, il faudra qu'ils fassent un gouvernement agréable à la populace; mais ils auront, je crois, assez de sagesse pour se retirer dans quelque ville centrale, telle que Tours, Blois ou Orléans, où ils pourront délibérer librement. Mais l'esprit de révolte parisien se répand avec rapidité ; il est déjà parvenu jusqu'ici ; les troupes qui m'ont presque fait casser le cou, sont chargées de surveiller le peuple qui menace d'une insurrection ; il a cassé les fenêtres de quelques magistrats peu populaires, et il y a dans ce moment une populace assemblée qui demande à hauts cris, qu'on mette la viande à cinq sols la livre : elle a un cri de ralliement qui la conduira loin, c'est : *point d'impôts et vive les Etats*.

J'allai rendre visite à M. Herman, professeur d'histoire naturelle dans l'université, pour qui j'avois des lettres ; il répondit à quelques-unes de mes questions et me présenta à M. Zimmer pour résoudre les autres : ce dernier ayant pratiqué l'agriculture, entendoit assez le sujet pour me donner ces informations très-utiles. Je visitai les bâtimens publics et passai le Rhin, faisant quelques lieues en Allemagne ; mais il n'y avoit aucun nouveau trait qui marquât un changement ; c'est en Alsace que commence l'Allemagne, et le changement est frappant en descendant les montagnes. L'extérieur de la cathédrale est beau et la tour singuliérement légère et belle ; il est bien connu que c'est une des plus hautes tours de l'Europe, qui commande une belle et riche plaine, à travers laquelle le Rhin, à cause du nombre de ses îles, a plutôt l'apparence d'une multitude de lacs que d'un fleuve. — Un monument du maréchal de Saxe, etc. etc. Je suis embarrassé pour aller à Carlsruh, résidence du margrave de Bade : il y avoit long-tems que j'avois dessein d'y aller, en cas que je me trouvasse à cent milles de l'endroit ; car il y a quelque chose dans la réputation de ce souverain qui me faisoit desirer d'y être. Il établit M. Taylor de Bifrons, comté de Kent, dont j'ai décrit l'agriculture dans mon tour vers la partie orientale, dans une ferme ; et les économistes parlent beaucoup dans leurs écrits, d'une expérience qu'il fit dans leur rebut physiocratique, qui, quoique leurs principes soient erronés, montre le mérite du prince. M. Herman me dit aussi qu'il a envoyé une personne en Espagne pour acheter des beliers, afin d'améliorer la laine. Je voudrois qu'il eût choisi quelqu'un en état de connoître un bon belier, ce qui n'est pas du ressort d'un professeur de botanique. Ce botaniste est le seul individu que M. Herman connoisse à Carlsruh, et conséquemment ne peut pas me donner de lettre : comment puis-je donc, inconnu de tout le monde, aller à la résidence d'un prince souverain, car M. Taylor n'y est plus ? c'est une difficulté qui me paroît insurmontable. — Sept lieues et demie.

Le 21. J'ai passé ce matin quelque tems au cabinet littéraire pour lire les gazettes et les journaux qui rendent compte de ce qui se passe à Paris, et j'ai conversé avec des gens intelligens et sensés sur la révolution actuelle. L'esprit d'insurrection prévaut dans différentes parties du royaume ; le prix du pain a par-tout préparé la populace pour des actes de violence : il y a eu à Lyon des commotions aussi violentes qu'à Paris, et de même dans plusieurs autres lieux : le Dauphiné est en armes, et la Bretagne est absolument révoltée. On pense que la faim forcera le peuple à l'insurrection ; et quand il aura une fois trouvé d'autres moyens de subsister que ceux d'un honnête travail, il y aura tout à craindre : tant il est important pour un pays, et même pour tous les pays, de bien tenir la police des grains ; d'avoir une police qui, en assurant au fermier un bon prix, encourage l'agriculture de manière à préserver en même tems les habitans d'une famine. Mon anxiété au sujet de Carlsruh est passée ; le margrave est à Spa ; je ne penserai donc pas à y aller. — *La nuit.* — J'ai été témoin d'une scène curieuse pour un étranger, mais terrible pour des Français : en passant par la place de l'hôtel-de-ville, je vis le peuple en briser les fenêtres à coups de pierres, quoiqu'il y eût dans la place un détachement de cavalerie ; m'appercevant que le nombre augmentoit et que les assaillans devenoient plus hardis à chaque instant, je crus qu'il valoit la peine de rester pour voir comment cela finiroit, et je montai sur le toit d'une rangée d'échoppes, vis-à-vis la place contre laquelle étoit dirigée leur colère ; là j'examinai le tout fort commodément.

Les mutins s'appercevant que les troupes ne les attaqueroient pas, et qu'elles n'emploieroient que des paroles ou des menaces, devinrent plus violens, et essayèrent de mettre les portes en pièces avec des crampons de fer, plaçant des échelles aux fenêtres. Dans l'espace d'un quart-d'heure, pendant lequel les magistrats eurent le tems de s'échapper par une porte de derrière, ils enfoncèrent tout et entrèrent comme un torrent aux acclamations de tous les spectateurs. Depuis ce moment-là il tomba, de chaque fenêtre de l'hôtel, qui a soixante-dix ou quatre-vingts pieds de longueur, un déluge de débris de chassis, de contrevents, de chaises, de tables, de sophas, de livres, de papiers, de tableaux, etc. qui fut ensuite succédé par une ondée de tuiles, de planches, de formes, et en un mot, tout ce qui pouvoit s'arracher. Les troupes, tant l'infanterie que la cavalerie, furent tranquilles spectatrices : elles étoient d'abord en trop petit nombre pour s'opposer ; et quand elles furent plus nombreuses, le mal étoit trop avancé pour tenir une autre conduite que celle de garder toutes les avenues, et d'empêcher qui que ce fût de parvenir à la place de l'action, permettant aux autres de se retirer l'un après l'autre avec leur butin; on plaça aussi des gardes aux portes des églises et de tous les bâtimens publics. Je fus pendant deux heures, dans différens endroits, spectateur de la scène, à l'abri des meubles qui tomboient, mais assez près pour voir un jeune garçon de quatorze ans, écrasé en tendant une partie du pillage à une femme que je crus être sa mère, par l'horreur qui se peignit sur son visage. Je remarquai plusieurs soldats, avec leurs cocardes blanches, parmi les pillards, qui excitoient la populace, même en présence des officiers du détachement. Il y avoit parmi eux des gens si décemment mis, que je n'en fus pas peu surpris : ils détruisirent toutes les archives publiques ; les rues étoient, dans les environs, remplies de papiers ; c'est ici faire le mal pour le mal, car cela causera la ruine de plusieurs familles qui n'ont aucune connexion avec les magistrats.

Le 22. A Schelettstatt, à Strasbourg et dans les campagnes des environs, les femmes de la basse classe portent leurs cheveux en toupet par devant, et tressés par derrière en une forme circulaire qui a trois pouces d'épaisseur ; tout cela est curieusement arrangé pour prouver qu'elles y passent rarement le peigne; je m'imaginai voir sous ces tas de cheveux tressés, les habitations de colons actifs ; et quoiqu'elles ne m'approchassent pas, je ne pus m'empêcher de me gratter involontairement la tête, croyant y sentir des démangeaisons. Du moment où vous sortez d'une grande ville, tout dans ce pays est allemand ; les auberges ont une grande chambre commune où il se trouve des tables avec des nappes, où chaque compagnie dîne, les riches aux unes, et les pauvres aux autres. La cuisine est aussi allemande : un *schnitz* est un plat de lard et de poires frites, qui a l'apparence d'un mets du diable ; je fus cependant surpris en le goûtant de le trouver passable. J'eus le plaisir de trouver à Schelettstatt, le comte de la Rochefoucauld, dont le régiment (Champagne) dont il est major en second, est ici en garnison. Il m'auroit été impossible d'éprouver plus de marques d'attention de sa part ; c'étoit un renouvellement de toutes les honnêtetés que j'avois reçues de sa famille ; et il me fit parler à un bon fermier de qui je pris tous les renseignemens dont j'avois besoin. —— Huit lieues un quart.

Le 23. J'eus un jour de repos fort agréable avec le comte de la Rochefoucauld. Je dînai avec les officiers du régiment ; le comte de Loménie, colonel, neveu du cardinal de Loménie, étoit présent. Je soupai chez mon ami, où il se trouva un officier d'infanterie ; un Hollandais qui avoit été long-tems dans les Indes orientales, et qui parloit anglais. Ce jour fut pour moi un jour de délassement ; la compagnie de gens bien instruits, polis, honnêtes et communicatifs, m'a dédommagé de la *sombre* stupidité des tables d'hôtes.

Le 24. Je vais à Isenheim par Colmar. Le pays est en général très-plat, ayant les montagnes des Vosges à droite, celles de la Souabe à gauche, et il y en a une autre chaîne peu éloignée, qui paroît dans l'ouverture qui se trouve au midi. Les nouvelles de la table d'hôte de Colmar sont curieuses; elles portent que la reine avoit tramé un complot prêt à éclater, qui étoit de faire sauter l'assemblée nationale par le moyen d'une mine, et de faire marcher à l'instant une armée sur Paris, pour en massacrer les habitans. Un officier présent eut la présomption de douter de la vérité de cette assertion, et fut sur le champ étouffé par une multitude de voix. C'étoit un député qui l'avoit écrit; on avoit vu la lettre, et conséquemment il ne pouvoit exister aucun doute. Je soutins fortement que cette assertion étoit folle et insensée; que ce n'étoit qu'une invention pour rendre odieuses des personnes qui pouvoient peut-être mériter de l'être, mais que ce n'étoit sûrement pas de pareils moyens dont on devoit se servir. Quand l'ange Gabriel seroit descendu du ciel, et se seroit assis à table pour les convaincre, il n'auroit jamais pu ébranler leur foi. Il en est ainsi des révolutions, un scélérat écrit, et cent mille fous croient. — Huit lieues. Le

Béfort.

Le 25. Depuis Isenheim, le pays se change en perspectives et en inégalités agréables, étant toujours de plus beau en plus beau jusqu'à Béfort; mais il n'y a ni maisons éparses, ni enclos. De violentes commotions à Béfort : — hier au soir, la populace et quelques paysans demandèrent aux magistrats les armes du magasin, consistant en trois ou quatre mille fusils, etc.; ceux-ci ayant refusé de se rendre à leur desir, les premiers excitèrent une émeute et menacèrent de mettre le feu à la ville, sur quoi les portes furent fermées; et aujourd'hui le régiment de Bourgogne vient d'arriver pour protéger les magistrats. M. Necker a passé ici aujourd'hui, allant de Bâle à Paris, escorté par cinquante bourgeois à cheval, et dans la ville, par la musique de toutes les troupes. Mais la plus brillante période de sa vie est passée; depuis le moment de son retour au ministère jusqu'à celui de l'assemblée des États, il tint dans sa main la destinée de la France et des Bourbons; et, quel que soit le résultat des désordres actuels, la postérité l'attribuera à sa conduite, puisqu'il avoit sûrement le pouvoir d'assembler les États sous la forme qu'il jugeoit à propos : il auroit pu avoir trois chambres, ainsi que deux ou une, s'il avoit voulu ; il auroit pu donner un biais qui auroit imperceptiblement conduit à la constitution anglaise ; tout étoit dans sa main : il eut la plus belle occasion du monde de former un monument politique d'architecture : jamais les grands législateurs de l'antiquité ne possédèrent un moment plus favorable. A mon avis il a absolument manqué son but, en laissant à la merci des vents et des flots une machine à laquelle il auroit pu donner une impulsion et une direction certaine.

J'avois des lettres pour M. de Bellonde, commissaire des guerres ; je le trouvai seul : il m'invita à souper, en disant qu'il auroit des personnes qui pourroient me donner des instructions. A mon retour, il me présenta à madame de Bellonde et à une compagnie de douze dames et de trois ou quatre jeunes officiers, quittant lui-même la salle pour accompagner madame la princesse je ne sais qui, qui fuyoit en Suisse. Je souhaitai bien sincérement toute la compagnie au diable, car je vis au premier coup-d'œil à quelle sorte d'information je devois m'attendre. Il y avoit dans un coin un petit grouppe qui écoutoit les détails que donnoit un officier sur sa sortie de Paris. Ce monsieur nous apprit, outre cela, que le comte d'Artois et tous les princes du sang, excepté Monsieur et le duc d'Orléans, toute la famille de Polignac, le maréchal de Broglie, et un grand nombre de personnes de la première noblesse avoient quitté le royaume, et étoient continuellement suivies par d'autres; et finalement que le roi, la reine et la famille royale étoient, à Versailles, dans une situation très-dangereuse et alarmante, sans pouvoir compter sur les troupes qui les environnoient, et dans le fait, plutôt prisonniers que libres. Voici donc une révolution effectuée par une espèce de magie; toutes les autorités du royaume sont anéanties, excepté celle des communes; et il reste maintenant à voir quelle est l'habileté de ces architectes pour rétablir un nouvel édifice en place de celui qui vient de s'écrouler d'une manière si merveilleuse. Le souper étant annoncé, la compagnie quitta le sallon, et comme je ne me pressai pas, je restai derrière et me trouvai seul; je fus un peu frappé de la tournure du moment, et lorsque je me vis dans une situation si extraordinaire, je n'avançai pas pour voir si cela iroit au point où il alla. Je pris alors mon chapeau en souriant, et sortis tranquillement de la maison. On me rattrapa cependant au bas de l'escalier; mais je prétextai des affaires, — ou des rendez-vous, — ou quelque chose, ou rien, — et me rendis précipitamment à l'auberge. Je n'aurois pas raconté cette anecdote, si elle n'étoit pas arrivée dans un moment où elle portoit avec elle son excuse: les désordres et les inquiétudes du tems doivent absorber toutes les pensées d'un galant homme; — quant aux dames, que peuvent penser les dames françaises d'un homme qui ne voyage que pour l'agriculture? — Huit lieues.

Le 26. Pendant l'espace de sept lieues, jusqu'à l'Isle-sur-Doubs, le pays est à peu près comme celui que je viens de passer; mais après cela, jusqu'à Baume-les-Dames, il est montueux, plein de rochers et bien boisé ; il s'y trouve plusieurs belles scènes de rivières qui coulent au bas des montagnes. Tout le pays est dans la plus grande fermentation ; dans une des petites villes on m'interpella parce que je n'avois pas de cocarde : on me dit que c'étoit l'ordre du *tiers-état*, et que si je n'étois pas un seigneur, je devois obéir ; *mais supposons que je fusse un seigneur, qu'en arriveroit-il, mes amis ?* — Qu'en arriveroit-il, me repliquèrent-ils d'un air sévère, vous seriez pendu ; car il est probable que vous le méritez. Il étoit évident que ce n'étoit pas le moment de badiner ; les garçons et les filles commencèrent à s'assembler, et ces rassemblemens avoient par-tout été les avant-coureurs des crimes ; de sorte que si je n'avois pas déclaré que j'étois Anglais, et que j'ignorois l'ordre, j'aurois eu de la peine à m'en tirer. J'achetai sur le champ une cocarde, mais la coquine qui me la vendit l'attacha si mal, qu'avant d'arriver à l'Isle, le vent l'emporta dans la rivière, et je me trouvai dans le même danger. J'eus beau dire que j'étois Anglais, on me répondit que j'étois peut-être un seigneur déguisé, et sans doute un grand coquin. Dans ce moment un prêtre vint dans la rue, une lettre à la main : le peuple s'attroupa sur le champ autour de lui ; il lut alors à haute voix le détail de ce qui s'étoit passé à Béfort, avec une relation du passage de M. Necker, et des nouvelles générales de Paris, en donnant des assurances que l'on amélioreroit le sort du peuple ; quand il eut fini, il les exhorta à s'abstenir de toute violence, et leur dit de ne point se flatter que tous les impôts alloient être abolis, leur parlant comme s'ils eussent eu de pareilles idées.

Lorsqu'il fut retiré, ils m'entourèrent de nouveau, car j'étois resté comme les autres pour entendre la lecture de la lettre, firent des gestes menaçans et témoignèrent beaucoup de soupçons. Je n'étois pas du tout satisfait de ma situation, sur-tout quand j'entendis l'un d'entr'eux dire qu'il falloit m'arrêter jusqu'à ce que quelqu'un pût rendre compte de moi. J'étois sur le seuil de l'auberge, et les priai de m'accorder un moment la parole : je les assurai que j'étois un voyageur anglais, et pour le prouver, je demandai à leur expliquer une circonstance de la ma-

l'Isle.

nière d'asseoir les impôts en Angleterre, qui seroit un commentaire satisfaisant sur ce que M. l'abbé leur avoit dit, car je n'étois pas d'accord avec lui. Il avoit assuré que les impôts seroient et devoient être payés comme autrefois : il étoit certain qu'il falloit lever des impôts, mais non pas comme autrefois, puisqu'on pouvoit mettre des taxes comme en Angleterre. Messieurs, ajoutai-je, nous avons en Angleterre un grand nombre d'impôts dont vous n'avez pas d'idée en France ; mais le tiers-état, les pauvres ne les paient pas : ils sont mis sur les riches chaque fenêtre d'une maison paie, mais si un homme n'a pas plus de six fenêtres, il ne paie rien ; un seigneur qui a de grands biens paie les vingtièmes et la taille, mais le petit propriétaire d'un jardin ne paie rien ; les riches paient pour leurs chevaux, leurs voitures, leurs domestiques, et même pour avoir la liberté de tuer leurs propres perdrix, mais le pauvre fermier ne paie rien de cela : et ce qui est encore plus, les riches, en Angleterre, paient une taxe pour les pauvres ; donc, l'assertion de M. l'abbé, qui vouloit que, parce qu'il y avoit autrefois des impôts, il falloit que ces mêmes impôts fussent toujours perçus, n'étoit pas juste, parce qu'on pouvoit les lever d'une autre manière, et la méthode anglaise paroissoit beaucoup meilleure. Il n'y eut pas un mot de ce discours qui ne fût à leur gré ; ils commencèrent à croire que je pouvois bien être un honnête homme, ce que je confirmai en criant, *vive le tiers, sans impositions*. Ils me régalèrent alors d'une acclamation, et ne m'interrompirent plus davantage. Mon mauvais français alloit de pair avec leur patois. J'achetai néanmoins une autre cocarde que j'eus soin de faire attacher de manière à ne plus la perdre. Je n'aime pas beaucoup à voyager dans ces tems de fermentation ; on n'est pas un moment en sûreté. — Douze lieues.

Le 27. Jusqu'à Besançon, le pays est montueux, couvert de roches et de bois ; au-dessus de la rivière, il y a quelques belles scènes. A peine y avoit-il une heure que j'étois arrivé, que je vis passer devant l'auberge un paysan à cheval, suivi d'un officier de la garde bourgeoise, composée ici de douze cents hommes, dont deux cents étoient sous les armes ; ceux-ci furent suivis d'un détachement d'infanterie et de cavalerie. Je demandai pourquoi la milice avoit le pas sur les troupes de ligne. *Pour une bonne raison*, me repliqua-t-on, *les troupes seroient assaillies et battues, au lieu que la populace ne résistera pas à la milice*. Ce paysan, qui est un riche propriétaire, avoit demandé une garde pour protéger sa maison, dans un village où il y avoit beaucoup d'incendies et de pillage. Les excès qui ont eu lieu dans la campagne, vers les montagnes et le Vésoul, sont en grand nombre, et choquans. Plusieurs châteaux ont été volés et pillés, les seigneurs chassés comme des bêtes sauvages, leurs femmes et leurs filles violées, leurs papiers et leurs titres brûlés et leurs propriétés détruites; et ces horreurs n'ont pas été exercées sur des personnes notées, odieuses à cause de leur conduite passée, mais c'étoit une fureur aveugle inspirée par l'amour du pillage. Des voleurs, des galériens et des scélérats de toute espèce, ont excité les paysans à commettre toutes sortes d'outrages. Plusieurs personnes à la table d'hôte m'informèrent qu'on avoit reçu des lettres du Mâconnois, du Lyonnois, de l'Auvergne et du Dauphiné, etc. qui annonçoient les mêmes forfaits, et qu'on s'attendoit à les voir commettre dans tout le royaume.

La France est singuliérement en arrière dans tout ce qui regarde les nouvelles et la circulation. Depuis Strasbourg jusqu'ici je n'ai pu trouver un journal; je demandai ici où étoit le cabinet littéraire? il n'y en a pas. Les gazettes? au café; c'est bientôt dit, mais on ne les trouve pas si aisément. Il n'y avoit que la *Gazette de France*, pour laquelle un homme qui a le sens commun ne donneroit pas un sou dans le moment actuel. Je vais dans quatre autres cafés; dans les uns, il n'y a pas un seul papier-nouvelles, pas même le *Mercure;* au café militaire, le *Courier de l'Europe*, de quinze jours; et des gens bien mis parlent à présent des choses qui sont arrivées il y a deux ou trois semaines, et leur discours démontre qu'ils ne savent rien de ce qui se passe aujourd'hui. Dans toute la ville de Besançon, je n'ai pu me procurer le *Journal de Paris*, ni aucun papier qui me donne un détail de ce que font les États, cependant c'est la capitale d'une province aussi grande que six comtés d'Angleterre, qui contient vingt-cinq mille ames, où, ce qui paroît étrange, la poste ne vient que trois fois par semaine. Dans un moment si rempli d'événemens, sans la moindre restriction sur la liberté de la presse, il n'y a pas, à Paris, de papier établi pour circuler dans les provinces, et on ne prend pas les mesures nécessaires, par le moyen d'affiches ou de placards, pour avertir toutes les villes du royaume d'un pareil établissement ; car ce qu'on sait dans les provinces est si peu de chose, que leurs députés pourroient aussi bien être à la Bastille que la Bastille rasée ; ainsi la populace pille, brûle et détruit dans la plus parfaite ignorance ; et cependant, malgré toutes ces ombres, ces nuages de ténèbres, cette masse universelle d'ignorance, il y a tous les jours dans les États des hommes qui se vantent d'être la PREMIÈRE NATION DE L'EUROPE ! le PLUS GRAND PEUPLE DE L'UNIVERS ! comme si les sociétés politiques, ou les cercles littéraires d'une capitale constituoient un peuple ; au lieu des lumières universelles de la science, qui agissent par une communication rapide sur des esprits préparés par une énergie habituelle de raisonnement à les recevoir, à les combiner et à les comprendre.

Personne ne sauroit douter que cette affreuse ignorance de la part de la masse du peuple, des événemens qui la concernent le plus, ne provienne de l'ancien gouvernement. Il est cependant curieux de remarquer que si la noblesse des autres provinces est pourchassée comme celle de la Franche-Comté, ce dont il n'y a guère de doute, tout cet ordre d'hommes subit une proscription et se laisse égorger comme des moutons, sans faire le moindre effort pour résister à l'attaque. Cela tient du prodige, chez un corps qui a une armée de cent cinquante mille hommes à ses ordres; car, quoiqu'une partie de ces troupes pût désobéir à leurs chefs, il est évident que les quarante mille, ou peut-être les cent mille nobles qu'il y a en France, s'ils étoient d'accord et unis entr'eux, pourroient remplir les rangs de plus de la moitié des régimens du royaume, d'hommes qui ont les mêmes sentimens et les mêmes maux à souffrir ;

mais il n'y a pas d'assemblée ni d'association parmi eux ; pas d'union avec les militaires; ils ne se réfugient pas dans l'armée pour venger ou défendre leur cause ; heureusement pour la France ils tombent sans résistance et meurent sans coup férir. Cette circulation universelle de nouvelles, qui transmet en Angleterre la moindre vibration de sentiment ou d'alarme, avec une sensibilité électrique, d'un bout du royaume à l'autre, et qui réunit les hommes qui ont des intérêts semblables et qui se trouvent dans la même situation, n'existe pas en France. Ainsi on peut dire, peut-être avec vérité, que la chûte du roi, de la cour, des nobles, de l'armée, du clergé et des parlemens, vient d'un manque de communication de ce qui arrive journellement, et conséquemment doit être attribuée aux effets de cet esclavage dans lequel on tenoit le peuple : c'est donc plutôt une rétribution qu'une punition. — Six lieues.

Le 28. Hier au soir, à la table d'hôte, une personne raconta qu'elle avoit été arrêtée à Salins, faute de passe-port, et qu'elle avoit éprouvé bien des inconvéniens ; je crus donc qu'il étoit nécessaire d'en prendre un pour moi, et j'allai en conséquence au bureau ; c'étoit chez M. Bellamy, procureur, avec qui j'eus le dialogue suivant :

Mais, monsieur, qui me répondra de vous ? Est-ce que personne ne vous connoît ? Connoissez-vous quelqu'un à Besançon ?

Non, personne : mon dessein étoit d'aller à Vésoul, d'où j'aurois eu des lettres, mais j'ai changé de route à cause de ces tumultes.

Monsieur, je ne vous connois pas, et si vous êtes inconnu à Besançon, vous ne pouvez avoir de passe-port.

Mais voyez mes lettres, j'en ai plusieurs pour d'autres villes en France ; il y en a même d'adressées à Vésoul et à Arbois: ouvrez et lisez-les, et vous verrez que je ne suis pas inconnu ailleurs, quoique je le sois à Besançon.

N'importe ; je ne vous connois pas, il n'y a personne ici qui vous connoisse, ainsi vous n'aurez pas de passe-port.

Je vous dis, monsieur, que ces lettres vous expliqueront....

Il me faut des gens et non pas des lettres, pour m'expliquer qui vous êtes; ces lettres ne valent rien.

Cette façon d'agir me paroît assez singulière; apparemment que vous la croyez très-honnête; pour moi, monsieur, j'en pense bien autrement.

Eh, monsieur, je ne me soucie pas de ce que vous pensez.

En vérité, voici ce qui s'appelle avoir des manières gracieuses envers un étranger; c'est la première fois que j'ai affaire avec ces messieurs du tiers-état, et vous m'avouerez qu'il n'y a rien ici qui puisse me donner une haute idée du caractère de ces messieurs-là.

Monsieur, cela m'est fort égal.

Je donnerai, à mon retour en Angleterre, le détail de mon voyage au public, et assurément, monsieur, je n'oublierai pas d'enregistrer ce trait de votre politesse; il vous fait tant d'honneur et à ceux pour qui vous agissez.

Monsieur, je regarde tout cela avec la dernière indifférence.

L'air de ce petit monsieur étoit plus offensant que ses paroles; il se promenoit de long en large, au milieu de ses paperasses, en vrai commis de bureau. — Ces passe-ports sont de nouvelles choses, venant d'hommes nouvellement en places, et prouvent qu'ils ne supportent point leur nouvelle dignité avec beaucoup de tolérance; ainsi il m'est impossible, quand même je me casserois la tête contre le mur, d'aller à Salins ou à Arbois, pour lesquelles villes j'ai des lettres de M. Broussonnet, mais il me faut, à tout hasard, gagner Dijon le plutôt possible, où le président de Virly me connoît, ayant passé quelques jours chez moi à Bradfield, à moins que le tiers-état ne l'ait assommé parce qu'il est président et noble.

Le soir j'allai à la comédie; de pauvres acteurs; la salle, qui n'est bâtie que depuis peu d'années, est massive; l'arche qui sépare le théâtre du reste de la salle ressemble à l'entrée d'une caverne, et la ligne de l'amphithéâtre à une anguille blessée. Je n'aime pas l'air ni les manières de ces gens-là, — et j'aimerois mieux voir Besançon englouti par un tremblement de terre que d'y faire ma résidence. La musique et la crierie de l'*Épreuve Villageoise* de Grétry, qui sont insipides, n'eurent point le pouvoir de me mettre de meilleure humeur. Je ne quitterai point cette ville, où je desire ne jamais revenir, sans dire qu'elle a une belle promenade, et que M. Arthaud, arpenteur, à qui je m'adressai pour recevoir des instructions, sans aucune lettre de recommandation, fut fort honnête, et répondit à mes questions d'une manière satisfaisante.

Le 29. Jusqu'à Orchamps, le pays est hardi, plein de roches, avec de belles forêts; cependant il n'est pas agréable, il ressemble à certains hommes qui ont des traits estimables dans leur caractère, néanmoins nous ne pouvons pas les aimer; il est aussi misérablement cultivé. En sortant de Saint-Vaté, on apperçoit un joli paysage de la rivière, qui se replie dans la vallée, animé par un village et quelques maisons éparses, la plus agréable perspective que j'aie vue en Franche - Comté. — Huit lieues.

Le 30. Le maire de Dole est de la même étoffe que le procureur de Besançon; il ne voulut pas me donner de passe-port: mais comme il n'accompagna son refus, ni d'air d'importance, ni de mauvaise grace, je passe là-dessus. Pour éviter les sentinelles, je fis le tour de la ville. Le pays jusqu'à Auxonne est gai. Je traversai la Saone à Auxonne, c'est une belle rivière qui coule à travers une multitude de prairies d'un superbe herbage, et des communes pour de grands troupeaux de bestiaux, toutes inondées, même jusqu'aux meules de foin ; c'est un superbe pays jusqu'à Dijon, mais il manque de bois.

On me demanda mon passe-port à la porte de la ville, et comme je n'en avois pas, deux fusiliers me conduisirent à l'hôtel-de-ville, où je fus interrogé ; mais voyant que j'étois connu, on me laissa aller à mon auberge. Je suis en malheur : M. de Virly, sur lequel je comptois le plus à Dijon, est à Bourbonne-les-Bains, et M. de Morveau, célèbre chimiste, qui devoit avoir des lettres pour moi, n'en avoit pas, et quoiqu'il me reçût poliment, quand je fus forcé de m'annoncer comme son confrère de la société royale de Londres, je n'étois cependant pas satisfait ; il desira néanmoins me revoir le lendemain matin. On me dit ici que l'intendant est enfui, et que le prince de Condé, gouverneur de la Bourgogne, est en Allemagne; on assure positivement, et sans beaucoup de cérémonie, que s'ils revenoient dans le pays, ils seroient pendus. De pareilles idées ne prouvent pas que la milice bourgeoise ait trop d'autorité, puisqu'elle a été instituée pour prévenir le pillage et les assassinats; elle est cependant trop foible pour maintenir la paix. La licence et l'esprit de déprédation, dont j'ai tant entendu parler en traversant la Franche-Comté, sont parvenus jusqu'en Bourgogne, mais ils n'y règnent pas avec autant de fureur.

Il y a actuellement dans cette auberge, *la Ville de Lyon*, une personne qui malheureusement est un seigneur, avec sa femme, sa famille, trois domestiques et un enfant de quelques mois, qui échappèrent presque nus de leur château livré aux flammes, au milieu de la nuit; toutes leurs propriétés sont perdues, excepté les terres: cette famille étoit cependant estimée et chérie des voisins, possédoit plusieurs vertus susceptibles de captiver l'amour des pauvres, et n'étoit coupable d'aucune oppression qui pût exciter leur malveillance. Des actions aussi horribles doivent d'autant plus faire détester la cause, qu'elles sont inutiles ; le royaume auroit pu être mis dans un véritable état de liberté, sans avoir recours au fer et au feu, au pillage et à l'effusion du sang. Trois cents bourgeois montent tous les jours la garde à Dijon, mais ne sont point aux frais de la ville : ils ont six pièces de canon ; les nobles de l'endroit les ont joints, regardant cette mesure comme leur seul moyen de sureté : de sorte qu'il y a des chevaliers de Saint-Louis dans les rangs.

Le palais des Etats est ici un vaste et magnifique bâtiment ; mais il ne frappe pas en proportion de sa masse et de ce qu'il a coûté. Les armes du prince de Condé y dominent, et le grand sallon est appellé la salle à manger du prince. Un artiste de Dijon a peint la bataille de Seneff, et la chûte de cheval du grand Condé, ainsi qu'un plafond ; le tout est bien exécuté : on voit aussi un tombeau du duc de Bourgogne, 1404 ; il y a un tableau de Rubens à la Chartreuse. On parle beaucoup de la maison de M. de Montigni ; mais sa sœur y étant, on ne la montroit pas.

Somme totale, Dijon est une belle ville; les rues, quoique les maisons soient bâties à l'ancienne mode, sont larges et bien pavées, et ont des trottoirs, chose bien rare en France. — Neuf lieues.

Le 31. J'allai chez M. de Morveau, qui, fort heureusement pour moi, a reçu ce matin seulement des lettres de recommandation à mon sujet, avec quatre lettres pour moi, de la part de M. Broussonnet; mais M. Vaudrey de cette ville, à qui l'une d'elles est adressée, se trouve absent. Nous eûmes une conversation sur un sujet intéressant pour tous les philosophes, l'air phlogistique; M. de Morveau soutient fortement qu'il n'existe pas, traite le dernier ouvrage du docteur Priestley, d'étranger à la question, et dit qu'il regarde la controverse aussi décidée que la question de la liberté l'est en France. Il me fit voir une partie de l'article *air* dans la nouvelle Encyclopédie, qu'il doit bientôt publier; il pense que dans cet ouvrage il a incontestablement établi la vérité de la doctrine des chimistes français sur sa non-existence. M. de Morveau me pria de revenir sur le soir, pour qu'il me présentât à une dame savante et fort aimable, et m'engagea à dîner le lendemain avec lui.

En le quittant j'allai à la recherche de cafés; mais croira-t-on que je n'en pus trouver qu'un dans cette capitale de la Bourgogne où il me fût possible de lire les gazettes? — Je lus dans un triste café, sur la place, un seul journal, après avoir attendu une heure pour l'avoir. J'ai par-tout remarqué que les habitans desiroient voir les papiers-nouvelles, mais il est rare qu'ils puissent gratifier leur desir, et on peut juger de l'ignorance générale où ils sont de tout ce qui se passe par ce que je vais dire. Personne, à Dijon, n'avoit entendu parler de l'émeute de Strasbourg; je la racontai à un individu, plusieurs bourgeois m'entourèrent pour écouter, personne n'en savoit un seul mot, quoiqu'il y eût neuf jours qu'elle fût arrivée, et, quand il y en auroit eu dix-neuf, je doute fort qu'ils en eussent reçu la nouvelle; mais quoique les nouvelles ne leur parviennent que lentement, les faux bruits et même les impossibilités se répandent avec une rapidité incroyable. Le bruit courant aujourd'hui, auquel on ajoute beaucoup de foi, est que la reine a été convaincue d'une conspiration pour empoisonner le roi et monsieur, donner la régence au comte d'Artois, mettre le feu à Paris, et faire sauter le Palais-Royal! — Pourquoi les différens partis de l'assemblée ne font-ils pas imprimer des papiers pour transmettre leurs sentimens et leurs opinions, afin que tous ceux qui sont de la même façon de penser puissent avoir les faits nécessaires pour diriger leurs argumens et les conséquences que les grands talens ont tirées de ces faits?

On a conseillé au roi de frapper plusieurs coups d'autorité contre les États; mais aucun de ses ministres ne lui a conseillé l'établissement et la prompte circulation de journaux, capables de détromper le peuple sur les points que ses ennemis ont mal représentés. Quand il se publie une multitude de journaux opposés les uns aux autres, le peuple se donne de la peine pour y découvrir la vérité, et il n'y a que cette recherche, ce désir de connoître ce qui est vrai qui puisse l'éclairer; il s'instruit et il est ensuite difficile de le tromper. Nous n'étions que trois à la table d'hôte, moi et deux seigneurs chassés de leurs châteaux, à ce que j'en pus juger par leur conversation ; mais ils n'ont tenu aucun propos susceptible de faire soupçonner qu'ils eussent été brûlés. La description qu'ils firent de l'état de cette partie de la province d'où ils viennent, dans la route de Langres à Gray, est terrible ; le nombre de châteaux brûlés n'est pas considérable, mais il y en a trois sur cinq de pillés, et les propriétaires sont chassés de leur campagne, heureux de ne pas perdre la vie. L'un de ces messieurs est un homme fort instruit ; il regarde tous les rangs et les droits attachés à la noblesse, comme détruits en France, et il pense que les meneurs de l'assemblée nationale, n'ayant point de propriétés eux-mêmes, sont déterminés à attaquer aussi les propriétés et à tenter la division des biens. Le peuple est absolument dans cette attente ; mais que cela ait lieu ou non, il considère la France comme *entièrement ruinée*. Je repliquai que c'étoit aller trop loin, que la destruction des rangs n'impliquoit pas la ruine d'un Etat. Je n'appelle ruine, répondit-il, qu'une guerre civile générale ou le démembrement de l'empire, et à mon avis ces deux choses sont inévitables, peut-être pas cette année, ni l'année prochaine, ni celle d'ensuite ; mais quelle que soit la forme de gouvernement que l'on établisse sur les fondemens que l'on vient de jetter en France, elle ne pourra soutenir aucun grand choc ; une guerre heureuse ou malheureuse la détruira également. — Il parloit avec beaucoup de connoissance des événemens historiques, et tiroit ses conséquences avec beaucoup de justesse. Je n'ai rencontré que très-peu d'hommes de ce genre aux tables d'hôtes.

On peut bien croire que je n'oubliai pas le rendez-vous de M. de Morveau : il tint parole, madame Picardet est aussi agréable dans la conversation qu'elle est savante dans le cabinet ; c'est une femme fort aimable et sans affectation ; elle a traduit Scheele de l'allemand, et une partie de Kirwan de l'anglais ; c'est un trésor pour M. de Morveau, car elle peut converser avec lui sur la chimie et sur tout autre sujet instructif ou agréable. Je les accompagnai dans leur promenade du soir ; elle me dit que M. de Poule, son frère, étoit un grand cultivateur, qui avoit semé une grande quantité de sainfoin dont il se servoit pour engraisser des bœufs; elle étoit très-fâchée que les affaires municipales dont il étoit occupé ne lui permissent pas de m'accompagner à sa ferme.

PREMIER AOÛT. Je dînai chez M. de Morveau par invitation; le professeur Chaussée et M. Picardet y étoient, ce fut une grande fête pour moi : la haute et juste réputation de M. de Morveau, non-seulement comme le premier chimiste de France, mais même comme l'un des plus grands chimistes de l'Europe, étoit seule suffisante pour rendre sa compagnie intéressante; mais il étoit bien agréable de trouver un homme de ce genre sans affectation, sans aucun de ces airs de supériorité que l'on rencontre fréquemment chez les hommes célèbres, et sans cette réserve qui jette souvent un voile sur leurs talens, ou qui sert à couvrir leurs défauts. M. de Morveau est un homme vif, communicatif, éloquent, qui auroit été dans toutes les situations de la vie un compagnon fort aimable, même dans ce moment critique de la révolution. La conversation roula principalement sur des objets de chimie; je le pressai, comme j'avois fait plusieurs fois le docteur Priestley, ainsi que M. Lavoisier, d'appliquer sa science à l'agriculture; je dis qu'il y avoit un vaste champ pour l'expérience dans cette branche, où il seroit presqu'infaillible de ne pas faire de découvertes. Il en convint, mais il répondit qu'il n'avoit pas le tems de faire de pareilles recherches. Il est évident, par sa conversation, qu'il est entiérement occupé de la non-existence de l'air phlogistique, et d'une nouvelle nomenclature. Pendant le dîner, on lui apporta une épreuve de la nouvelle Encyclopédie, dont la partie qui concerne la chimie s'imprime à Dijon, pour sa commodité. Je pris la liberté de lui dire qu'un homme qui étoit capable de distinguer les expériences les plus concluantes pour résoudre les questions d'une science, et qui avoit le talent d'en tirer toutes les conséquences utiles, devroit être entiérement employé à faire des expériences et à les enregistrer; et que si j'étois roi ou ministre de France, je rendrois cet emploi si avantageux qu'il ne feroit rien autre chose. Il se mit à rire et me demanda, puisque j'étois si grand avocat des travaux et tellement ennemi des écrits, ce que je pensois de mon ami Priestley? Il expliqua alors aux deux autres personnes l'attention que ce grand philosophe avoit donnée à la métaphysique et à la théologie polémique. S'il y avoit eu cent personnes à table, elles auroient toutes eu les mêmes sentimens.

M. de Morveau parla cependant avec beaucoup d'égards des talens du docteur pour les expériences; et, à la vérité, qui ne le connoît pas en Europe? Je me rappellai, par la suite, qu'il nous avoit dit, ne pas avoir le tems de faire d'expériences pour appliquer la chimie à l'agriculture, quoiqu'il en eût pour écrire dans un ouvrage aussi volumineux que l'Encyclopédie de Panckouke. Je mets en fait que personne ne peut se faire une réputation dans aucune branche de la physique que par des expériences; que conséquemment, plus un homme travaille et moins il écrit, mieux cela vaut, au moins pour que sa réputation passe à la postérité. Les profits des publications ont détruit celle de plusieurs individus (ceux qui connoissent M. de Morveau seront bien éloignés de penser que c'est à lui que je fais allusion ; sa position dans le monde le met à l'abri de ces soupçons) : cette compression de matériaux, qui est lumineuse ; cette briéveté qui approprie les faits aux points qui leur sont destinés, sont incompatibles avec les principes qui dirigent les compilations. Il y a à présent, dans tous les pays, des hommes habiles et respectables pour compiler ; les faiseurs d'expériences, les hommes de génie devroient se ranger dans une autre classe. Si j'étois souverain, et conséquemment capable de récompenser le mérite, du moment que j'entendrois dire qu'un homme de génie est occupé d'un pareil ouvrage, je lui donnerois le double de ce que lui offre le libraire, pour qu'il abandonnât son entreprise, et qu'il courût une carrière où il trouveroit moins de rivaux. Il y a des gens qui trouveront cette opinion assez singulière de la part d'un homme qui a fait tant de livres que moi ; mais j'espère qu'ils admettront qu'elle est naturelle, puisqu'il écrit un ouvrage dont il ne s'attend pas à tirer un sou, et qu'il a plus de motifs d'être court que prolixe.

La description du laboratoire de ce grand chimiste prouvera qu'il n'est pas à rien faire : — il consiste en deux grandes chambres admirablement b‍ n garnies, il y a six ou sept différens fourneaux (dont le plus fort est celui de Macquer), et une si grande variété d'appareils que je n'en ai vu nulle part de semblables, avec une garniture de modèles des trois royaumes, qui annonce combien il travaille; il y a de petits pupitres avec des plumes et du papier de tous les côtés, ainsi que dans sa bibliothèque, ce qui est fort commode. Il fait à présent un grand cours d'expériences eudiométriques, particuliérement avec les eudiomètres de Fontana et de Volta. Il paroît croire qu'on peut compter sur les expériences eudiométriques; il conserve son air nitreux dans des bouteilles de pinte avec des bouchons ordinaires, mais il les tient renversées, et l'air est toujours le même lorsqu'il est fait avec les mêmes matériaux. Il a une méthode fort simple pour connoître la proportion d'air vital, qu'il nous expliqua, par le moyen d'une expérience; en mettant un morceau de phosphore sous un verre renversé, entouré d'eau ou de mercure, et en y mettant le feu avec une bougie, la diminution de l'air marque la quantité qui étoit vitale, selon la doctrine antiphlogistique ; quand il est une fois éteint, il bout, mais il ne s'enflamme plus. Il a une paire de balances, faites à Paris, que la vingtième partie d'un grain fait pencher lorsqu'elles sont chargées de trois mille grains ; une pompe à air avec des tuyaux de verre, mais il y en avoit un qui avoit été cassé et réparé ; la méthode de brûler le verre lenticulaire, suivant M. de Buffon ; un absorbant ; un respirant, avec de l'air vital dans une jarre d'un côté et de l'eau de chaux dans une autre, et quantité d'autres machines ingénieuses pour faciliter les recherches de la nouvelle philosophie sur l'air : elles sont si variées, et en même tems si bien faites pour remplir toutes les vues desirées, que cette espèce d'invention paroît être une grande partie du mérite de M. de Morveau. Je voudrois qu'il suivît l'idée du docteur Priestley, en *publiant une relation de ses instrumens* ; cela ajouteroit beaucoup à sa réputation bien méritée, et encourageroit les recherches auxquelles il s'applique, chez les autres amateurs.

M. de Morveau eut la bonté de me mener, l'après-midi, à l'académie des sciences : il y a un fort beau sallon orné des bustes des hommes célèbres de Dijon ; on y trouve les Bossuet, les Ferret, les Debrosse, les Crébillon, les Piron, les Bonhier, les Rameau, et enfin Buffon ; et quelque voyageur y verra sans doute, par la suite, le buste d'un homme qui ne leur est nullement inférieur, celui de M. de Morveau, dont j'avois l'honneur d'être accompagné. Sur le soir, nous nous rendîmes chez madame Picardet, que nous menâmes à la promenade. En parlant des troubles de la France, je fus bien aise d'entendre dire à M. de Morveau que les outrages commis par les paysans venoient de leur manque de lumières. On a particuliérement, à Dijon, recommandé aux curés de les éclairer un peu sur la politique, dans leurs sermons, mais tout cela a été inutile, aucun d'eux n'a voulu quitter sa routine ordinaire. — *Quere*, un papier-nouvelles ne les éclaireroit-il pas beaucoup mieux qu'une vingtaine de prêtres ? Je demandai à M. de Morveau s'il étoit vrai que

que les paysans eussent seuls brûlé les châteaux, ou si ces excès devoient être attribués à ces troupes de brigands que l'on disoit si formidables ? Il me répondit qu'il avoit fait les recherches les plus exactes pour s'assurer de ces faits, et qu'il étoit d'avis que tous les excès parvenus à sa connoissance avoient été commis par les paysans seuls ; que l'on avoit beaucoup parlé de brigands, mais que l'on n'avoit rien prouvé. A Besançon, j'avois entendu parler de huit cents brigands ; mais comment seroit-il possible que huit cents hommes traversassent un pays et laissassent des doutes sur leur existence ? — c'est aussi ridicule que l'armée de M. Baye *incognito*.

Le 2. En allant à Beaune, on voit à droite une file de collines couvertes de vignes, et à gauche une plaine toute ouverte et trop nue. A la petite ville de Nuits, quarante hommes montent tous les jours la garde, et il y a un grand corps de milice bourgeoise à Beaune. Je suis pourvu d'un passe-port du maire de Dijon, et j'ai une belle cocarde au tiers-état, ainsi j'espère ne plus rencontrer de difficultés, quoique les bruits des dévastations par les paysans soient si terribles, qu'il paroît impossible de voyager en sûreté. Je m'arrêtai à Nuits, pour obtenir des instructions sur les vignobles de ce pays-là, si célèbres en France et dans toute l'Europe; j'examinai le clos de Vougeot, de cent journaux murés, qui appartient à un couvent de Bernardins. — Quand verrons-nous ces drôles-là faire un mauvais choix? Les endroits qu'ils s'approprient font voir l'attention religieuse qu'ils donnent à tout ce qui appartient à *l'esprit*. — Sept lieues un quart.

Le 3. En sortant de Chagny, où je quittai la grande route de Lyon, je passai par le canal de Chaulais, qui n'avance guère; c'est une entreprise vraiment utile, c'est pourquoi on la laisse imparfaite; si elle avoit été pour percer des canons ou pour doubler des vaisseaux de guerre, il y a long-tems qu'elle seroit finie. Jusqu'à Mont-Cenis, c'est un pays désagréable, avec une surface singulière. C'est là où est l'établissement d'un appellé M. Weelkainsong, pour fondre et percer des canons : j'ai déjà fait la description d'une fonderie près de Nantes. Les Français disent que cet Anglais industrieux est beau-frère du docteur Priestley, et conséquemment l'ami du genre humain, et qu'il leur enseigna à percer des canons pour procurer la liberté à l'Amérique. Son établissement est considérable; il occupe depuis cinq cents jusqu'à six cents hommes, sans compter les charbonniers; il y a cinq machines qui meuvent par le moyen de la vapeur d'eau chaude, pour percer les canons, et on en construit une nouvelle. Je conversai avec un Anglais, qui travaille aux crystaux dans la verrerie; ils étoient autrefois en grand nombre, mais maintenant il n'y en a plus que deux: il se plaignoit du pays, disant qu'il n'y avoit rien de bon, sinon le vin et l'eau-de-vie, dont je ne doute pas qu'il ne boive sa part. — Huit lieues et un quart.

Le 4. Je me rends, par un misérable pays et des routes détestables, à Autun. Pendant les deux ou trois premières lieues, l'agriculture est méprisable. Depuis là jusqu'à Autun, tout ou presque tout est enclos; et ainsi de suite pendant l'espace de plusieurs milles. Depuis la montagne devant Autun, on a une immense perspective de la ville et du plat pays du Bourbonnois. — Je vois à Autun le temple de Janus, — les murs, — la cathédrale, — l'abbaye. Les bruits de brigands, de pillages et d'incendies, sont ici aussi nombreux qu'ailleurs ; et quand on sut que je venois de la Bourgogne et de la Franche-Comté, huit à dix personnes vinrent me demander des nouvelles. On faisoit monter le nombre des brigands à seize cents. Ils furent fort surpris de trouver que je ne croyois pas à l'existence des brigands, comme j'étois persuadé que tout le mal avoit été fait par des paysans, afin de pouvoir piller. Ils ne concevoient pas cela, et produisirent une liste de châteaux brûlés par ces brigands ; mais en analysant tous ces rapports, on découvrit aisément qu'ils étoient mal fondés. — Sept lieues.

Le 5. L'extrême chaleur qu'il fit hier me donna la fièvre, et ce matin j'avois mal à la gorge. J'avois envie de passer un jour ici pour ma santé ; mais nous avons tous la folie de ne pas faire de cas des choses qui nous sont les plus chères. La perte de tems et les dépenses inutiles roulent toujours dans la tête d'un homme qui voyage autant en philosophe que je suis obligé de le faire. A Maison de Bourgogne, je me crus dans un nouveau monde; la route est non-seulement excellente et gravelée, mais le pays est enclos et boisé. Il y a plusieurs douces collines et différens étangs qui leur servent d'ornement. Depuis le commencement d'août, le tems a été clair, beau et brûlant, trop chaud pour être parfaitement agréable au milieu du jour; mais pas de mouches, c'est pourquoi je ne me soucie pas de la chaleur. Cette circonstance peut, je crois, servir d'échantillon. Dans le Languedoc, etc. les chaleurs que j'ai éprouvées sont accompagnées de myriades de mouches, et sont en conséquence fort incommodes. Il fait bon d'être malade, à cette *Maison de Bourgogne*; car un homme en santé auroit de la peine à s'y rassasier; c'est cependant la poste. Le soir, j'allai à Luzy, autre misérable maison de poste. Dans toute la Bourgogne, les femmes portent des chapeaux d'hommes, ce qui ne fait pas un si bon effet que les chapeaux de paille de l'Alsace. — Sept lieues un quart.

Le 6. Afin d'éviter la chaleur, nous partîmes à quatre heures du matin pour Bourbon-Lancy ; nous passâmes à travers le même pays enclos, mais affreusement cultivé, quoiqu'il soit susceptible d'amélioration. Si j'avois une grande étendue de terres dans ce pays-ci, je pense que je ne serois pas long-tems à faire ma fortune : le climat, les prix, les grandes routes, les enclos, tout est avantageux, excepté le gouvernement. Depuis Autun jusqu'à la Loire, le terrein peut s'améliorer, non pas par des opérations dispendieuses d'engrais et de dessécher, mais seulement en y substituant des moissons adaptées au sol. Quand je vois un pareil pays ainsi dirigé et entre les mains de pauvres métayers, au lieu d'être entre celles de riches fermiers, je ne suis pas trop enclin à plaindre les seigneurs, quelque grandes que soient leurs souffrances actuelles. J'en rencontrai un à qui je dis mon sentiment : — il voulut parler d'agriculture, voyant que j'en faisois cas ; et m'assura qu'il avoit le cours complet de l'abbé Rozier, et qu'il croyoit que, selon lui, ce pays n'étoit bon que pour du seigle. Je lui demandai si l'abbé Rozier ou lui connoissoient la droite d'avec la gauche d'une charrue ? Il me répondit que c'étoit un homme d'un rare mérite, un grand cultivateur. Je passe la Loire au bac; c'est ici la même scène désagréable que dans la Touraine. J'entre dans le Bourbonnois; même pays clos, et une belle route gravelée. A Chavanne-le-Roi, M. Joly, l'aubergiste, m'informa qu'il y avoit trois fermes à vendre, presque contiguës à sa maison, qui est neuve et bien bâtie. Je faisois déjà dans mon imagination une ferme de son auberge, et je travaillois à force à semer des navets et du trèfle, lorsqu'il me dit que si je voulois passer derrière son écurie, je pourrois voir deux des maisons qui n'étoient pas bien éloignées; il me dit qu'elles se vendroient à-peu-près 50 ou 60,000 livres, et que le tout formeroit une belle ferme. Si j'avois vingt ans de moins, je ferois réellement

Moulins.

une pareille spéculation; mais voici encore la folie et le manque de vie; il y a vingt ans qu'une entreprise semblable m'auroit ruiné faute d'expérience, et maintenant que j'ai de l'expérience, je suis trop vieux pour l'entreprise. — Neuf lieues.

Fin du Tome premier.

TABLE DES ARTICLES

Contenus dans ce Volume.

A.

Abbeville,	31	Aspan,	143
Aiguillon,	149	Argentan,	531
Alençon,	306	Arras,	27
Amiens,	32	Auch,	147
Amiens,	244	Autun,	483
Angers,	293	Avergnac,	282
Ancenis,	292	Auxonne,	466

B.

Bagnères de Luchon,	89	Besançon,	456
Bagnères,	138	Beziers,	
Barbezieux,	169	Blois,	174
Barsac,	151	Bordeaux,	152
Basse-Bretagne,	272	Bouchain,	235
Bayeux,	256	Boulogne,	28
Bayonne,	143	Bourbon-Lancy,	486
Beaucaire,	118	Brasseuse,	197
Beaune,	481	Brest,	
Beck,	147	Breteuil,	34
Béfort,	449	Brives,	64-66
Belle-Anglaise,	231	Broglie,	307
Bernai,	307	Broons,	

C.

Caen,	256	Cahors,	72

Calais,	26	Chanteloup,	171
Cambrai,	234	Chantilly,	35
Campan (vallée de),	138	Château - Thierry,	401
Canal de Languedoc,	109	Châtellerault,	164
Chagny,	482	Cherbourg,	258
Châlons (en Champagne),	418	Cobourg,	267
		Cotentin,	265
Chambord,	176	Coulommiers,	407

D.

Dammartin,	230	Dijon,	466 - 486
Dax - Aire,	145	Dole,	465
Denainvilliers,	180	Douvres,	324
Dieppe. Retour en Angleterre,	319	Dunkerque,	237

E.

Elbeuf,	306	Epernay,	415
Ermenonville,	183	Estampes,	48

F.

Fère (la),	231	Fleurau,	146
Flèche (la),	297	Fontainebleau,	182
		Fin du 1er. voyage,	239

G.

Gange,	126	Gravelines,	239
Girons (St.),	134	Guibrai (la foire),	254
Gobin (St.),	231	Guignes,	397

H.

Havre - de - Grace,	247	Honfleur,	251

I.

Jonquières,	102	Isenheim,	447
Jorry (St.),	77	Islettes,	418

L

Lamarche,	55	Lille,	236
La Roche-Guyon,	313	L'Isle-sur-Aube,	451
Leitoure,	149	Limoges,	57
Les Ormes,	165	Louviers,	311
Leyrac (vallée de),	149	Luchon,	82-96
Liancourt,	164	Lunéville,	432
Liancourt,	196	Luzarche,	38

M

Mareuil,	418	Mont-Cenis,	482
Mars-la-Tour,	422	Montadier,	126
Martino (St.),	80	Montauban,	74
Martory, (St.),	136	Montauban,	272
Meaux,	407-410	Montpellier,	116
Metz,	423	Montreuil,	29
Mignianne,	295	Morlaix,	274
Mirepoix,	129	Muzillac,	281
Moneins,	140		

N

Nancy,	429	Nanteuil,	239
Nangis,	398-407	Nîmes,	118
Nantes,	286	Nonant,	307

O

Omer (St.), son canal,	242	Orléans,	48
		Orchamps,	465
Orchies,	235	Ove,	419
Orient (l'),	278		

P

Paris,	38	Peyrac,	69
Paris,	84	Pézenas,	114
Paris,	200	Picardie (canal de),	232
Paris,	326-396	Poitiers,	164
Pau,	140	Pont-du-Gard,	119
Pays d'Auge,	252	Pyrénées,	97
Perpignan,	103	Pyrénées; climat, ours,	99

Q.

Quimper,	177		

R.

Rennes,	269	Rouen,	245
Reims,	416	Rouen,	308
Résaltes, routes,	105	Rouen,	318

S.

Saûve,	123	Sillery,	417
Saverne,	436	Sologne,	502
Schelettstatt,	446	Souillac,	67
Senlis,	230	Strasbourg,	438

T.

Toulouse,	77	Tours,	167
Turbilly,	298		

V.

Valenciennes,	35	Vernon,	212
Ventillac,	273	Versailles,	4
Vierzon,	52	Verteuil,	161

Fin de la Table.